Heinz Niemann
Meinungsforschung in der DDR
Die geheimen Berichte des Instituts für Meinungsforschung an das Politbüro der SED

Heinz Niemann

# Meinungsforschung in der DDR

Die geheimen Berichte des Instituts
für Meinungsforschung an das Politbüro der SED

Bund-Verlag

Die Deutsche Bibliothek – CIP-Einheitsaufnahme

**Niemann, Heinz:**
Meinungsforschung in der DDR : die geheimen Berichte
des Instituts für Meinungsforschung an das Politbüro der SED /
Heinz Niemann. - Köln : Bund-Verlag 1993
ISBN 3-7663-2487-X

© 1993 by Bund-Verlag GmbH, Köln
Lektorat: Christiane Schroeder-Angermund
Herstellung: Heinz Biermann
Umschlag: Roberto Patelli, Köln
Druckvorstufe: Satzbetrieb Schäper GmbH, Bonn
Druck: Druckhaus »Thomas Müntzer« GmbH, Bad Langensalza
Printed in Germany 1993
ISBN 3-7663-2487-X

Alle Rechte vorbehalten,
insbesondere die des öffentlichen Vortrags,
der Rundfunksendung
und der Fernsehausstrahlung,
der fotomechanischen Wiedergabe,
auch einzelner Teile.

# Inhalt

Demoskopie als Vehikel der Clio . . . . . . . . . . . . . . . . . . . . . . . . . . 7

I. Die unbekannte Meinungsforschung . . . . . . . . . . . . . . . . . . . 13

II. Die Gründung des Instituts für Meinungsforschung . . . . . . . . . . . 16

III. Meinungsforschung in den Jahren des »Wirtschaftswunders DDR« . . . 27
   1. Legitimation hinter Mauern? . . . . . . . . . . . . . . . . . . . . . . 30
   2. Umfragen im Vorfeld des Volksentscheids über die Verfassung der DDR vom April 1968 . . . . . . . . . . . . . . . . . . . . . . . . . . . . . . 34
   3. Die DDR am Ende der Ulbricht-Ära im Spiegel der Meinungsforschung 38

IV. Zwischen Wirklichkeit und Selbstbetrug. Krisensymptome in den Berichten zu Umfragen zwischen dem VIII. und IX. Parteitag der SED (1971–1976) . . . . . . . . . . . . . . . . . . . . . . . . . . . . . 48
   1. Trends der öffentlichen Meinung 1971–1975 . . . . . . . . . . . . . . 49
   2. Ein besonderes Dokument: Die letzte Umfrage zu politischen Problemen 1976 . . . . . . . . . . . . . . . . . . . . . . . . . . . . . . . . . . . . 51
   3. Das Ende der Meinungsforschung im Januar 1979 . . . . . . . . . . . 54

V. Legitimität und Legitimation politischer Herrschaft. Eine Nachbetrachtung . . . . . . . . . . . . . . . . . . . . . . . . . . . 61
   1. Zum Selbstverständnis des Begriffs . . . . . . . . . . . . . . . . . . . 61
   2. Die Installation des politischen Systems 1945–1948/49 . . . . . . . . . 63
   3. Die legitimatorische Dauerkrise bis 1961 . . . . . . . . . . . . . . . . 65
   4. Aufbruch und der Anfang vom Ende . . . . . . . . . . . . . . . . . . 67

Anmerkungen . . . . . . . . . . . . . . . . . . . . . . . . . . . . . . . . . . . . 68

Dokumente . . . . . . . . . . . . . . . . . . . . . . . . . . . . . . . . . . . . . 75

# Demoskopie als Vehikel der Clio

In der Einleitung zu ihrem Buch »Demoskopische Geschichtsstunde. Vom Wartesaal der Geschichte zur Deutschen Einheit« zitiert Elisabeth Noelle-Neumann den Politikwissenschaftler Karl-Rudolf Korte mit dem Satz: »Große historische Ereignisse haben es an sich, daß sie ihre Vorgeschichte rapide verändern und umdenken.«[1]

Nun sind es zwar nicht die Ereignisse, die ihre Vorgeschichte rapide »umdenken«, sondern in aller Regel die siegreichen Akteure, die von den beflissenen Jüngern der Muse Clio erwarten, daß ihr Handeln, ihre Motive und ihr Sieg in einem dem Sieger angemessenen Lichte dargestellt werden.

Bezogen auf die deutsch-deutsche Nachkriegsgeschichte ist dieses Geschäft in vollem Gange. Hand in Hand mit Justitia soll Clio das Urteil fällen über alles das und alle die, die da jenen merkwürdigen Homunkulus »DDR« (Abrassimow) jetzt plötzlich ganz allein zu verantworten haben: Schuldig!

Fehlende Legitimierung der politischen Herrschaft und das Bekanntwerden verschiedenster Vergehen, von Gesetzes- und Verfassungsbrüchen bis hin zu Verbrechen von einzelnen Angehörigen der politischen Machtelite summieren sich zu einem solchen Verdikt insbesondere über die ehemaligen Angehörigen der geistig-kulturellen und Funktionselite der DDR. Während der offenbar gewordene, teils verbrecherische Mißbrauch von Macht ohne Wenn und Aber von den Betroffenen angezeigt und justitiabel gemacht und geahndet werden muß, stellt sich nicht nur für Hunderttausende Angehörige der Intelligenz und von Apparaten die politisch-moralische Frage nach dem Sinn und der Verantwortung für ein ganzes Leben[2].

Staatsrechtlich könnte die Sachlage eigentlich unbestritten sein, denn der Einigungsvertrag geht unzweideutig von der Existenz einer DDR-Rechtsordnung aus und nicht etwa von einem zum Gesetz erhobenen Unrecht, weshalb die bestehende Rechtsordnung rückwirkend zur Unrechtsordnung hätte erklärt werden müssen, wie etwa im Falle der faschistischen Rassegesetze. Dieser rechtsstaatlichen Logik folgend, spricht der Einigungsvertrag im Artikel 17 davon, daß alle Personen rehabilitiert werden können, die Opfer einer politisch motivierten Strafverfolgungsmaßnahme oder sonst einer rechtsstaats- und verfassungswidrigen gerichtlichen Entscheidung geworden sind. Diese werden als »Opfer des SED-Unrechts-Regimes« charakterisiert.

Man sollte den überforderten (und oft gescholtenen) Verfassern des Einigungsvertrages wohl doch unterstellen, daß mit diesen Formulierungen bewußt zwischen der bis dahin bestehenden Verfassungs- und Rechtsordnung der DDR und ihrer Unrecht setzenden

Verletzung durch den Machtmißbrauch von führenden SED-Funktionsträgern unterschieden werden sollte.

Unbestritten verhinderten das bestehende Machtmonopol der SED und das stalinistische Staatsverständnis der SED-Führungselite, daß sich das politische System der DDR allseitig zu einem sozialistischen Rechtsstaat entwickelte, in welchem durch Teilung der (sozialistischen) Gewalten und die Schaffung einer Verwaltungs- und Verfassungsgerichtsbarkeit die Bürger ihre Grundrechte gegenüber dem Staat einklagen konnten. Aber ebenso sollte nicht bestritten werden, daß die Charakterisierung des politischen Systems als »SED-Diktatur« nicht gleichbedeutend mit dem Fehlen jeglicher Rechtsstaatlichkeit ist.

Zugleich muß auch derjenige, der überhaupt die Möglichkeit eines vom westlichen Rechtsstaatsverständnis unterscheidbaren, anderen (sozialistischen) Rechtsstaatsbegriffs verteidigt, einräumen, daß unabhängig von den damit zusammenhängenden prozessualen und strukturellen Unterschieden zwischen solchen Rechtsstaaten unterschiedlichen Typs ihnen ein zweites (neben der Gewaltenteilung) unabdingbares Merkmal gleicherweise zukommen muß: seine demokratische Legitimierung durch freie Wahlen bei der Existenz eines verfassungskonformen pluralistischen Parteiensystems. Unter diesen Aspekten war das politische Herrschaftssystem in der DDR niemals vollständig legitimiert.

Unbeschadet der möglichen gegensätzlichen Bewertung dieser Sachverhalte rechtfertigen die in diesem Buch dokumentierten Meinungsumfragen die Fragestellung, ob ihre Ergebnisse nicht die Annahme einer bestimmten Legitimierung der DDR qua Massenloyalität rechtfertigen.

Eine wahrheitsgemäße Antwort darauf ist von erheblicher historischer wie auch menschlicher Relevanz, hängt doch mit ihr für einige Millionen Bürger der DDR die jeden einzelnen betreffende Frage zusammen, ob er über zwanzig, dreißig oder vierzig Jahre einem verbrecherischen Regime gedient hat oder nicht.

Daß sie auch etwas mit dem Zusammenfinden der Deutschen aus Ost und West zu tun hat, dürfte leicht einsichtig sein, geht es doch darum, ob es einem Westdeutschen auch aus historisch-politischer und moralischer Sicht zuzumuten ist, im nachhinein die DDR und ihre Bürger »geistig anzuerkennen«, oder ob dies nur der größeren oder fehlenden »Barmherzigkeit« des einzelnen überlassen bleibt.

Die Beschäftigung mit den Ergebnissen der Meinungsforschung in der DDR hat natürlich nicht nur die genannte sozialpsychische und historisch-moralische Komponente für die Angehörigen der geistig-kulturellen und Funktionselite der DDR. Nicht um Rechtfertigungsversuche soll es hier gehen, sondern um einen Beitrag zur historischen, sozialwissenschaftlichen Rekonstruktion der untergegangenen Wertelandschaft, deren Kenntnis der erste Schritt zum Verstehen ist, weil sonst die sich im gegenwärtigen Transformationsprozeß vollziehenden Umbrüche, die emotionalen, ethischen und anderen Kataklysmen in diesem Anpassungsprozeß überhaupt nicht zu begreifen sind.

Schon lange vor der »Wende«, aber insbesondere danach, ist von den Sozialwissenschaftlern der Mangel an Datenmaterial beklagt worden, mit dessen Hilfe der einzigartige Transformationsprozeß auch mit seiner Vorgeschichte analysiert werden könnte. Es hat überhaupt nichts mit DDR-Nostalgie zu tun, wenn darauf hingewiesen werden muß, daß der Fall der Mauer, die Übertragung des bundesdeutschen Institutionen- und Verfassungsytems und selbst eine hoffentlich in absehbarer Zeit erfolgende Angleichung der Lebensverhältnisse noch lange nicht die Wiedergewinnung einer gemeinsamen nationalen Identität bedeuten.

Das Wesen des Streits um eine besondere »DDR-Identität« – für die einen eine Schimäre, für die anderen das letzte Fort seiner realsozialistischen Trutzburg – enthüllt sich erst im Maße der Herstellung bundesdeutscher Normalität als eine über 40 Jahre gewachsene, sozial strukturierte, emotional verinnerlichte und so ideell fortexistierende Realität. Die bis jetzt (z. T. verständlicherweise) dominierende großrastrige Sicht auf die DDR-Geschichte und noch mehr die nach der Wende aufgebrochenen Emotionen müssen Schritt für Schritt durch eine nur der wissenschaftlichen Objektivität verpflichtete und detailgenaue Untersuchung dieser 45 Jahre ostdeutscher Nachkriegsgeschichte unterlegt und teilweise wohl auch ersetzt werden. Zusätzlich wird die Sicht gerade auf die im Mittelpunkt dieser Untersuchung stehenden sechziger und früher siebziger Jahre durch die im berüchtigten 11. Plenum des ZK der SED 1965 spezifisch betroffenen Intellektuellen, Künstler und Schriftsteller, die sich zu Wort gemeldet haben, einseitig eingefärbt, um nicht zu sagen getrübt.

So kann man Christoph Kleßmann nur zustimmen, wenn er warnt: »Wenn der Begriff (Stalinismus – d. V.) wissenschaftlich brauchbar bleiben soll, muß er nicht nur präzise definiert, sondern auch historisch differenziert verwandt werden. Zwischen den Anfängen der Ära Ulbricht und den Jahren der Herrschaft Honeckers zeigen sich strukturell erhebliche Unterschiede. In der politischen Empörung über die Mißwirtschaft und Verantwortungslosigkeit der ›Gerontokratie‹ um Honecker drohen historische Differenzierungen unterzugehen. Stalinismus verkommt zum Etikett für DDR-Geschichte.«[3]

Wir sollten uns bemühen zu erkennen, daß die persönliche Erfahrung von Hunderttausenden von Bevormundung, Demütigung und/oder Bedrohung und Verfolgung nicht identisch sein kann mit dem historischen Urteil über 40 Jahre DDR (Millionen Deutsche haben den 8. Mai 1945 damals als Niederlage empfunden, die ihn jetzt als Tag der Befreiung werten, ein historisches Urteil, dem bereits 20 Jahre später trotz der ungleich bitteren Erfahrungen mit den Folgen nach einer Umfrage des Instituts für Meinungsforschung 90,7 % der DDR-Bevölkerung zustimmten – vgl. Dok. I). Kein ernsthafter Mensch käme auf die Idee, etwa die Geschichte der Alt-Bundesrepublik aus der Sicht von Hunderttausenden Obdachlosen und Zehntausenden Drogentoten – Opfern des westlichen Systems – zu werten. Eine solche schiefe Sicht droht aber, wenn Protagonisten eines wie auch immer genannten Tribunals zur Aufarbeitung der DDR-Geschichte fordern, dies nur »aus der Sicht der Opfer« zu tun. Dies muß schon allseitig erfolgen.

Auch sollte man bedenken, welche langfristigen Folgen es für die gebeutelte Nation hätte, wenn ein nun aufs Historische ausgedehnter normativer Alleinvertretungsanspruch durchgesetzt werden sollte. Vergangenheitsbewältigung könnte sehr rasch zu dem werden, was – worauf ein Altmeister deutscher Nachkriegs- Psychosomatik in seinem jüngsten Buch »Umgang mit der Angst« aufmerksam gemacht hat – im Wortstamm von »Bewältigung« steckt: vergewaltigen, sich einen anderen zu Willen machen!

Wie solch ein Vorgang für die Beteiligten auf beiden Seiten zu der ja auch beschworenen Identitätsfindung beitragen soll, ist schwer vorstellbar. Die einen würden auf Dauer als »Sieger« ihre Schwierigkeiten haben, andere werden wie nach 1945 eiligst zu den ohne Verdienst zu Siegern Gewordenen überlaufen, dem Rest nimmt man offiziell jeden Anspruch auf nationale Identität wie eigene Geschichte, da sie als Verbrecher oder Diener eines Verbrecherstaates vorgeführt werden. Scheint im Moment manchem die Rolle der östlichen Sündenböcke nützlich, kann in zukünftigen schwierigen Situationen die Verführung zu ganz anderen Sündenbockreaktionen bei einem größeren Bevölkerungsteil Unterstützung finden.

Wenn Identität heißt, sich aus weltanschaulich-politischen, historischen und ethnischen Gründen zu einer engeren und weiteren Gemeinschaft (Gruppe, Partei, Landsmannschaft, Nation) zugehörig zu fühlen und zu zählen, besteht solcherart Identität stets aus einem subjektiven Selbstverständnis und einem strukturierten Kollektiv-Bewußtsein. Dies sollte nicht Millionen von ehemaligen DDR-Bürgern durch eine Geschichtsschreibung der Sieger verweigert werden.

Natürlich kann es nicht darum gehen, ein einheitliches Geschichtsbild zu schaffen, sondern die Sicht auf die DDR-Geschichte wird je nach dem Standpunkt des Forschers wie Betrachters unterschiedlich, bis in Einzelfragen gegensätzlich bleiben müssen.

Politisch bedenklich und wissenschaftlich unakzeptabel aber ist es, an die historische Aufarbeitung mit der gleichsam programmatischen Vorgabe von der »DDR-Unrechtsgeschichte« anzutreten. So etwas droht aber, wenn die im idyllischen Wildbad Kreuth von der Hans-Seidel-Stiftung versammmelten DDR-Forscher, wie Hacker, Jesse, Fricke u. a., die rosarote »systemimmanente« Sicht der Ludz-Schule nun wieder durch die tiefschwarze der abstrakt normativen ersetzen wollen. Man sollte die erhobene Mahnung des ZDF-Moderators Schenk: »Auch im Westen sind viele schuldig geworden durch Schweigen, Mangel an Zivilcourage und Anpassung an den Zeitgeist«[4] vielleicht auch so verstehen, sich nicht einem neuen Zeitgeist anzupassen, der sich weigert, 45 Jahre ostdeutscher Geschichte als Teil deutscher Geschichte anzunehmen, es sei denn, man will noch im nachhinein die voreilige These von den zwei Nationen akzeptieren. So wie die Millionen arbeitsamen Deutschen im Dritten Reich und als Soldaten Hitlers nicht kollektiv für die nazistischen Kriegsverbrechen und Verbrechen an der Menschlichkeit verantwortlich zu machen waren, kann man schon gar nicht 17 Millionen Deutsche, die lange Zeit glaubten, an einem alternativen Gesellschaftsversuch beteiligt zu sein, für den Machtmißbrauch einzelner verantwortlich machen.

Es ist eine Frage wissenschaftlicher Redlichkeit, nun, da die Archive weit geöffnet und auch die in Rußland lagernden Bestände hoffentlich bald zugänglich sein werden, sich dieser Aufgabe zu stellen.

Ein Mosaiksteinchen in diesem großen Bild über 41 Jahre DDR stellen die aufgefundenen Berichte des Instituts für Meinungsforschung dar, die nur deshalb der Vernichtung entgingen, weil sie sich verstreut (und absichtlich oder unwissentlich vergessen) in Beständen verschiedener Fachabteilungen des ZK der SED befanden, von wo sie den Weg ins Zentrale Parteiarchiv fanden (Stiftung der Parteien und Massenorganisationen der DDR im Bundesarchiv).

# I. Die unbekannte Meinungsforschung

Meinungsforschung als Gegenstand von zeitgeschichtlicher, sozialwissenschaftlicher oder DDR-Forschung stellt ein fast totales Desiderat dar. Im renommierten DDR-Handbuch hat sich der Verfasser des Stichwortes »Meinungsforschung« nach eigenem Eingeständnis dem Autor gegenüber mit viel Phantasie folgende banale Zeilen abgequält: »Als Meinungsforschung werden regelmäßige oder einmalige repräsentative (in der DDR geheimgehaltene) Umfragen bezeichnet, die im Auftrag des → Politbüros des → Zentralkomitees (ZK) der SED, des → Sekretariats des ZK des SED, einzelner Abteilungen des zentralen ZK-Apparates oder auch von Parteiinstitutionen, z. B. von der Akademie für Gesellschaftswissenschaften beim ZK der SED (AfG) bzw. einzelner Sozialwissenschaften unter strikter Kontrolle der Partei über die Stimmungen in der Bevölkerung durchgeführt werden. Eine Meinungsforschung durch unabhängige Institute gibt es in der DDR nicht.«[5] Selbst die zeitweilige Existenz eines Instituts für Meinungsforschung war dem Autor entgangen, im Unterschied zu Hermann Weber, der es zumindest mit dem Satz vermeldete, daß ein solches Institut der SED dazu diente, »die Vorstellungen der Bevölkerung besser kennenzulernen, um Fehlentscheidungen zu vermeiden und leichter systemimmanente Reformen durchführen zu können«[6].

Auch Peter C. Ludz vermerkte in seinem 1976 überarbeiteten Beitrag »Die DDR im Jahre 1964« über die Meinungsforschung: »Vor allem mit Hilfe der jahrelang scharf angegriffenen Meinungsforschung versuchten die SED-Soziologen, unter anderem in den neu entdeckten informellen sozialen Bereich der Betriebe vorzudringen. Analysen des Betriebsklimas, der Bildung formaler und informaler Gruppen, der Prestige- und Statushierarchien, besonders unter jugendlichen Produktionsarbeitern in den wichtigsten Wirtschaftszweigen standen – und stehen – im Mittelpunkt des Interesses.«[7]

Nicht viel mehr als Ludz, der erst ein halbes Jahr nach der Auflösung des Instituts für Meinungsforschung im Deutschland Archiv dieses als wichtigstes Institut unter den sozialwissenschaftlichen Einrichtungen hervorhebt, konnte einer der profundesten Kenner der Soziologie-Entwicklung in der DDR, Dieter Voigt, 1975 vermelden. Voigt schildert die empirische Sozialforschung insgesamt und nicht ganz exakt so: »Die empirische Sozialforschung der DDR gründet auf drei miteinander verbundenen Trägerinstitutionen:

1. Parteieigene Forschung und Lehre; besonders durch das Institut für Gesellschaftswissenschaften beim Zentralkomitee der SED in Ostberlin sowie durch die SED-Leitungen auf Minister-, Bezirks-, Kreis- und Betriebsebene;

2. soziologische Forschung und Lehre an Universitäten und Hochschulen und

3. betriebs- und industriesoziologische Forschung, getragen durch größere VEB, Kombinate und Vereinigungen Volkseigener Betriebe.«[8]

Einer der wenigen Hinweise dürfte bis dahin eine Veröffentlichung im »Spiegel« vom 12. Mai 1965 gewesen sein, der unter der Überschrift »Sonntag ohne Marx« einige wenige Daten über das Freizeitverhalten in der DDR vermeldete und u. a. geschrieben hatte: »Die Wende in der ideologischen Massenarbeit vollzog sich freilich nicht ohne Schmerzen. Karl Marons Volksbefrager stießen sich an der neuen Perspektive die Funktionärsseele wund: Bislang darauf dressiert, Ulbrichts Untertanen auf Staatskurs zu scheuchen, fühlten sie sich wie Wachhunde, die plötzlich Pfötchen geben sollten. Denn jetzt war die Meinung der Leute nicht nur auszuspähen, sie mußte ihnen auch belassen werden. So mahnt denn ein Merkblatt, das an die Meinungsforscher verteilt wurde, nachdrücklich: ›Du mußt ... beachten, daß jede Beeinflussung zu unterbleiben hat, die die Antwort der Befragten in eine bestimmte Richtung lenken könnte.‹«[9]

Auch der 1983 in die BRD übergewechselte Soziologe Bernhardt Marquardt weiß trotz seiner Insider-Kenntnisse nicht mehr als in einer Fußnote seiner Studie zur Soziologie an der Akademie der Wissenschaften der DDR über die Schließung des Instituts für Meinungsforschung zu berichten[10].

Die der Sonderstellung des Instituts geschuldete fehlende Sachkenntnis zeigt sich auch darin, daß sie selbst in allerjüngsten Untersuchungen zur Entwicklung der Soziologie in der DDR, so auch des Bremer Soziologen Lothar Peter, nicht vorkommt[11].

Dies war und ist der einfachen Tatsache geschuldet, daß die allgemein schwierige Quellenlage für die DDR-Forschung in dieser Frage kulminierte, so daß die (einzige) Bemerkung zu dieser Problematik im »Deutschlandhandbuch« durch Hartmut Zimmermann die bisherige Lage zutreffend wiedergibt: »Bei den in der DDR veröffentlichten Ergebnissen eigener empirischer Sozialforschung fehlen nicht selten noch immer genauere Angaben über die verwendeten Methoden, den Erhebungszeitraum und -umfang, die den Befragungen zugrunde liegenden Fragebogen, so daß sie im einzelnen schwer nachzuprüfen und ihre Relevanz zu beurteilen sind.«[12]

So wichtig die kritische Prüfung der Voraussetzungen und Methoden der Meinungsforschung ist, noch wichtiger sind die überlieferten, bisher unbekannt gebliebenen Ergebnisse.

Die im Anhang dokumentierten Umfrageberichte des Instituts für Meinungsforschung stellen eine Glücksfall für die sozialempirische und zeitgeschichtliche DDR-Forschung dar, glaubte man doch bis jetzt allgemein, außer wenigen selektiven Veröffentlichungen des Instituts für Jugendforschung und einzelnen sozial-empirischen Publikationen zu sehr begrenzten Teilbereichen der DDR-Gesellschaft über keinerlei harte Daten zu verfügen, schon gar nicht über solche einer seriösen Meinungsforschung, die helfen könnten, die Vorgeschichte der heutigen Entwicklungen zu rekonstruieren.

Vieles, was bisher darüber an Vermutungen und Spekulationen geredet und geschrieben wurde, kann jetzt als einigermaßen falsifiziert zu den Akten gelegt werden. Genauer kann untersucht werden, wann und auf welchen Gebieten, bei welchen sozialen Gruppen das einsetzte, was auch renommierte bundesdeutsche Soziologen, denen Feldforschung verweigert wurde und denen fast alle Daten fehlten, als »Beobachter, Besucher und Verwandte unterschätzt haben«, nämlich »die Sprengkraft einer doppelten Identität, in der die DDR-Bürger öffentlich ihre Genossenrolle ausfüllten, privat von westlichen Standards jedoch nicht abgingen«[13].

Mindestens genauso wichtig ist das präsentierte Material m. E. für den Versuch einer soziologischen Prognose über den weiteren Verlauf des nachzuholenden Verwestlichungsprozesses und seine zu erwartenden Schwierigkeiten.

Wegen der Vernichtung des Archivs des Instituts für Meinungsforschung kann mit diesem Buch keine lückenlose Dokumentation vorgelegt werden, und man kann nur hoffen, daß die weiteren Recherchen noch möglichst viele Umfrageberichte zutage fördern, von denen bis jetzt 183 für die Jahre 1965 bis 1976 nachgewiesen sind. Da für den Zeitraum von 1971 bis 1978 bis jetzt nur wenige entdeckt sind, die Zahl der jährlichen Umfragen aber nie unter 10 gelegen hat, dürfte die Gesamtzahl bei über 200 gelegen haben. Von den bisher aufgefundenen werden im Anhang jene 15 Berichte dokumentiert, die sich hauptsächlich mit politischen und wirtschaftlichen Problemen befaßten. Einer weiteren Publikation werden die Berichte vorbehalten, die Auskunft über die politische Kultur und die Alltagskultur in der DDR zwischen 1968 und 1976 und über die vermutete Dichotomie von Alltagskultur/Lebenswelt und politischem System geben.

## II. Die Gründung des Instituts für Meinungsforschung

Im vom VI. Parteitag der SED im Januar 1963 beschlossenen Parteiprogramm tauchte selbst für Insider überraschend der Satz auf: »Von den Gesellschaftswissenschaften werden verstärkt soziologische Forschungen durchgeführt.«[14]

Dies war nach den längeren internen Auseinandersetzungen über die Berechtigung einer eigenständigen Soziologie neben dem Historischen Materialismus ein wichtiger Erfolg für jene Gesellschaftswissenschaftler, die auf eine exakte empirische und soziologische Erforschung der DDR-Gesellschaft drangen. Mit dem Rückenwind einer auf Modernisierung und Verwissenschaftlichung zielenden Orientierung der »Technokraten« in Ulbrichts Apparat konnte 1964 ein wissenschaftlicher Rat für Soziologie gebildet werden, der die akademische und universitäre Forschung und Lehre zu koordinieren und das wissenschaftliche Leben zu organisieren hatte.

War die SED in der Entwicklung der Soziologie mit mehrjähriger Verspätung einer entsprechenden Kurskorrektur in der Sowjetunion gefolgt, wo nach 1958 angesichts des Versagens des Historischen Materialismus bei der Analyse der Wirkungen, Trends und Prognosen des industriellen Wandels die bisher verfemte »bürgerliche Pseudowissenschaft« installiert wurde, ging die SED mit der Gründung des Instituts für Meinungsforschung nun einen deutlichen Schritt weiter als der sowjetische Lehrmeister. Parallel zur Zustimmung zur Etablierung der Soziologie wurde aber zugleich zu größter Wachsamkeit gegenüber allen konvergenztheoretischen Einflüssen aufgerufen, da man sich auf keinen Fall eingestehen mochte, daß die eigene Gesellschaftskonzeption sich in der Praxis mit allen Problemen der westlichen Industriegesellschaft konfrontiert sah, ohne auf vergleichbare positive Leistungen dieser Gesellschaft verweisen zu können. In kontraproduktiver Weise wurden wenige Jahre später die unter Ulbricht unternommenen Versuche zur Überwindung dieser Defizite durch Übernahme effektiver Instrumentarien und Strukturen marktwirtschaftlich organisierter Industriegesellschaften unter Honecker (angesichts des Scheiterns der sowjetischen Wirtschaftsreform) abgebrochen.

Weder die dogmatisierte Philosophie, Wirtschaftswissenschaft noch die Soziologie waren so in der Lage, die innovativen Elemente der konvergenztheoretischen Beiträge eines Pitirim A. Sorokins, Walt W. Rostows, Raymond Arons oder Jan Tinbergens aufzunehmen, weil nicht akzeptabel schien, daß auch die realsozialistische Gesellschaft unter den Bedingungen der Systemkonkurrenz (und deshalb ähnlich borniter Bedürfnishorizonte der Menschen) nur eine Variante derselben Gattung sein konnte: der industriellen Zivilisation (Aron).

So erwies sich die Hinwendung zur empirischen Sozialforschung als begrenztes, rein pragmatisches Zugeständnis gegenüber den nicht länger zu leugnenden Folgen der industriellen und soziostrukturellen Wandlungen, kaum aber als Konsequenz der verbal behaupteten »Dialektik von Theorie und Praxis«, woraus die erkenntnistheoretischen und methodischen Grenzen einer unter diesen Voraussetzungen betriebenen Soziologie vorausbestimmbar waren.

Bewußt von der Soziologie abgehoben und weitgehend unabhängig von ihrer Entwicklung entstand auf Beschluß des Sekretariats des ZK der SED vom 21. April 1964 ein Institut für Meinungsforschung beim ZK der SED, das nach außen bei seinen Umfragen aber – um die Probanden nicht zu beeinflussen oder gar zu verschrecken – neutral als *Institut für Meinungsforschung in der Deutschen Demokratischen Republik* firmierte und auch seinen Sitz (im Gebäude des Instituts für Gesellschaftswissenschaften beim ZK der SED) hinter einer Postfachadresse versteckte[15].

Das eigentlich Sensationelle an diesem Gründungsbeschluß war die Tatsache, daß die Ulbricht-Gruppe offensichtlich dem bisherigen staatlichen Berichtswesen und dem eigenen System der Parteiinformation über Stimmungen und Meinungen nicht mehr vertraute. Da die Presse als Spiegel öffentlicher Meinungen bei allen relevanten Problemen fast völlig entfiel, das Berichtswesen des Ministeriums für Staatssicherheit in dieser Zeit noch auf die Verfolgung »besonderer Vorkommnisse« und nicht auf eine flächendeckende Überwachung der Stimmungen und Meinungen eingerichtet war, bildete die Schaffung einer besonderen Infrastruktur der Meinungsforschung trotz des beibehaltenen Parteimonopols einen großen Schritt weg von dem ideologisierten und tendenziell (infolge des abhängigen Unterstellungsverhältnisses jedes Informanten von der zu informierenden übergeordneten Stelle) schönfärberischen Informationssystems hin zu objektiver Meinungsforschung.

Wahrscheinlich auf Aufforderung von Ulbricht hatte sein damaliger persönlicher Mitarbeiter Gerhard Kegel bereits am 27. April 1963 einen Beschluß-Entwurf für das Sekretariat des ZK über den Aufbau eines zentralen Systems für Meinungsforschung vorgelegt. In seiner Begründung hieß es: »Die Einschätzung von Massenstimmungen in der DDR, der Arbeit und Wirksamkeit unserer propagandistischen und agitatorischen Arbeit wie der Wirkung der gegnerischen Propaganda erfolgt überwiegend auf Grund subjektiver Erfahrungen, Auffassungen und Meinungen, die zumeist keine Allgemeingültigkeit beanspruchen und kein wissenschaftlich-exaktes Bild ergeben können ... Um den Charakter dieses zentralen Systems sozialistischer Meinungsforschung als Hilfsmittel der Parteiführung von vornherein sicherzustellen und jeden gegen die Interessen der Partei gerichteten Mißbrauch auszuschließen, ist dieses wichtige politische Instrument unmittelbar dem Politbüro zu unterstellen.«[16]

Nach dem Verweis auf internationale Erfahrungen, darunter auf zwei große und ein Dutzend kleinere Institute der BRD, hieß es: »Ein wissenschaftlich-exakt arbeitendes System sozialistischer Meinungsforschung wäre für die Planung und Durchführung grundlegender wirtschaftspolitischer Maßnahmen, wichtiger innen- und außenpolitischer Maßnahmen und bei grundlegenden Argumentationen auf verschiedenen Gebieten eine außerordentlich wertvolle Hilfe.«

Unbeschadet dieser klaren politischen Instrumentalisierung sollte aber jeweils ein möglichst getreues Spiegelbild der Bevölkerungsmeinung ermittelt werden. Darum wurde hervorgehoben: »Die Bereitschaft dieses Personenkreises, auf die Befragung ehrliche und ungeschminkte Antworten zu geben, könnte vorher festgestellt werden. Dabei ist selbstverständliche Voraussetzung, daß auf den einzelnen Fragebogen der Name der Befragten nicht erscheint, und daß niemand wegen seiner Antworten ein Nachteil entstehen darf.«

Diesen Intentionen folgte der Beschluß vom 21. April 1964. Das Institut wurde anfänglich dem Mitglied des Politbüros Albert Norden unterstellt. Ob aus Gründen der Arbeitsüberlastung, des Arbeitsgebietes oder weil ihn die ersten Aktivitäten des Instituts mit den verbundenen Tücken vorsichtigerweise auf Distanz gegen ließen – jedenfalls schlug er am 19. Dezember 1966 in einem Schreiben an Honecker vor, »die Verantwortung für das Institut neu festzulegen. Zweckmäßigerweise müßte das zum Arbeitsgebiet des Genossen Lamberz gehören.«[17] So wurde Anfang 1967 entschieden. Zum Gründungsdirektor wurde der nach den Volkskammerwahlen 1963 als Innenminister ausgeschiedene Karl Maron bestimmt. Ihm standen erst ein, aber 1968 ein zweiter Stellvertreter zur Seite, die anfänglich über fünf wissenschaftliche und sieben technische Mitarbeiter verfügten. Die technische Ausstattung entwickelte sich von einer Hollerith-Lochkartenmaschine über den 1969 eingesetzten R 300 (Robotronrechner) hin zur Ausstattung mit einer modernen EDVA R 40 im Jahre 1973.

Wichtigste Basis des Instituts war das System der Interviewer. Unter Nutzung des Parteiapparates wurde bei den Bezirks- und den Kreisleitungen je einer der hauptamtlichen Mitarbeiter der Abteilungen bzw. Sektoren für Agitation/Propaganda zusätzlich zu seiner bisherigen Arbeit als Anleiter für die im Kreisgebiet tätigen Interviewer bestimmt. Diese wurden sukzessive von den Mitarbeitern des Instituts in ihre Aufgaben eingewiesen. Nach einem Bericht des Direktors am 10. August 1965 über die Ergebnisse der Arbeit des Instituts nach einjähriger Tätigkeit vor dem Politbüro des ZK der SED wurde den 1. Sekretären der Bezirks- und Kreisleitungen als Auflage mitgeteilt, die Zahl der ehrenamtlichen Interviewer in Abhängigkeit von der Größe der Kreise wie folgt zu sichern:

Kreise bis 100 000 Einwohner 10 Interviewer,
Kreise von 100 000–250 000 Einwohner 20 Interviewer,
Kreise über 250 000 Einwohner 30 Interviewer.

Dank dieser Maßnahmen wuchs die Zahl der ehrenamtlichen Mitarbeiter von 2 266 zuzüglich der 188 hauptamtlichen Mitarbeiter bei den Kreisleitungen der SED auf 2 410 im Jahre 1967, die nun durch 197 hauptamtliche Interviewgruppen-Leiter betreut wurden[18].

So ausgestattet, gingen die Mitarbeiter des Instituts mit großem Elan (und manchen Illusionen) an die Arbeit. Sie waren technisch in der Lage, jährlich zehn bis zwölf

Umfragen mit jeweils 2 500 bis 3 000 Probanden sowie zusätzlich auf Anforderung zwei bis drei Schnellumfragen durchzuführen und etwa 30 000 Fragen auswertbar aufzubereiten.

Der Auftrag, der mit dem Gründungsbeschluß durch das Sekretariat des ZK der SED gegeben war, schloß zwar jede selbständige oder gar unabhängige Meinungsforschung aus, aber solange die Fragestellungen auf objektiven Erkenntnisgewinn ausgerichtet waren, bildete diese abhängige Stellung kein Hindernis für eine exakte wissenschaftliche Arbeit.

Der Beschluß vom 21. April 1964 legte fest, daß das Institut seine Aufträge vom Politbüro erhalte und es auch in jedem Fall über die Verwendung der Ergebnisse entscheiden werde. In der Praxis sah dies so aus, daß der Institutsdirektor sich im Vorfeld der Planung für das kommende Jahr an einige als wichtig angesehene Abteilungsleiter des ZK mit der Aufforderung wandte, Gebiete sowie Probleme und Fragen zu benennen, die untersucht werden sollten. Nach Eingang dieser Wünsche und Vorschläge erarbeitete das Institut einen Entwurf für den Fragebogen, der nun mit der betreffenden Abteilung abgestimmt wurde, um erst dem zuständigen Politbüromitglied und schließlich Lamberz zur Bestätigung vorgelegt zu werden. Nach dessen Einverständnis wurde der Fragebogen in der Hausdruckerei des ZK gedruckt und entweder an die Interviewer verteilt oder in einzelnen Fällen an die Probanden per Post verschickt. In verschiedenen Fällen wurde der Fragebogen-Entwurf einem modifizierten »Pretest« durch eine Vorort-Erprobung bzw. Beratung mit Verantwortlichen des Untersuchungsbereiches unterzogen. Die Berichte über die erfolgte Umfrage wurden, auf Ormig-Platten geschrieben, an Lamberz als dem zuständigen verantwortlichen Sekretär übergeben. Dieser entschied, ob der Bericht dem Politbüro vorgelegt werden sollte, ob nur eine zusammenfassende Information erfolgte und ob Ausschnitte des Berichts an bestimmte Organe (Abteilungen des ZK, Bezirksleitungen der SED oder staatliche Leitungsorgane wie Ministerien) weitergegeben werden sollten.

In aller Regel wurden die 25 bis 30 Exemplare des Berichts als »Vertrauliche Verschlußsache« (VVS), in einzelnen Fällen als »Geheim« eingestuft und behandelt. Diese krankhafte Geheimniskrämerei verbot jeden Ansatz von Meinungsforschung für die Öffentlichkeit. Selbst harmlose Umfragen irgendeines Organs führten zu heftigen Reaktionen. So befaßte sich das Politbüro in seiner Sitzung am 4. Mai 1965 unter Honekkers Vorsitz unter TOP 7 mit einer «Veröffentlichung einer Meinungsumfrage in der Nr. 19 der ›Neuen Berliner Illustrierten‹« und legte fest:

»1. Auf Grund der Veröffentlichung der Ergebnisse einer angeblichen Meinungsumfrage in zwei Straßen von Berlin und Moskau wird Genosse Norden beauftragt, mit der Redaktion eine Aussprache herbeizuführen und die zuständigen Genossen zur Verantwortung zu ziehen.

2. Genosse Singer wird beauftragt, dem Sekretariat mitzuteilen, warum trotz des Beschlusses des 7. Plenums über das Verbot der Durchführung von Meinungsbefra-

gungen und ihrer Veröffentlichungen diese Befragung durchgeführt und veröffentlicht wurde.

3. Genosse Norden wird gebeten, noch einmal sowohl den Parteizeitungen wie durch das Presseamt den anderen Zeitungen und Zeitschriften mitzuteilen, daß Meinungsforschungen nicht durchgeführt und veröffentlicht werden dürfen.«[19]

Mit diesem Beschluß sollten alle hochgespannten Erwartungen bei jenen, die von der Gründung des Instituts erfahren hatten und sich von seiner Arbeit viel erhofften, ausgeräumt werden. Vor den Leitern der damals (in Nachahmung einer Idee Chruschtschows) existierenden »Ideologischen Kommissionen« hatte Karl Maron u. a. im Juli 1964 ausgeführt:

»Die Skala der Vorstellungen darüber, das haben meine ersten tastenden Gespräche mit verschiedenen Genossen ergeben, d. h. die Erforschung der Meinung über Wert oder Unwert der Meinungsforschung, geht von schwärzester Skepsis bis zu den kühnsten Phantastereien, daß man sozusagen den Stein der Weisen auf soziologischem Gebiet gefunden habe, der die Entwicklung in ungeahntem Tempo vorantreiben wird.«[20]

Während das gerade erschienene Wörterbuch der Soziologie – wie sich Maron mokierte – sich noch über die Meinungsforschung als pseudowissenschaftliches und ausschließlich manipulatives Element der bürgerlichen Wissenschaft ausließ, bestimmte Maron die »Meinungsforschung als eine Form der soziologischen Forschung, die die Meinung großer Gruppen von Menschen über öffentliche Probleme der Politik, der Moral, des Rechts, der Kunst, der Religion, der Philosophie festzustellen sucht« und die »in erster Linie zur Leitung ideologischer Prozesse und zur Entwicklung des sozialistischen Menschenbildes (soll wohl Menschen heißen – d. V.) beitragen (soll)«.

Aber er fügte hinzu, es gäbe »noch einen weiteren wichtigen Grund, ernsthaft und wissenschaftlich exakt Meinungsforschung zu betreiben. Die Entwicklung der Produktivkräfte in unserer Epoche hat einen solchen Stand erreicht, daß sie nur auf einer wissenschaftlichen Grundlage weitergeführt werden kann.«

Bewertet man diesen Standpunkt unter dem Gesichtspunkt, daß zu dieser Zeit – 1964 – die Meinungsforschung nur ansatzweise in Ländern des sowjetischen Machtbereichs entwickelt und durchaus nicht unumstritten war, besaßen die Meinungsforscher in der DDR ein aktuelles Selbstverständnis und nach einer Anlaufphase bald große Professionalität. Dies wird sich auch noch in der folgenden Beschreibung der Methoden beweisen.

Insofern trug der Beschluß des Sekretariats des ZK der SED vom 21. April 1964 der Tatsache Rechnung, daß die Meinungsforschung für die Führungen entwickelter Industriegesellschaften unverzichtbares Informationsmaterial über die subjektive Widerspiegelung von komplexen Prozessen in gesamt- und teilgesellschaftlichen Strukturen und Prozessen bei den Akteuren und/oder Betroffenen in diesen Bereichen zur Verfügung stellen kann.

Die unter Ulbricht mit dem VI. Parteitag eingeleitete und versuchte Modernisierung der

DDR-Gesellschaft mit Hilfe von Wissenschaft, Technik und Effektivierung insbesondere auch des »Subjektiven Faktors«, des Menschen, korreliert mithin vollständig mit der Entwicklung einer wissenschaftlich exakten Meinungsforschung. Die entscheidende strukturelle Differenz zur westlichen Meinungsforschung, die sich als Instrument einer demokratisch-partizipatorischen, auf größere unmittelbare Beteiligung der Bürger abzielenden Politik versteht, bestand darin, daß Meinungsforschung in der DDR in das Informationsmonopol der SED eingebettet war. Dies hatte einmal zur Folge, daß jede Öffentlichkeit ausgeschlossen war. Zum anderen erwiesen sich die Reaktionen auf Umfrageergebnisse als zwiespältig. Wie die Auswertung einzelner Berichte zu Umfragen zeigt, waren die Leitungsorgane bei peripheren Fragen sowie Alltagsproblemen gewillt, entsprechende Veränderungen vorzunehmen. Dieser positiven Reaktion stehen aber in grundlegenden politischen Problemen meist nur Festlegungen gegenüber, die auf Gegensteuerung zielten. Dem liegt ein der stalinistischen Optik geschuldetes, letztlich elitäres Verhalten gegenüber den Menschen zugrunde.

Gegenüber dem für die Endphase der Ulbricht-Ära feststellbaren Gemisch von Gegensteuerung – Berücksichtigung und Teilkorrektur wird für die Honecker-Zeit sehr bald ein Gemisch von reiner Ignoranz und mentaler Rezeptionsverweigerung in allen wesentlichen Fragen und populistischem Nachgeben in alltäglichen und Geschmacksfragen typisch. Eine Ausnahme bildet das hilflose Zurückweichen in der Ausreisefrage. Dieses spezifische Kapitel von Inkompetenz wird bei der Bewertung der späteren Umfrageergebnisse besonders zu berücksichtigen sein.

Diese Ignoranz kulminiert letztlich in der Schließung des Instituts für Meinungsforschung im Januar 1979 einschließlich der Vernichtung des Archivs.

Daß dies eine rein politisch motivierte Entscheidung gewesen ist und in keiner Weise etwa durch mangelnde Leistungsfähigkeit oder Professionalität der Institutsarbeit verursacht worden war, beweisen sowohl die bis 1970 stetig wachsende wissenschaftliche Qualität der Umfragen und der entsprechenden Berichte als auch die Quantität der Arbeit.

Aufgrund bis jetzt fehlender Unterlagen kann nur am Beispiel der Jahre 1967 und 1968 sowie für die Jahre 1973 bis 1976 die rein technische Leistung dokumentiert werden.

Der »Bericht über die Tätigkeit des Instituts für Meinungsforschung im Jahre 1967«[21] weist für 17 Umfragen 170 Fragen aus, wobei vor allem zu den vorherrschenden politischen und wirtschaftlichen Problemen eine Reihe von Wiederholungsfragen gestellt wurde, also von Anfang an auf Vergleiche und Trend-Aussagen gezielt wurde. Zur Qualifizierung der Arbeit wurde bald stärker mit Panels gearbeitet, das hieß, mit gleichbleibenden Gruppen Standardprogramme abzufragen (Genossenschaftsbauern, Produktionsarbeiter, Frauen, Parteimitglieder, Wehrpflichtige, Reservisten). Störende Eingriffe führten allerdings dazu, daß keine zeitliche Regelmäßigkeit eingehalten werden konnte, also nur von Quasipanels gesprochen werden kann. Dabei waren insgesamt 32 000 Personen einbezogen. Die Zahl der Befragten pro Umfrage schwankte zwischen

860 (Umfrage zu Problemen der nationalen Sicherheit unter Reservisten) und 5 219 (Umfrage zu einigen Problemen der sozialistischen Rationalisierung).

Als effektive Methode kam die sogenannte »bewußte Klumpenauswahl« zur Anwendung, d. h., anstatt z. B. die Fragebogen über einen ganzen Betrieb mit mehreren tausend Beschäftigten zu verteilen, wurde eine geschlossene Abteilung ausgewählt, von der anzunehmen war, daß es keine signifikanten Abweichungen in ihrer Zusammensetzung gegenüber dem Gesamtbetrieb gab (ungeschichtete Grundgesamtheit).

Um die Seriosität der eigenen Arbeit zu unterstreichen, wurde im Jahresbericht 1967 mit Genugtuung festgestellt: »In einigen Betrieben, in denen die Ergebnisse der Umfrage von den vorliegenden Einschätzungen anderer Organe stark abwichen, wurde durch nachträgliche Untersuchungen (Brigaden des ZK) festgestellt, daß unsere Ergebnisse die wirkliche Situation in diesen Betrieben widerspiegelten.«[22]

Wie ernst die MitarbeiterInnen des Instituts ihren Auftrag nahmen, zeigt auch die Varianzbreite der angewendeten Frageformen. So wurden
131 Alternativ-Fragen (davon 36 Skalen-Fragen),
 26 Mehrfachauswahl-Fragen (sogenannte Speisekarten-Fragen),
  8 offene Fragen (Was wünschen Sie...? Was ärgert Sie...?),
 16 Unterweisungsfragen (der Befragte wird kurz informiert),
  4 Projektionsfragen (Frage danach, wie andere denken),
  4 Diskussionsfragen (in einem fiktiven Gespräch werden mögliche Meinungen angeboten)
gestellt.

Sorgfältig wurde durch vergleichende Analysen die eigene Fehlerquote berechnet. Um die Sicherheit der im Repräsentationsschluß gefundenen Werte zu prüfen, wurden z. B. bei der in 33 Betrieben durchgeführten Umfrage (zur Rationalisierung) Zwischenergebnisse von 10 und dann von 20 Betrieben ermittelt. Im Ergebnis vom 1. bis 10. Betrieb gab es bei den 25 Fragen keine durchschnittliche Abweichung vom Gesamtergebnis, die größer als 5 % gewesen wäre. Nach Einbeziehung von 20 Betrieben verringerte sich die Abweichung erwartungsgemäß und lag bei einer Frage beim Maximum von 2,7 %.

So bestätigte sich die Zuverlässigkeit (der sogenannte Vertrauensbereich) der Werte bei einer durchschnittlichen Population von ca. 2 000 Probanden. Um die Ergebnisse bei Territorial- und anderen Umfragen, die auf dem Postweg eingeholt wurden, genauer zuzuordnen und/oder die Rücklaufquote und damit auch die Qualität der Interviewer einschätzen zu können, benutzte das Institut verschiedene Methoden. So wurden bei den Briefumschlägen für die Rückantwort verschiedene Farben, Frankierungsarten (Postwertzeichen) und variable Anschriften (z. B. Institut für Meinungsforschung bzw. An das IfM) usw. verwendet. Damit blieb die Anonymität gewahrt, aber zugleich konnten differenzierte Ergebnisse zur Verfügung gestellt werden[23]. Die hohe Rücklaufquote verbietet es auch, bei der Interpretation auf die Noelle-Neumannsche »Schweigespirale« auszuweichen, wonach zu vermuten wäre, nur loyale Bürger antworteten überhaupt, Systemgegner hätten sich verweigert.

Auch 1968 wurde ein hohes Leistungsniveau nachgewiesen[24]. Bei zehn Umfragen mit 25 000 befragten Bürgern wurden 220 Fragen gestellt und ausgewertet. Insgesamt erreichte das Institut damit in den drei Jahren seiner Existenz die Gesamtzahl von 46 Umfragen.

Neu war für 1968 ein Standardfragenkatalog mit 35 Fragen ins Programm genommen worden, um zu langfristigen Panels und damit zu Querschnittsanalysen und Trendaussagen zu kommen.

Zwar wurde begonnen, die Ergebnisse dieser Standardumfragen nach Bezirken, nach sozialen und demographischen Gruppen zu analysieren, aber die politisch bedingten Imponderabilien verhinderten, daß über mehrere Jahre Panels realisiert werden konnten. So brachte das Jahr 1969 trotz elf durchgeführter Umfragen bereits einen solchen Rückschlag in der Arbeit des Instituts, da durch Nichtbestätigung von acht der vorgeschlagenen zwölf Themen beabsichtigte Panels ausfielen, dafür aber bis auf zwei Umfragen zu internationalen Problemen ausschließlich Probleme der Parteiarbeit und der Presse der SED im Mittelpunkt standen (bei elf Umfragen wurden 225 Fragen von 24 609 Bürgern beantwortet). Nichtsdestotrotz waren Wertschätzung und Ansehen des Instituts bei Ulbricht, Lamberz und in Teilen des Apparates deutlich gewachsen. Deswegen war es Karl Maron, der die Unzufriedenheit der Mitarbeiter des Instituts mit den störenden und unprofessionellen Eingriffen des Apparates teilte, möglich, mit Hilfe einer Beschlußvorlage für das Sekretariat des ZK die Kompetenzen des Instituts zu vergrößern, indem die Methoden und die Arbeitsweise der Umfrageforschung genauer definiert und durch allerhöchsten Beschluß sanktioniert werden sollten. Dies gelang allerdings im wesentlichen nur auf dem Papier. Der entsprechende Beschluß des Sekretariats des ZK der SED vom 10. September 1969 bestätigte die Vorlage »Der weitere Ausbau und die Verbesserung der Arbeit des Instituts für Meinungsforschung beim ZK der SED«, die auch allen 1. Sekretären der Bezirks- und Kreisleitungen übermittelt wurde.

In der Präambel hieß es:

»Das Institut für Meinungsforschung hat im Rahmen des Systems der Parteiinformation laut Beschluß des Politbüros des ZK der SED ›Zur weiteren Verwirklichung der Grundsätze der wissenschaftlichen Führungstätigkeit der Partei‹ vom 15. April 1969 wesentlich dazu beigetragen, den wachsenden Informationsbedarf der Parteiführung über die Entwicklung des sozialistischen Bewußtseins der einzelnen Bevölkerungsschichten der DDR zu sichern.«[25]

Das bedeute selbstredend auch die Verpflichtung »zu prüfen, inwieweit das Institut für Meinungsforschung dazu betragen kann, bestimmte langfristige Aktionen und Kampagnen der Parteiführung durch Umfragen zu unterstützen. Das betrifft besonders die Beschaffung von Informationen für die Ausgangsstellung der Kampagne, Zwischenuntersuchungen über die Wirkung der eingeleiteten Maßnahmen und Abschlußuntersuchungen zur Feststellung, inwieweit das Ziel der Kampagne erreicht worden ist.«[26]

Mit Nachdruck wurde eine erhöhte Exaktheit der Aussagen angestrebt und ein umfassendes Programm der wissenschaftlichen Qualifizierung und technischen Professionalisierung sowie die verbesserte technische und personelle Ausstattung des Instituts festgelegt. Ein wesentlicher Bestandteil war die ausführliche Beschreibung der Qualifizierung der Interviewerarbeit, insbesondere aber die Verbesserung der Methodik der Arbeit. Dazu hieß es:

»**Fragebogen**

a) Jeder Fragebogen muß sich entsprechend der Umfragethematik auf die wichtigsten Probleme, die in den Beschlüssen der Parteiführung enthalten sind, konzentrieren und auf das Informationsbedürfnis der Parteiführung abgestimmt sein.

Deshalb sind vor der Ausarbeitung des Fragebogens Beratungen mit dem Leiter der Abteilung des ZK durchzuführen, dessen Fachgebiet die Umfrage berührt. Dem zuständigen Sekretär des ZK ist der Fragebogenentwurf vorzulegen. Die endgültige Bestätigung des Fragebogens erfolgt durch den für das Institut zuständigen Sekretär des ZK.

b) Bei den Umfragen des Instituts sind die verschiedensten Frageformen (von der Alternativfrage über Mehrfachauswahlfrage bis Polaritätsfrage) anzuwenden. Dabei ist stets darauf zu achten, daß Fragebogen unter dem Blickpunkt von Korrelations- und Skalierungsmöglichkeiten angelegt werden. Durch solche Experimente wie Aufnahme von Fragen gleichen Inhalts, aber anderer Formulierung, Änderung der Reihenfolge von Antwortvorgaben, Stellen von gleichen Fragen bei verschiedenen, thematisch jedoch anders gearteten Umfragen sind Umfrageergebnisse ständig zu vergleichen und die günstigsten Fragevarianten zu ermitteln.

c) Für die systematische Beobachtung der Entwicklung von Meinungen der Bevölkerung zu Grundfragen unserer Politik wird ein Standard- bzw. Basisfrageprogramm ausgearbeitet. Es ist zu garantieren, daß diese Fragen mindestens einmal im Jahr gestellt werden; wenn erforderlich, werden vom Institut für Meinungsforschung auf der Grundlage dieses Frageprogramms spezielle Umfragen durchgeführt. In Abständen von zwei Jahren ist das Standardfrageprogramm zu überprüfen und – soweit erforderlich – zu ergänzen.

**Umfragemethoden**

a) Es wird nur die schriftliche Befragung, die seit Bestehen des Instituts für Meinungsforschung angewandt worden ist und bei der für den Befragten die unbedingte Anonymität am besten gewährleistet erscheint, angewandt. Ihrem weiteren Ausbau muß große Aufmerksamkeit geschenkt werden. Es ist anzustreben, daß bei territorialen Umfragen eine Rücklaufquote von 75 Prozent erreicht wird.

b) Neben repräsentativen Querschnittsbefragungen in Bezirken und Betrieben, die ebenfalls Aussagen über die sozialen und demografischen Gruppen zu enthalten haben, sind verstärkt gesonderte Erhebungen bei bestimmten Gruppen durchzuführen (Frauen, Altersgruppen, soziale Gruppen, Befragungen entsprechend dem Bildungsstand, nach Wohnortgröße u. ä.), um detailliertere Angaben über diese Gruppen zu erhalten.

c) Besonders weiterzuentwickeln ist die Betriebsbefragung, da bei ihr relativ schnell Informationen über die Meinungen der wichtigsten sozialen Gruppen zu aktuellen politischen und ökonomischen Problemen zu erhalten sind. Neben Befragungen in Betrieben und Kombinaten der strukturbestimmenden Zweige der Volkswirtschaft sind Befragungen in mittleren und kleineren Betrieben, im Handel, in Dienstleistungs- und Verkehrsbetrieben gesondert oder im Zusammenhang mit Untersuchungen in anderen Betrieben durchzuführen.

d) Um schneller und rationeller in den Besitz von Umfrageergebnissen zu kommen, ist das Prinzip der Klassenzimmerbefragungen (Befragungen von Gruppen in geschlossenen Räumen) in erster Linie bei Schülern und Studenten verstärkt anzuwenden.«[27]

In Durchführung des Beschlusses wurde auch der personelle (als vorläufig gedachte) Endausbau des Instituts erreicht, der folgende Struktur aufwies:

| Verwaltungsleiter zusätzl. verantwortl. für Kader/Finanzkontrolle | Leiter | Chefsekretärin |
|---|---|---|
| | | 3 Schreibkräfte |
| | 1. Stellvertreter | 2. Stellvertreter |
| 1 Sektorleiter Interviewer Umfrageorganisation | 1 Sektorleiter Analyse Statistik | 1 Sektorleiter Fragebogen |
| 1 polit. Mitarb. | 1 polit. Mitarb. | 1 polit. Mitarb. |
| 1 wiss.-techn. Mitarb. | 1 Mathematiker | 1 Sachbearbeiter |
| 2 Sachbearb. (Karteiführer) | 1 Statistiker | |
| | 1 wiss.-techn. Mitarb. | |
| | 1 Sachbearbeiter | |

Zusätzlich zu diesen zehn wissenschaftlichen und 13 technischen Mitarbeitern wurden für die Bezirke fünf hauptamtliche Mitarbeiter bei den Bezirksleitungen Halle (zusätzlich mitverantwortlich für die Bezirke Magdeburg und Leipzig), Erfurt (mitverantwortlich für die Bezirke Gera und Suhl), Rostock (mitverantwortlich für die Bezirke Schwerin und Neubrandenburg), Karl-Marx-Stadt (mitverantwortlich für den Bezirk Dresden) und Cottbus (mitverantwortlich für die Bezirke Frankfurt/O. und Potsdam) bestätigt.

Allerdings sollte mit dem Ende der Ulbricht-Ära das Interesse der Führung an den Ergebnissen in dem Maße schwinden, wie anstelle des Strebens nach wissenschaftlich fundierter Führungstätigkeit ein monarchischer Regierungsdilettantismus trat. Dadurch reiften nicht alle Blütenträume des ehrgeizigen Institutsteams, aber trotzdem existierten formell weiter verbesserte organisatorische und strukturelle Voraussetzungen für die Erhebungstätigkeit.

Auf Ursachen für den auffälligen inhaltlichen Wandel der Fragestellungen für die Umfragen wird noch zurückzukommen sein.

# III. Meinungsforschung in den Jahren des »Wirtschaftswunders DDR«

Die Präsentation einiger relevanter Berichte zu Umfragen unter dem Gesichtspunkt, ob sie als mögliche Indizien für die politische Legitimation in dem Sinne herangezogen werden können, weil sie die Existenz einer legitimierenden Massenloyalität belegen, bedarf einer besonders kritischen Sicht auf Voraussetzungen und Methoden des Zustandekommens von Ergebnissen, die selbst für westdeutsche Spezialisten der DDR-Forschung überraschend sein dürften.

In einer Zeit, in der es – mit einem Wort von Hermann Lübbe – darum geht, das SED-Regime zu »delegitimieren«, setzt sich jeder, der derartige Umfrageergebnisse noch dazu mit der erkennbaren Absicht präsentierte, sie als Beleg einer zumindest zeitweiligen Legitimierung qua Massenloyalität zu interpretieren wagt, unter erheblichen Beweiszwang hinsichtlich der methodischen Akribie ihres Zustandekommens.

Dürften kleinere methodische Mängel im Aufbau der Fragebogen anzumerken bleiben, erfüllen die Umfragen insgesamt die wesentlichen Anforderungen an eine wissenschaftliche Meinungsforschung. Das resultierte aus der auch schon von Voigt festgestellten Aufgabenstellung der empirischen Sozialforschung:

»1. Für die höchste Führungsschicht,
   der sie durch Ermittlung objektiver Daten von Meinungen, Stimmungen, Denkweisen und Verhaltensweisen Unterlagen für die Entscheidungsfindung, Machtsicherung und Lagebeurteilung verschafft. Die für diese Institution erhobenen Daten sind nur einer kleinen Gruppe hoher Parteifunktionäre zugänglich und streng geheim.

2. Für die mittlere und untere Führungsebene.
   Hier geht es vor allem darum, objektive Daten für Betriebe, Verwaltungen und Forschungsstätten zu gewinnen. Die Ergebnisse stehen Partei- und Wirtschaftskadern bis zur betrieblichen und örtlichen Ebene zur Verfügung. Sie werden nicht oder nur auszugsweise publiziert.«[28]

Apodiktische Behauptungen, wie die von Prof. Dr. Dr. Niermann in der bekanntgewordenen Stellungnahme für den Ausschuß des Deutschen Bundestages für Frauen und Jugend zum Thema »Identitätsfindung von Jugendlichen in den neuen Bundesländern« vom September 1991, die von der seriösen Soziologie weitgehend mit beredtem Schweigen kommentiert wurde, daß die Aussagen der Forschungsinstitute und Forscher im sozialwissenschaftlichen Bereich in den neuen Bundesländern nicht haltbar seien, »weil
– ihre Forschungsinstrumente (z. B. Befragungen, Beobachtungen) von ihrer subjektiven Soll- als Ist-Aussage oder einem Gemisch aus Soll- und Ist-Aussagen ausgehen;

– die Mitarbeiter die Wirklichkeit – nach unseren Vorstellungen – nicht kritisch hinterfragen, sondern sich mit ihren Fragen am Scheinbaren« orientierten und ihre »Aussagen über die Wirklichkeit noch nicht einmal das Papier wert« seien[29], dürften angesichts des bisher Dargestellten ins Reich reiner Ideologie verwiesen sein.

Demgegenüber bestätigt sich, was seinerzeit Voigt als Zielstellung formuliert hatte, nämlich dem Auftraggeber objektive Aussagen und nicht publikationsfähige Forschungsartefakte zu liefern. So genügen die Fragebogen im Aufbau (von wenigen Fragen mit leicht suggestiver Tendenz abgesehen) im allgemeinen den Anforderungen, war die Populationsgröße stets völlig ausreichend, die soziale Auswahl garantierte die notwendige Repräsentativität.

Ebenso ist davon auszugehen, daß die Befragungen ohne ideologische Pression erfolgten. Natürlich ist in Rechnung zu stellen, daß über die offizielle Propaganda und Schulungstätigkeit eine Beeinflussung der Art und Weise bei der Wahrnehmung und Wertung der Wirklichkeit erfolgt war, was aber für unsere Fragestellung unerheblich ist, da nicht das Maß wirklichkeitsadäquater Widerspiegelung objektiv realer Sachverhalte oder Werte, sondern die sich in Meinungen und Stimmungen widerspiegelnde subjektive Rezeption gefragt war.

Bei einer »Meinung« handelt es sich stets unabhängig von den jeweilgen gesellschaftlichen Bedingungen um subjektive Aussagen über die momentane Perzeption (oder auch Nichtwahrnahme) unterschiedlicher Gegenstandsbereiche. Es ist nun einmal so, daß Einstellungen und Meinungen immer in unterschiedlichen Mischungsverhältnissen kognitive, evaluative (normative) und affektive Komponenten aufweisen, die in Abhängigkeit von den konkreten Umständen, dem Zeitpunkt und der aktuellen Verfassung des Befragten diesen in seiner Meinungsäußerung beeinflussen. Eine solche starke Beeinflussung könnte in der vom Institut für Meinungsforschung oft gewählten Form der Gruppenbefragung gesehen werden, bei der die Probanden im geschlossenen Raum die Fragebogen vom Interviewer zur sofortigen Ausfüllung übergeben bekamen, die dann in versiegelten Urnen wieder eingesammelt wurden. Die durch eine solche künstlich geschaffene »soziale Interaktion« zu vermutende Beeinflussung in Richtung der sozialen Erwünschtheit dürfte eine zu vernachlässigende Größenordnung gehabt haben. Dafür spricht einmal die Tatsache, daß die Ergebnisse in verschiedenen Betrieben mit unterschiedlichen Interviewern niemals auch nur im Einzelfall signifikant voneinander abwichen. Auch dürfte durch das »Dazwischentreten« des Instruments »Fragenbogen« die spezifische soziale Kommunikation Interviewer – Befragter den Probanden als Fehlerquelle weitgehend ausgeschaltet haben; zudem schuf die Form der Gruppenbefragung (1 : N) eine viel weniger ›intime‹ Beziehung als die des Einzelinterviewers (1 : 1).

Hinzu kam als weiterer Korrekturfaktor möglicher »social desirability response sets« die Ausschaltung eines bei sonstigen Befragungen unvermeidlichen Dilemmas: die mehr oder minder hohe Antwortverweigerungsquote. Alle Erfahrungen besagen, daß Personengruppen mit der Bereitschaft zur Beantwortung im statistischen Mittel stärker der Tendenz zuneigen, sich bei ihren Antworten an der sozialen Erwünschtheit zu orientieren, man also zusammengefaßt behaupten kann: Je größer die Differenz zwischen Stichprobe und bereinigter Stichprobe, d. h. je größer der prozentuale Anteil an Ausfällen, um so stärker die Tendenz zur system- und normenkonformen Beantwortung.

Durch die bevorzugte Form der Gruppenbefragung wurde mit der dadurch erreichten fast 100%igen Rückgabequote dieser Faktor ausgeschaltet. Die ausgewiesene Zusammensetzung der jeweiligen Population zeigt, daß die gezogene Stichprobe der Proportionalität der Grundgesamtheit entsprochen hat, so daß der Repräsentationsschluß auf die Verteilung von Meinungen auf die Grundgesamtheit wissenschaftlich zulässig war und damit von der Gültigkeit der Ergebnisdaten ausgegangen werden durfte.

Damit soll nicht in Frage gestellt werden, was 1976 Ursula Koch in ihrer Arbeit »Bürgerliche und sozialistische Forschungsmethoden? Zur Rezeption empirischer Sozialforschung in der DDR« über den Zusammenhang von Theorie und Methode und speziell von Gegenstand und Methode herausgearbeitet hat.

Selbstredend hatten die politischen Verhältnisse und Machtstrukturen den entscheidenden Einfluß auf das Erkenntnisinteresse, aber wie Koch nachweist, wurden von der DDR-Soziologie trotz verbaler Absicherungen alle effizienten westlichen Methoden übernommen, im Falle des Instituts für Meinungsforschung sogar ziemlich ungehemmt vom theoretischen Korsett des Marxismus-Leninismus, darf hier hinzugesetzt werden.

Offiziell geäußerte »kritische Distanz« zur Umfragemethode – so bei Gerats, Toepel und Voigt 1968 in der von P. C. Ludz herausgegebenen Arbeit »Soziologie und Marxismus in der Deutschen Demokratischen Republik«[30] – war mehr ein Reflex der verordneten Restriktion gegenüber allen Befragungen der Bevölkerung als Mißtrauen gegenüber den »bürgerlichen« Methoden.

Alles in allem kann dem Einwand, daß in totalitären oder autoritär-bürokratischen Systemen überhaupt keine freie Meinungsforschung möglich sei, nur insofern zugestimmt werden, als es sich um kein unabhängiges Institut handelte und ein öffentlicher Diskurs der Ergebnisse nicht stattfand. Der DDR-Proband befand sich in keiner prinzipiell anderen Lage als jeder Bürger eines westlichen Landes, der auch manipulativen Einflüssen der Medien ausgesetzt ist. Schließlich bedeutete der verbreitete Empfang westdeutscher elektronischer Medien die Durchbrechung des öffentlichen Meinungsbildungsmonopols des Staates, wodurch für die Probanden durchaus eine kritisch-realistische Meinungsbildung möglich war.

Bei Beachtung aller in der empirischen Sozialforschung diskutierten Methodenprobleme weisen die relevanten Berichte keinen gravierenden Methodenfehler aus.

Wie die Fragestellungen der Umfragen zumindest für diese Jahre beweisen, kann auch nicht behauptet werden, die Meinungsforscher hätten »sich mit ihren Fragen am Scheinbaren orientiert« oder sich durch Selektion der Fragebereiche und durch ihre Methodenwahl die Ergebnisse ihrer Forschungen »selbst konditioniert« (Niermann).

## 1. Legitimation hinter Mauern?

Jüngere Urteile der DDR-Forschung und Zeitgeschichtsschreibung wie auch der Politikwissenschaft im Unterschied zu differenzierten Wertungen der sechziger und siebziger Jahre sind wieder ziemlich einmütig quer durch das politisch-wissenschaftliche Spektrum: Dieser Staat wurde niemals von der Bevölkerung angenommen! Analysiert man die Quellengrundlage für das getroffene Urteil, deren Quintessenz darin besteht, den Alleinvertretungsanspruch auch historisch zu begründen, findet man kaum mehr wissenschaftlich gesicherte Belege als in der sonstigen Publizistik oder literarischen Bekundungen bei oppositionellen Schriftstellern. Vieles, was bisher über die Haltung der Bevölkerung zu diesem Staat auf Zeit – wie wir heute wissen – gedacht und gemeint wurde, läßt sich zumindest für zwölf Jahre mit solchen Daten belegen, die bisherige Vermutungen, Spekulationen wie reine ideologische Verdikte ersetzen können.

Die sechziger Jahre wurden auch nach dem seinerzeitigen vorherrschenden Urteil der westdeutschen DDR-Forschung zu den erfolgreichsten der DDR-Geschichte. Das von der Publizistik geprägte Wort vom »Wirtschaftswunder DDR« bzw. vom »zweiten deutschen Wirtschaftswunder« wurde zum Synonym eines sich wandelnden DDR-Bildes im Ausland und in der BRD. Hermann Weber überschrieb das entsprechende Kapitel zu den Jahren 1961 bis 1965 »Die Festigung der DDR«[31], Peter C. Ludz registriert »Konsolidierung und Spannung«[32], Dietrich Staritz bestätigt der Industriegesellschaft DDR »Modernität und Beharrung«[33], Christoph Kleßmann benennt das Kapitel »Stabilisierung und partielle Modernisierung des politischen Systems«[34].

Wir werden Gelegenheit haben zu sehen, warum der von Jens Hacker 1990[35] erhobene Vorwurf, daß die in den sechziger und siebziger Jahren von vielen führenden DDR-Forschern vorgenommenen Veränderungen ihrer Charakterisierung des SED-Regimes nur aus ideologischen Gründen und wider alle Realität erfolgt seien, so nicht berechtigt ist.

Zutreffend dagegen ist Hackers Kritik hinsichtlich der damaligen voreiligen und letztlich falschen Prognosen zur Entwicklung der nationalen Frage in Deutschland, weil von den betroffenen Wissenschaftlern der negative Verlauf der ökonomischen Entwicklung in der DDR seit 1976/1977 nicht erkannt wurde, was letztlich auch für die ganze Entwicklung entscheidend wurde.

Allerdings gab es auch in der nationalen Frage (wie ihre Widerspieglung in der öffentlichen Meinung der späten sechziger Jahre zeigte) damals substantielle Ansatzpunkte für diese Fehlbeurteilung. Schließlich hatte selbst der damalige Bundeskanzler Kiesinger in seinem ersten Bericht zur Lage der Nation im März 1968 festgestellt: »Es gibt kein Staatsvolk der DDR. Wohl aber haben die Deutschen im anderen Teil in der Nachkriegszeit ihr eigenes schweres Schicksal gehabt und daraus ein eigenes Bewußtsein entwickelt, das wir respektieren. Sie mußten ihren Aufbau unter schwierigeren Umständen vollbringen als wir. Und sie sind deshalb mit Recht stolz auf diese Leistung, wie auch auf die Erfolge, die sie in Wissenschaft und Technik, im kulturellen und sportlichen Bereich erzielt haben. Wir freuen uns darüber, daß die wirtschaftliche Lage im anderen Teil Deutschlands auch im vergangenen Jahr (sich) weiter verbessert hat. Die Warenproduktion nahm um fast 7 Prozent zu, der Export stieg um 8 Prozent, die Einzelhandelsumsätze um 4 Prozent. Dadurch hat sich – und das wünschen wir ja – der Lebensstandard weiter erhöht.«[36]

In der Aussprache des Bundestages kam Helmut Schmidt darauf zurück und stellte fest: »Die DDR ist inzwischen an die siebente Stelle der Industriestaaten der Welt aufgerückt. Dahinter steckt eine große Leistung, an deren Anfang kein Marshall-Plan, sondern rücksichtslose Demontage, Reparationen und Entnahmen standen. Diese Leistung – auch der Bundeskanzler hat das unterstrichen – ist mit Recht eine Quelle des Stolzes und damit auch des Zusammengehörigkeitsgefühls der Menschen in der DDR.« Schmidt verwies noch auf den für die osteuropäischen Staaten höchsten Lebensstandard, auf das im Vergleich zur Bundesrepublik auf manchen Gebieten modernere Bildungs- und Ausbildungswesen und darauf, daß für die Jugend der DDR gelte, daß »sie der Bundesrepublik ziemlich kritisch gegenübersteht«[37].

Auf der Suche nach einer Antwort, ob Wissenschaftler wie Richert, Ludz, Zimmermann, Schweigler u. a. entweder aus politischer Apologetik der Brandtschen Ostpolitik oder in völliger Verkennung der realen Lage zu ihren Urteilen gekommen waren, können uns bei aller notwendigen Distanz im zur Debatte stehenden Zeitraum die Umfrageergebnisse klüger machen. Auf den Prüfstand gestellt werden soll, was Hacker wie folgt zugespitzt formuliert: »Am groteskesten war John Dornbergs 1968 getroffene Feststellung, die DDR habe sich ›von der grimmigen letzten Bastion des Stalinismus in ein Land‹ gewandelt, ›das von Selbstvertrauen und erwachendem Nationalismus strotzt‹. Schon 1967 hatte Professor Jean Smith (Princeton) mit der Fehldiagnose aufgewartet, in Ostdeutschland bilde sich ›ein Gefühl nationaler Identität‹ heraus. Der Schweizer Journalist Andreas Kohlschütter meinte 1970, nach einem dreiwöchigen DDR-Aufenthalt, eine Haltung der Bevölkerung ausmachen zu können, ›in der sich über das rein altersbedingte Zusammengehörigkeitsgefühl hinaus Zustimmung zur politischen Systemordnung und Identifikation mit dem Staatswesen ausdrücken‹. Die Liste der Fehleinschätzungen westlicher Beobachter ließe sich beliebig fortsetzen.«[38]

Die präsentierten Ergebnisse der Meinungsforschung sollten erneut Veranlassung sein, Geschichte nicht alternativlos und somit fatalistisch, »von ihrem Ende her« zu beurteilen, mithin in den schlimmsten aller Fehler eines Historikers zu verfallen: unhistorische Urteile zu fällen.

Die im Anhang dokumentierten 15 Umfrageberichte zeigen demgegenüber, daß zumindest zwischen 1965 und 1976 die DDR und die SED von einer deutlichen Mehrheit der Bevölkerung »angenommen« worden sind und sich die SED in ihrer Politik auf wichtigen Feldern auf eine mehrheitliche Zustimmung und Unterstützung berufen konnte, womit mithin auch hier der Leitsatz der Humeschen Staatstheorie gelten sollte: All governments rest on opinion!

Wenn abschließend einige Ergebnisse von Umfragen unter dem Aspekt der Legitimation politischer Herrschaft in den Jahren 1965 bis 1976 interpretiert werden, so nicht, um den Lesern und Leserinnen die Mühe des eigenen Dokumentenstudiums abzunehmen, sondern um auf diesen Aspekt aufmerksam zu machen.

Vier Jahre nach dem Mauerbau legte das junge Institut für Meinungsforschung einen »Bericht über eine Umfrage zu einigen Problemen der nationalen Politik in beiden deutschen Staaten«[39] vor, die den Probanden aus acht Bezirken der DDR nicht Allerweltsmeinungen abverlangte, sondern diffizile und gewichtige Entscheidungsfragen zu beantworten forderte. Trotzdem wurden von 2 367 ausgegebenen Fragebogen 1 185 zurückgeschickt, eine im internationalen Vergleich durchaus günstige Quote.

Zum Zeitpunkt der Umfrage (Mai/Juni 1965) verfolgte die SED (mit ihrer Blockgefolgschaft) eine – wie man heute weiß – zwar illusionäre, damals aber scheinbar offensiv auf Wiedervereinigung gerichtete nationale Politik. Die DDR hatte den Verzicht auf jegliche atomare Bewaffnung, die Anerkennung der europäischen Nachkriegsgrenzen, die Herstellung normaler Beziehungen zwischen den beiden deutschen Staaten und erneut eine spätere Konföderation vorgeschlagen. International war die Ausweitung der systematischen Bombardierung Nordvietnams durch die USA-Luftwaffe wesentlich.

Auch bekannte Systemkritiker wie Robert Havemann oder linksliberale westdeutsche Publizisten wie Rudolf Augstein äußerten sich zu diesen Fragen ähnlich wie die SED[40].

Vor diesem Hintergrund sollten die Umfrageergebnisse interpretiert werden. Das Ergebnis auf die Frage 1: »Wer trägt Ihrer Meinung nach die Verantwortung für die Lösung des nationalen Problems in Deutschland?« mit 79 % für »das deutsche Volk selbst« weist darauf hin, daß nationales Selbstbewußtsein in der DDR noch um zehn Prozentpunkte stärker als in der BRD ausgeprägt war, wo im April 1964 auf die Frage, ob man seitens der Deutschen immer wieder die Wiedervereinigung fordern solle, dies 69 % bejahten und es 21 % der Zeit überlassen wollten[41].

Frage 1: Wer trägt Ihrer Meinung nach die Verantwortung für die Lösung des nationalen Problems in Deutschland?

| Die Auswertung ergibt: | Männer | Frauen | insgesamt |
| --- | --- | --- | --- |
| – die vier Siegermächte | 21,7 | 18,3 | 19,9 % |
| – das deutsche Volk selbst | 77,7 | 80,4 | 79,0 % |
| – ohne Angaben | 0,6 | 1,3 | 1,1 % |
| | 100,0 | 100,0 | 100,0 % |

Daß dieser hohe Prozentsatz nicht ein allgemeines nationales Selbstbewußtsein ausdrückte, sondern durchaus auch legitimatorische Zustimmung zur SED und der DDR beinhaltete, zeigen die Antworten auf die Fragen 2 und 3, wo 52 % die Aufgabe der Hallstein-Doktrin und die Anerkennung der DDR für richtig hielten, zuzüglich 16,3 %, die die Anerkennung der Realitäten durch beide Regierungen befürworten. Auch das Allensbacher Institut hatte 1959 die Frage gestellt, welche der in Genf vertretenen beiden deutschen Regierungen für ganz Deutschland sprechen dürfe, wobei es für die demokratische politische Kultur der damaligen westdeutschen Bevölkerung spricht, daß nur 42 % den Alleinvertretungsanspruch für die BRD reklamierten (gegenüber 40 %, die das nicht für richtig hielten). Demgegenüber war die 55,5 %ige Befürwortung eines Alleinvertretungsanspruchs der DDR wohl eher eine Konterkarierung der als Anmaßung empfundenen westdeutschen Position, die so zu einer Negativ-Legitimation der DDR beitrug. Bemerkenswert ist sicherlich auch als Ausdruck eines sich wandelnden Demokratieverständnisses, daß bei denen, die eine Begründung für ihre Entscheidung angaben, in beiden Fällen »freie Wahlen« als letztlich entscheidendes Legitimationskriterium eine völlig untergeordnete Rolle spielten.

Frage 4, bei der übrigens ausdrücklich nicht mit der Ja-Sager-Tendenz spekuliert wurde (Erfahrungen der Demoskopie-Forschungen besagen, daß der Befragte eher dazu neigt, die jeweils erste Frage mit ›Ja‹ zu beantworten = aquiescence), belegt eine deutlich höhere Zustimmung zum souveränen Charakter der DDR als zum westdeutschen Alleinvertretungsanspruch.

Frage 4: Halten Sie die von der Regierung der Bundesrepublik vertretene Ansicht für richtig, daß die DDR kein souveräner Staat ist?
Die Befragten beantworteten diese Frage wie folgt:

|  | ja | nein | ich weiß es nicht | ohne Angaben |
|---|---|---|---|---|
| Männer | 8,8 | 80,4 | 9,6 | 1,2 % |
| Frauen | 5,4 | 80,8 | 11,9 | 1,9 % |
| Insgesamt | 7,1 | 80,6 | 10,7 | 1,6 % |

Dieses Ergebnis ist bei der Beachtung aller falsifizierenden Einflüsse unter der Fragestellung »Legitimität« von erheblicher Relevanz. Es ist schwer vorstellbar, daß es unter der Voraussetzung zustande kommen konnte, daß die Probanden den Staat »DDR« als nicht legitim begriffen hätten. Die Korrelationen zu den weniger positiven Ergebnissen auf die übrigen Fragen (etwa die nach der Endgültigkeit der Grenzen mit nur 69,9 %) sprechen für die weitgehende Pressionsfreiheit des Umfrageprozesses.

Auch der Vergleich mit der »Umfrage zu den Problemen der westdeutschen Politik«[42] von Juli/August 1966 bestätigt diese Grundtendenz. Auch hier wird die Wiederholungsfrage (5) nach der Berechtigung des Alleinvertretungsanspruchs der Bundesrepublik mit 92,6 % verneint, und 75,5 % bejahen sogar für den Fall einer Aggression die Verteidigung der DDR mit Waffengewalt. Die weiteren bis jetzt bekannten Umfragen des Jahres 1967 bestätigen in allen Punkten die bisher festgestellten Tendenzen. Beachtet werden sollte, daß durch Fragestellungen zu wechselnden Themen auch der mögliche Halo-Effekt (verfälschende Ausstrahlung einer Gruppe von Fragen aufeinander bei der Beantwortung) stark eingeschränkt wurde.

Wie das Ergebnis auf Frage 15 zeigt, bleiben trotz der sich im Ergebnis auf Frage 14 äußernden Hoffnungen auf positive Veränderungen der Bonner Politik nach Bildung der großen Koalition 74,8 % dabei, daß dem Sozialismus die Zukunft gehöre.

Frage 14: Glauben Sie, daß die sozialdemokratischen Minister, die der Regierung Kiesinger-Strauß angehören, einen positiven Einfluß auf die Bonner Regierungspolitik ausüben können?

|   | Gesamt % |
|---|---|
| – ja | 32,0 |
| – nein | 35,3 |
| – ich weiß nicht | 25,9 |
| – ohne Angaben | 6,8 |

Frage 15: Welcher Gesellschaftsordnung gehört Ihrer Meinung nach in ganz Deutschland die Zukunft?

|   | Gesamt % |
|---|---|
| – der sozialistischen Gesellschaftsordnung | 74,8 |
| – der kapitalistischen Gesellschaftsordnung | 5,4 |
| – beiden | 3,6 |
| – ohne Angaben | 16,2 |

Damit bestätigte sich die Querschnittsbefragung in acht Bezirken vom Mai 1965. Bei der damaligen Umfrage waren 78 % der Meinung, daß der sozialistischen Gesellschaftsordnung in ganz Deutschland die Zukunft gehört[49]. Man sollte diese Ergebnisse nicht mit der Ironie des Siegers, daß Irren eben menschlich sei, beiseite legen.

## 2. Umfragen im Vorfeld des Volksentscheids über die Verfassung der DDR vom April 1968

Den Volksentscheid über die Verfassung hier als »Sonderfall« von Meinungsforschung einzubeziehen ist durch die einfache Tatsache gerechtfertigt, daß vier Umfragen mit 5 368 Befragten zum Entwurf der Verfassung im Vorfeld des Entscheids durchgeführt wurden.

Unter dem Aspekt »Legitimation des DDR-Herrschaftssystems« kommt hinzu, daß beim Volksentscheid unbeschadet der großen propagandistischen Anstrengungen für ein positives Votum die weidlich bekannten und penetranten Begleiterscheinungen, die sonst bei den Wahl-Ritualen üblich waren, weitgehend unterlassen wurden. Für den Tag des Volksentscheids am 6. April war von »höchster Stelle« an die Verantwortlichen die Weisung ergangen, auf Methoden wie »Wahlschleppereinsatz« durch Agitatorengruppen, Einsatz von fliegenden Wahlurnen auch bei Bürgern, die sie nicht angefordert hatten, sachte Nötigungen zur öffentlichen Wahlhandlung, das Aufstellen der Wahlkabinen an dem für den Wähler ungünstigsten Platz des Wahllokals usw. strikt zu verzichten.

Nicht verzichtet wurde natürlich auf eine massive informierende und werbende Versammlungstätigkeit. So sollen nach allen vorliegenden Informationsberichten an 40 992 öffentlichen Versammlungen 1 151 786 Bürger, an 457 742 Haus- und Familiengesprächen 2 151 029 teilgenommen haben sowie in Betrieben, LPG usw. an 467 323 Veranstaltungen 11 529 044 und an spezifischen Versammlungen mit Komplementären, Handwerkern und Gewerbetreibenden bei 15 279 Zusammenkünften 370 100 Personen anwesend gewesen sein[44]. Inwieweit diese Zahl von über 16 Millionen Teilnehmern dem Eifer der Berichteschreiber zu danken ist, sei dahingestellt.

Die offiziellen Ergebnisse des Entscheids sind bekannt:

Bei einer Wahlbeteiligung von durchschnittlich 98,05 % stimmten 94,49 % mit Ja (in Berlin 90,96 %). Damals wurde unter Mitarbeitern des zentralen Parteiapparates geflüstert, daß unter Verantwortung des Instituts für Meinungsforschung in ausgewählten Wahllokalen auf die Benutzung der Wahlkabine trotz des Protestes vieler loyaler Bürger bestanden worden war mit dem Ergebnis, daß eine um etwa 8 Prozent höhere »Nein«-Quote zustande gekommen sei. Dies konnte durch die Aktenlage bisher allerdings nicht verifiziert werden.

Unbeschadet dessen rechtfertigen alle anderen Fakten und Indizien, von einer relativ repressionsfreien Entscheidung zu sprechen.

So gab es so gut wie keine »besonderen Vorkommnisse«, d. h. Protest- oder andere illegale Widerstandsaktionen.

Die zentrale Informationsstelle der SED erhielt lediglich aus Leipzig die Meldung, daß auf dem Marktplatz 800 Flugblätter im Format 7 x 10 cm mit der Aufschrift »Sage Nein« konfisziert wurden und auf der Wölkpromenade in Berlin-Weißensee ca. zehn Jugendliche in den Morgenstunden gerufen haben »Weißensee ist klein, deshalb stimmen wir mit Nein!«

Demgegenüber wurde von der ZK-Abteilung Parteiorgane erfreut registriert: »In vielen Kreisen (des Mansfelder Landes – H. N.) hat sich die Befürchtung, daß viele Geistliche und religiös gebundene Menschen dem Volksentscheid fernbleiben, als nicht zutreffend erwiesen. Im Kreis Worbis hatten z. B. bis 19.00 Uhr von den 54 Geistlichen des Kreises 50 zum größten Teil offen an der Abstimmung teilgenommen.

Im Bezirk Cottbus gaben bis 19.00 Uhr 83 % der evangelischen und 75 % der katholischen Pfarrer ihre Stimmen ab. Vereinzelt wurde auch von anderen stimmberechtigten Bürgern geäußert, daß sie sich wunderten, nicht durch ›Agitatoren‹ zur Stimmabgabe aufgefordert zu werden.«[45]

Zweifellos spricht es auch eher für einen solchen relativ repressionsfreien Charakter, wenn in 19 Wahllokalen kleinerer Ortschaften des Bezirks Cottbus, im Kreis Weißwasser mit seinem hohen Sorben-Anteil und den Belastungen und Bedrohungen durch den Braunkohlentagebau und Großkraftwerke, der Prozentsatz von Nein-Stimmen zwischen 10,28 % (Weißwasser) und 39,62 % (in Cannewitz) schwankte, was für diese 19 Wahlbezirke einen Durchschnitt von 19,03 % ergab[46].

Das außerordentlich positive Gesamtergebnis kam für die Partei- und Staatsführung infolge der Umfragetätigkeit des Instituts für Meinungsforschung nicht überraschend.

Wie die dokumentierten Umfrageberichte[47] ausweisen, war im Vorfeld die signalisierte Zustimmung zur neuen Verfassung von 64,9 % bei der Territorialumfrage vom 14. Februar 1968 auf 85,0 % vom 4. März gestiegen. Diese auch legitimatorisch bemerkenswert hohe Zustimmung speiste sich ganz wesentlich aus der Überzeugung, daß die DDR ein ungleich höheres Maß an sozialer Sicherheit biete, insbesondere durch das verfassungsmäßig verankerte Recht auf Arbeit. Man mag dies den durch das DDR-System konservierten Traditionen des deutschen »paternalistischen« Obrigkeitsstaates bekrittelnd anlasten, als legitimierender Fakt muß es in Rechnung gestellt werden.

Ebenso knüpft sich an dieses wiederholt nachweisbare Ergebnis die mögliche Prognose, daß es sich hier nicht nur um tiefer verfestigte Erfahrungen und Orientierungen, die lange Zeit ein stabilisierender und integrierender Faktor gewesen sind, handelt, sondern daß wir es mit langfristig wirksamen sedimentierten Elementen von »DDR-Identität« zu tun haben. Auch die Übereinstimmung mit der nationalen Politik der SED hatte daran wesentlichen Anteil.

Dieser Wertung scheint auf den ersten Blick das Ergebnis auf Frage 10 entgegenzustehen. Noch gravierender scheint dies, wenn die Umfrage in 12 Betrieben vom 26. März 1968 hinzugezogen wird.

Hier ist wohl relativierend einzuschränken, daß viele Probanden, von ihrem Geburtsland (vor 1945 bzw. 1949 geboren) ausgehend, Deutschland als ihr Vaterland bezeichneten. Es besteht also eine Korrelation zum Lebensalter, aber nicht notwendigerweise ein Widerspruch zur Bejahung der nationalen Politik der DDR bzw. zur Forderung nach Anerkennung der Souveränität der DDR. Ebenso war es sicherlich kein Widerspruch für die meisten Probanden, die die DDR als ihr Vaterland bezeichneten, trotzdem für die Wiedervereinigung einzutreten, zumal beide Positionen, Wiedervereinigung und Sieg der sozialistischen Gesellschaftsordnung, von der SED offiziell vertreten wurden. Das Beharren auf der Forderung nach Wiederherstellung der Einheit Deutschlands (unter den bekannten gesellschaftspolitischen Prämissen) durch die SED war der traumatischen Erfahrung Ulbrichts mit dem nationalen Nihilismus der Weimarer KPD ebenso geschuldet wie seiner Vision von einem sozialistischen Gesamtdeutschland. Durch die Umfrageergebnisse fühlte sich Ulbricht darin voll bestätigt. Diesen aus DDR-Sicht politisch und psychologisch zweifellos produktiven Zusammenhang ohne Sinn und Verstand aufzulösen blieb der borniertén Gefolgschaft Honeckers gegenüber dem deutschlandpolitischen Kurs Breschnews vorbehalten.

Bei der Benennung der Faktoren für das überzeugende Votum für die neue Verfassung muß allerdings auch mit aller Klarheit gesagt werden, daß den Wählern die Erfahrung bzw. die Erinnerung an eine demokratische Verfassungswirklichkeit fehlte, deren Elemente formal in der seit 1949 geltenden Verfassung verankert gewesen waren, die – nachdem sie praktisch längst suspendiert waren – nun auch buchstäblich getilgt wurden:

Gewaltenteilung, demokratische Grundrechte wie das der Freizügigkeit, das Streikrecht u. a., die für soziale Grundrechte einzutauschen waren.

Damit entsprach die neue Verfassung zwar weit mehr als die abgelöste der Wirklichkeit, ohne daß dies in wesentlichen Punkten ein Fortschritt war[48]. Im Gegenteil. Sie schnitt verfassungsgeschichtlich eine Entwicklung ab, die von der Paulskirchenverfassung von 1849 über die Weimarer von 1919 zum Grundgesetz und zur 1949er Verfassung der DDR führt und die besten bürgerlich-demokratischen und freiheitlichen Traditionen verkörpert.

Die vom Stalinismus geprägte SED-Führung erwies sich als unfähig, einen sozialistischen Rechtsstaat zu kodifizieren, in dem die bürgerlichen Grundrechte im Hegelschen Sinne »aufgehoben« sein sollten, als dafür die objektiven Bedingungen herangereift waren und dadurch keine existentielle Gefährdung der neuen Staats- und Gesellschaftsordnung heraufbeschworen worden wäre. Die Etablierung eines solchen (sozialistischen) Rechtsstaates auch als Rechtsmittelstaat, nachdem seine sozialökonomischen Grundlagen geschaffen waren, wurde unausweichlich, weil keine politische Macht auf Dauer eine, wie auch immer begründete, vom Recht abgehobene Legitimität beanspruchen kann. Auch die aus der bürgerlich-liberalen Parteienlandschaft hervorgegangenen Blockparteien versagten in dieser Frage völlig. Inwieweit Ulbricht bei der betonten Anlehnung an das sowjetische System an das machtpolitische Risiko dachte, das im anderen Falle nicht vom Westen, sondern von der neo-stalinistischen Breschnew-Führung ausging, darüber kann bis jetzt nur spekuliert werden. Wie real diese Gefahr war, zeigte die Niederwalzung des demokratischen Reformkommunismus in der ČSSR wenige Monate später. Selbstverständlich mußte im sowjetischen Machtbereich die Entstehung einer demokratisch-pluralistischen sozialistischen Gesellschaft von den Machthabern im Kreml als gefährlich und als deshalb nicht zu duldende Herausforderung empfunden werden. Aber gegen mehrere Verbündete, wie die ČSSR, DDR, Ungarn und sicherlich auch Polen, hätte man schwerlich marschieren können.

So wurden die Jahre der höchsten legitimatorischen Zustimmung für die SED zugleich die Jahre der beginnenden Endkrise des Regimes, weil die keimhafte Entwicklung des Rechtsstaates DDR abgeschnitten wurde. Das Echo, welches die Entwicklung der ČSSR in breiten Kreisen der Bevölkerung, einschließlich der SED selbst, hervorgerufen hatte, bewies, wie tief das demokratische Defizit von DDR-Verfassungstext und Wirklichkeit empfunden wurde.

Angesichts einiger spektakulärer Ereignisse, die durch westdeutsche Medien bekannt wurden, wie des Prozesses gegen die Söhne Robert Havemanns, gegen Thomas Brasch, Erika Berthold, Rosita Hunzinger und Sandra Weigl, die »Dubcek« als Losung gemalt und die Flugblätter und Biermann-Texte verbreitet hatten, oder der am Sektionsgebäude Mathematik der TU Dresden angebrachten sieben Meter langen Inschrift »Wir trauern um Pallach« (den Prager Studenten, der sich auf dem Wenzelsplatz aus Protest selbst verbrannte), muß auf die zahlreichen Aktivitäten und Parteiverfahren, von ungezählten leidenschaftlichen Debatten ganz zu schweigen, hingewiesen werden. Wie die internen Informationen an die verschiedenen Abteilungen des ZK der SED ausweisen, gab es eine verbreitete Zustimmung zu den »2 000 Worten« – dem Reformprogramm der KPC-Dissidenten. Über Radio Prags deutschsprachige Sendungen wurden die wahren Ziele von vielen Bürgern aufgenommen[49]. Welche Langzeitwirkung die damaligen Ereignisse hatten, zeigte sich noch acht Jahre später, als im Zusammenhang mit der Unterzeichnung der Helsinki-Schlußakte die Frage wieder aufgeworfen wurde, ob denn nicht der damalige Einmarsch eine »Einmischung in innere Angelegenheiten« gewesen sei[50]?!

Obwohl es nach dem Einmarsch offenbar (nach Information des MdI) nur zur Verhaftung von 313 Personen kam, von denen 286 kurzfristig wieder entlassen wurden, und nur gegen 20 Personen Prozesse stattfanden, waren die ideologischen Erschütterungen wesentlich nachhaltiger. Zahlreiche Partei- und staatliche Disziplinarverfahren mußten die äußere Ruhe wieder herstellen. Der Tenor der angeklagten Auffassungen war überall gleich, ob im Verfahren gegen einen »Genossen Feuerwehrmann«, der geäußert hatte: »Wir führen (in der ČSSR – H. N.) die Konterrevolution durch«, oder bei einer »Zerschlagung einer revisionistischen, parteischädigenden Gruppe in der Abteilung Militärwissenschaft im Ministerium für Nationale Verteidigung« mit sieben betroffenen SED-Mitgliedern, die Zweifel am Monopolanspruch der Partei auf Wahrheit geäußert und gemeint hatten, daß das ČSSR-Modell wohl das richtige für die westeuropäischen Länder sein könnte[51].

Insgesamt zeigte die Lage nach der Niederschlagung des demokratischen Sozialismusversuchs in der ČSSR ein für die ganze Geschichte der DDR typisches, nur in unterschiedlichen Proportionen existierendes Gemisch an Zustimmung und Stabilität einerseits, Kritik und Labilität andererseits.

Das Streben nach wissenschaftlicher Führung und Rationalität, der Wegfall einer praktikablen persönlichen Alternative, die Chance, zur persönlichen Anerkennung durch Leistung und nicht durch politisches Bekenntnis zu kommen, hatten – wie Staritz schreibt – zur »schrittweisen Einwilligung erheblicher Teile der Gesellschaft in diese Rationalität« geführt[52].

Ulbricht, der anfangs offenbar der reformkommunistischen Bewegung in der ČSSR durchaus aufgeschlossen gegenübergestanden hatte und Dubcek zur weitergehenden Erneuerung der Parteiführung durch den Austausch von »Betonköpfen« ermuntert haben soll, sah sich wenig später mit der anderen »Rationalität« des von ihm selbst mitinstallierten neostalinistischen Systems konfrontiert und beugte sich den Spielregeln der Breschnew-Doktrin von der begrenzten Souveränität der RGW-Länder. Erneut wurde offengelegt, worin das eigentliche Defizit der Legitimität der DDR bestand: in der fehlenden Souveränität, in ihrer fast vollständigen Abhängigkeit von der sowjetischen Hegemonialmacht.

## 3. Die DDR am Ende der Ulbricht-Ära im Spiegel der Meinungsforschung

Die besondere Lage der DDR gegenüber der Bundesrepublik, ihrem wichtigsten Bezugspunkt, der Einfluß ihrer elektronischen Medien, die familiären Beziehungen u. a. brachten es mit sich, daß neben einer vernünftigen, taktisch und psychologisch geschickten Innenpolitik die Stabilität und Akzeptanz des paternalistischen Staates entscheidend von seiner ökonomischen Leistungsfähigkeit abhing. Nur wenn die Leistung der Wirtschaft die Einhaltung des »Sozialvertrages« garantierte, konnte mit Zustimmung, Akzeptanz und hinreichender Massenloyalität gerechnet werden. Jedes Versagen der Wirtschaft mußte angesichts des unauflösbaren Zusammenhangs von Partei und Staat unausweichlich auch zur legitimatorischen Krise dieser beiden entscheidenden Säulen des Systems werden. Bekanntlich erlaubte der seit Mitte der sechziger Jahre konzentrierte Einsatz von Investitionen in die für die wissenschaftlich-technische Revolution entscheidenden Industriezweige beim individuellen und gesellschaftlichen Konsum nur ein sehr bescheidenes Zuwachstempo[53].

Die Einführung des Neuen Ökonomischen Systems der Planung und Leitung (NÖSPL) 1963 bzw. des Neuen Ökonomischen Systems (NÖS) 1967 hatte verschiedene Turbulenzen hervorgerufen, aber trotz vielfältiger Störungen in der Produktion wie bei der Versorgung wurde dies offensichtlich zwar für kritikwürdig befunden, nicht aber als Krisensymptome wahrgenommen[54]. Das auf industrielles Wachstum und Leistungsprinzip aufbauende NÖS erzeugte nachweisbar einen breiten Konsens zwischen SED und Bevölkerung. Die versprochenen Verbesserungen des Lebens nach der Schließung der Grenze schienen sich zumindest in kleinen Schritten (5-Tage-Arbeitswoche, eine bescheidene Verbesserung der Versorgung, verstärkter Wohnungsbau) zu erfüllen. So ist es erklärlich, daß im Frühjahr 1967 fast 37 % ihre wirtschaftliche Lage als sehr gut bis gut, 47,3 % teils – teils, einschätzen. Eine knappe Mehrheit (53,4 %) zeigt sich mit den Arbeitsbedingungen zufrieden, während an der Spitze der Kritikliste »mangelnde Warenstreuung und ungenügende Versorgung« steht (29,2 %)[55]. Die daraufhin im August/September 1967 zu Handel und Versorgung durchgeführten zwei Umfragen bei Frauen aus den Bezirken Rostock, Frankfurt/O., Magdeburg, Gera, Dresden und Suhl sowie bei weiblichen Beschäftigten in je einem Betrieb dieser sechs Bezirke (von 4 193 ausgegebenen Fragebogen wurden 3 056 ausgefüllt zurückgegeben, wovon 2 984 auswertbar waren)[56] sagen nicht nur etwas über die als besonders negativ empfundenen Warenlücken aus (Schuhe, Obst/Gemüse und Konfektion), sondern auch etwas zur Tendenz der wirtschaftlichen Situation:

Frage 8: Wenn Sie Ihre wirtschaftliche Lage betrachten, würden Sie sagen, Sie können sich heute alles in allem mehr leisten als vor einem Jahr, ungefähr gleichviel oder weniger?

|  | Betriebe % | Wohngebiete % | Gesamt % |
| --- | --- | --- | --- |
| mehr | 9,2 | 16,3 | 13,9 |
| ungefähr gleich | 64,3 | 66,5 | 65,5 |
| weniger | 20,7 | 14,7 | 18,8 |
| ohne Angaben | 5,8 | 2,5 | 3,5 |

Frage 10, die sicherlich unter dem Aspekt des jeweils subjektiven Vergleichsmaßstabs gegenüber der Bundesrepublik beantwortet wurde, erbrachte, daß rund die Hälfte der Bevölkerung ihre wirtschaftliche Lage »recht gut« fand.

Frage 10: In einer Diskussion sprach man über die wirtschaftliche Lage der Bevölkerung in unserer Republik. Dabei wurden zwei Meinungen geäußert:
1. Meinung: »Ich finde, den meisten Menschen in unserer Republik geht es heute doch recht gut, und sie können sich ganz schön was leisten.«
2. Meinung: »Ich finde, die meisten Menschen bei uns leben doch ziemlich bescheiden. Sie können sich viele Dinge noch nicht leisten.«

|  | Betriebe % | Wohngebiete % | Gesamt % |
|---|---|---|---|
| – die erste Meinung | 38,0 | 55,0 | 49,5 |
| – die zweite Meinung | 39,0 | 26,4 | 30,7 |
| – das kann ich nicht beurteilen | 18,9 | 15,3 | 16,6 |
| – ohne Angaben | 4,1 | 3,3 | 3,4 |

Diese insgesamt schwach positive Tendenz im Bereich der wirtschaftlichen Befindlichkeit der Menschen wird deutlich übertroffen von der Beurteilung anderer Gebiete des gesellschaftlichen Lebens. Trotz der Beunruhigung durch die ČSSR-Ereignisse blieb eine positive Erwartungshaltung hinsichtlich der weiteren Entwicklung, eben das für jede Gesellschaft so eminent wichtige Gefühl positiver Zukunftserwartung offenbar erhalten. Zumindest förderte eine Umfrage von November/Dezember 1968 zu »Problemen des gesellschaftlichen Lebens (Meinungen der Bürger über die staatliche Leitungstätigkeit)«[57] Erstaunliches zutage. Die Umfrage in acht Bezirken der DDR mit 1 901 auswertbaren Fragebogen, die auf dem Postweg zurückzusenden waren, erbrachte z. B. bei der Frage nach der Realisierung von sieben aufgeführten Grundrechten folgendes Ergebnis:

Frage 2: In der Verfassung der DDR sind die Grundrechte des Bürgers festgelegt. Wir führen Ihnen einige dieser Grundrechte auf. Könnten Sie uns bitte sagen, wie weit Ihrer Meinung nach diese Grundrechte bereits verwirklicht sind?

|  | voll verwirklicht % | zum Teil verwirklicht % | nicht verwirklicht % | ohne Angaben % |
|---|---|---|---|---|
| – das Recht auf Mitgestaltung des politischen, wirtschaftlichen, sozialen und kulturellen Lebens der sozialistischen Gemeinschaft | 54,3 | 32,9 | 2,3 | 10,5 |
| – das Recht auf Arbeit | 91,8 | 4,6 | 0,2 | 3,4 |

| | | | | |
|---|---|---|---|---|
| – das Recht auf Bildung | 84,3 | 10,3 | 0,5 | 4,9 |
| – das Recht, seine Meinung im Rahmen der Verfassung frei und öffentlich zu äußern | 58,9 | 25,4 | 8,7 | 7,0 |
| – das Recht auf Sicherung und Unantastbarkeit der Persönlichkeit und Freiheit jedes Bürgers | 65,2 | 21,1 | 5,9 | 7,8 |
| – die Sicherung des Rechts auf Fürsorge im Alter und bei Invalidität | 77,6 | 16,5 | 1,5 | 4,4 |
| – das Recht, sich zu einem religiösen Glauben zu bekennen und religiöse Handlungen auszuüben | 70,8 | 19,0 | 2,9 | 7,3 |

So überrascht das Ergebnis auf Frage 8 schon nicht mehr:

Frage 8: Viele Menschen ziehen Vergleiche zwischen der DDR und der westdeutschen Bundesrepublik. Wenn Sie einen solchen Vergleich anstellen, könnten Sie sagen, in welchem der beiden deutschen Staaten der einzelne Bürger die größeren Möglichkeiten hat, das staatliche Leben aktiv zu beeinflussen?

| | % |
|---|---|
| – in der DDR | 76,4 |
| – in der westdeutschen Bundesrepublik | 2,4 |
| – das kann ich nicht beurteilen | 19,0 |
| – ohne Angaben | 2,2 |

Hier wirken sich solche Kampagnen wie bei der öffentlichen Diskussion wichtiger Gesetzentwürfe (Gesetzbuch der Arbeit, Familiengesetz, Verfassungsentwurf) deutlich meinungsbildend aus. Auch die hohe Bereitschaft, sich mit Vorschlägen an Repräsentanten des politischen Systems zu wenden oder im Falle ungerechter Behandlung durch Behörden sich zur Wehr zu setzen (72,9 %), legen für diese Zeit mindestens eine differenzierte Wertung nahe.

Es dürfte mit wissenschaftlicher Objektivität wenig zu tun haben, solche Umfrage-Ergebnisse bei der zeitlich gebundenen differenzierten Wertung des politischen Systems einfach zu ignorieren und dieses System und die politische Kultur der DDR pauschal und über die ganze Zeit auf eine »totalitäre Diktatur« zu reduzieren.

Es ist unabdingbar, zwischen der Verwendung eines »wertfreien« wissenschaftlichen Terminus (totalitäres System) und den lebensweltlichen und psychosozialen Erfahrungen vieler Menschen zu unterscheiden, d. h. zwischen den partiell partizipatorischen, beeinflußbaren, zum Arrangement bereiten Elementen des Systems einerseits und seinem totalitären Charakter andererseits, der den totalen Zugriff auf den Menschen wollte, politisch, ideologisch, und das – wenn der einzelne sich dem entzog oder widersetzte – mit selektiver Gewalt, und zwar auch z. T. mit verfassungs- und gesetzwidriger Gewalt vorging.

Am Ende der Ulbricht-Ära führte das Institut für Meinungsforschung im Frühsommer 1970 eine sehr detaillierte Umfrage zu politischen Problemen durch, die einige der standardisierten, später (nach 1973) nicht mehr wiederholten brisanten und teils provokanten Fragen enthielt, die auf die neuralgischen Punkte jedes DDR-Bürgers zielten[58].

Die Umfrage wurde in vier Volkseigenen Betrieben (VEB) und vier Landwirtschaftlichen Produktionsgenossenschaften (LPG) des Kreises Angermünde auf der Grundlage von 1 104 auswertbaren Fragebogen, in Görlitz in einer Erweiterten Oberschule (EOS), in drei VEB, zwei LPG, zwei Privatbetrieben und zwei Produktionsgenossenschaften des Handwerks (PHG) auf der Grundlage von 1 218 auswertbaren Fragebogen sowie in Gera in einer EOS, drei VEB, zwei LPG und vier Privatbetrieben auf der Grundlage von 1 123 auswertbaren Fragebogen durchgeführt. Da der Bericht wegen seines Umfangs (300 Seiten) nicht im Anhang dokumentiert werden konnte, sollen die wichtigsten Ergebnisse ausführlich dargestellt werden.

Frage 1: Wenn Sie die gesellschaftlichen Verhältnisse in beiden deutschen Staaten vergleichen, welchen gesellschaftlichen Verhältnissen würden Sie den Vorzug geben?

| – DDR – | – BRD – | – kann ich nicht beurteilen – | – ohne Angaben – |
|---|---|---|---|
| 67,7 % | 6,9 % | 21,6 % | 3,8 % |

Die Detail-Analyse nach sozialer Zugehörigkeit und Schulbildung zeigt neben der in allen Bereichen feststellbaren Tendenz, daß positive Urteile mit höherer Schulbildung zunehmen und die Gruppe der Intelligenz – mit Ausnahme der Bereiche Wissenschaft und Technik – stets mit dem größten Anteil vertreten ist, daß sich die in den vorangegangenen Jahren sichtbar gewachsene Wertschätzung der Intelligenz als auch ihre sich wandelnde soziale Zusammensetzung in der Option »für die gesellschaftlichen Verhältnisse der DDR« mit 82,2 % (gegenüber nur 62,2 % bei der Gruppe der »Arbeiter«) niederschlägt.

Ziemlich realitätsadäquat erscheinen die Ergebnisse bei der Frage 2 nach dem erreichten Entwicklungsstand beim sozialistischen Aufbau, auf die – wenn man die negativen Antworten und Antwortverweigerungen zusammen nimmt – rund ein Drittel der Befragten meint, dieser sei weder gut noch befriedigend.

Frage 2: Wie schätzen Sie den Entwicklungsstand beim sozialistischen Aufbau in der DDR auf folgenden Gebieten ein?

|  | gut % | zufrieden-stellend % | unbefriedigend % | ohne Angaben % |
|---|---|---|---|---|
| – soziale Sicherheit | 65,8 | 25,5 | 3,5 | 5,2 |
| – Bildungswesen | 77,2 | 11,2 | 1,0 | 10,6 |
| – ökonomische Entwicklung | 33,5 | 38,4 | 10,6 | 17,5 |
| – Wissenschaft und Technik | 51,0 | 30,1 | 7,4 | 11,5 |
| – sozialistische Demokratie | 34,9 | 31,8 | 14,1 | 19,2 |
| – kulturelle Entwicklung | 45,3 | 32,7 | 9,0 | 13,0 |
| – freie Entwicklung der Persönlichkeit | 34,4 | 29,3 | 19,9 | 16,4 |

Hervorhebenswert ist das Ergebnis bei Frage 3. »Glauben Sie, daß auch in Westdeutschland der Sozialismus siegen wird?«

Ganz sicher waren sich 20,0 %, 31,4 % glaubten das mehr oder weniger, 33,0 % bezweifelten dies, während 12,2 % sich sicher waren, daß das nie passieren werde. Auffällig ist der Rückgang (Positionen 1 und 2 = 51,4 %) gegenüber früheren Optionen mit ca. 75 %.

Frage 3: Glauben Sie, daß auch in Westdeutschland der Sozialismus siegen wird?

|  | ja, bin ganz sicher | ich glaube schon | ich bezweifle es | nein, das wird nicht eintreten | ohne Angaben |
|---|---|---|---|---|---|
|  | 20,0 % | 31,4 % | 33,0 % | 12,2 % | 3,4 % |

Altersgruppenspezifische Unterschiede:

| | | | | | |
|---|---|---|---|---|---|
| bis 24 Jahre | 32,2 | 36,3 | 22,0 | 8,1 | 1,4 % |
| 24–29 Jahre | 12,5 | 30,5 | 39,5 | 15,8 | 1,7 % |
| 30–39 Jahre | 14,7 | 28,3 | 38,5 | 15,5 | 3,0 % |
| 40–49 Jahre | 18,3 | 29,3 | 35,0 | 13,6 | 3,8 % |
| 50–59 Jahre | 17,1 | 36,5 | 32,1 | 8,7 | 5,6 % |
| 60 u. älter | 20,3 | 30,3 | 34,4 | 10,8 | 4,2 % |

Sozialstrukturell-spezifische Unterschiede:

| | | | | | |
|---|---|---|---|---|---|
| Arbeiter | 13,1 | 29,3 | 38,6 | 15,2 | 3,8 % |
| Angestellte | 22,4 | 31,9 | 33,6 | 10,7 | 1,3 % |
| Intelligenz | 34,4 | 28,3 | 27,8 | 7,2 | 2,3 % |
| Genossen-schafts-Bauern | 13,8 | 32,3 | 34,4 | 15,5 | 4,0 % |
| PGH/Gew. | 13,3 | 19,3 | 54,8 | 12,0 | 3,6 % |
| Lehrlinge | 20,0 | 47,0 | 23,5 | 7,8 | 1,7 % |
| Schüler | 46,3 | 39,9 | 12,4 | 1,1 | 0,3 % |
| Sonstige | 15,4 | 19,2 | 38,5 | 11,5 | 15,4 % |

Die Antworten auf Frage 4 bekräftigen das Ergebnis von Frage 3:

Frage 4: In einer Diskussion wurde erklärt, daß die weitere Entwicklung in der Welt in entscheidendem Maße vom Sozialismus bestimmt wird. Was meinen Sie dazu?

| stimmmt absolut | stimmt teilweise | stimmt absolut nicht | ohne Angaben |
|---|---|---|---|
| 38,6 % | 53,1 % | 3,8 % | 4,5 % |

Hintergrund dieser Ergebnisse war das vorherrschende Gefühl von befriedigenden wirtschaftlichen und gesellschaftlichen Verhältnissen sowie positiver Zukunftserwartung. Auf die Frage 12: »Wie Sie wissen, sind das Zusammengehörigkeitsgefühl, die gegenseitige Achtung und Hilfe unter den Bürgern von großer Bedeutung, um sich am Wohnort oder auf der Arbeitsstelle wohl zu fühlen. Wie schätzen Sie in dieser Hinsicht die Situation in Ihrer Umgebung ein?« anworteten 21,3 % mit »gut«, 55,6 % mit »zufriedenstellend« und nur 16,2 % mit »ungenügend« (6,9 % ohne Angaben).

Die umfänglich aufbereitete Umfrage mit ausführlichen sozial-statistischen Angaben macht auf einige spezifische Tatsachen und Korrelationen aufmerksam: Während im Durchschnitt der Population mit wachsendem Lebensalter die »positiven« Meinungen abnehmen, nehmen sie bei der Probandengruppe mit höherem Bildungsniveau zu.

Dies widerspiegelt den »realen Lebensprozeß«, d. h., die sich vertiefende Sozialisation führt zu einer die widersprüchliche Realität schärfer und komplexer reflektierenden Meinungsäußerung. Eigene Erfahrungen sammeln sich an, wodurch die unbekümmert naive Weltsicht durch die kritischere und skeptischere verdrängt wird. Dieser Tendenz steuert eine höhere Bildung (und damit verbundene ideologische Beeinflussung) entgegen, da die Realität einerseits rationaler (d. h. methodisch und theoretisch adäquater) erfaßt, andererseits durch die erworbene ideologische Optik anders bewertet wird. Hinzu kommt bei EOS-Schülern und Studenten die Erwartung auf eine herausgehobene berufliche Entwicklung, die antizipatorische Hoffnung auf eine später mögliche Einflußnahme auf negativ empfundene gesellschaftliche Erscheinungen und Prozesse, aber auch Anpassung mit Blick auf erhoffte privilegierende Positionen. Wie seinerzeit

Studien des Zentralinstituts für Jugendforschung belegten, spielte auch der unterschiedliche Grad politischer Organisiertheit und damit die praktische Einbindung der Jugendlichen in gesellschaftliche Aktivitäten (gesteuerte Sozialisation) eine Rolle.

Auch das Ergebnis zu Frage 21: »Wenn Sie Ihre wirtschaftlichen Verhältnisse überdenken, zu welcher Einschätzung würden Sie kommen?« widerspricht im übrigen allen Behauptungen von einem spürbaren Krisenbewußtsein am Ende der Ulbricht-Ära, denn immerhin 31,4 % schätzen ihre Lage als »sehr/gut«, 53,9 % als »zufriedenstellend« und nur 10,4 % als »unbefriedigend« ein. Hochinteressant ist die Antwort auf die sicherlich nicht zufällig in dieser Prononciertheit formulierte Dialogfrage (F 6):

»In einem Gespräch äußern zwei Kollegen folgende Meinungen:

Kollege A: ›Es ist höchste Zeit, daß es zwischen der DDR und der BRD zu einer Entspannung und zu einem geregelten Nebeneinanderleben kommt. Unabdingbare Voraussetzung dafür ist die völkerrechtliche Anerkennung der DDR.‹

Kollege B: ›Eine Entspannung und ein geregeltes Nebeneinanderleben ist auch möglich, ohne daß die DDR von der BRD völkerrechtlich anerkannt wird.‹

Welche Meinung entspricht am ehesten Ihrer Auffassung?«

Die Zeitgeschichtsschreibung hat inzwischen ja offengelegt, daß Honecker bei der Breschnew-Führung damit antichambriert und den Rücktritt Ulbrichts zu beschleunigen versucht hatte, indem er versprach, dessen starrsinniges Festhalten an der vorherigen völkerrechtlichen Anerkennung der DDR mit seiner Installation als Nachfolger sofort zu korrigieren.

Ulbrichts als Altersstarrsinn inkriminierte Position war sicherlich kein Reflex der im Frühsommer 1970 ermittelten Meinungsmehrheit, obwohl er sich durchaus durch sie bestärkt fühlen durfte, denn immerhin sprachen sich bei Frage 6  55,2 % für die vorherige völkerrechtliche Anerkennung der DDR aus, während nur 26,5 % dies nicht für unbedingt erforderlich hielten. (Der Rest von 13,6 % meinte, dies nicht beurteilen zu können, 4,7 % waren ohne Angaben.)

Für Ulbricht war die ideologisch verinnerlichte Überzeugung entscheidend, daß sich – wie er mehrfach geäußert hat – »der deutsche Imperialismus niemals mit der Existenz der Deutschen Demokratischen Republik abfinden« werde. Da er selbst viel zu sehr gesamtdeutsch dachte und fühlte, war sein ganzes Streben darauf gerichtet, vor jeder wie auch immer gearteten Annäherung und deutsch-deutschen Bindung den Beitrittsartikel 23 des Grundgesetzes auszuhebeln, um so eine verfassungsrechtliche Garantie für die gleichberechtigte Fortexistenz der in der DDR geschaffenen gesellschaftlichen Verhältnisse zu haben.

Auch in dieser Frage hat die Geschichte Ulbrichts Vorahnung bestätigt und die Deutschlandpolitik seines Nachfolgers »verhöhnt«, hat Honecker doch mit seiner Ignoranz und Beflissenheit in dieser Sache den bedingungslosen Untergang »seines« Staates mit befördert, den 1970 im Falle eines Angriffs immer noch die Hälfte der Bevölkerung auch mit Waffengewalt verteidigt wissen wollte.

Frage 10: Sind Sie der Meinung, daß die Errungenschaften der DDR mit allen Mitteln, selbst mit Waffengewalt, verteidigt werden müssen, wenn sie bedroht werden?

| ja | nein | ich möchte mich dazu nicht äußern | ohne Angaben |
|---|---|---|---|
| 49,1 | 15,5 | 27,2 | 8,2 % |

Ganz zum Schluß – zur Vermeidung des Halo-Effekts – fragten die Meinungsforscher nochmals nach der Beurteilung der ökonomischen Entwicklung (Frage 23), die nicht nur mit der Frage 21 nach der persönlichen wirtschaftlichen Situation, sondern auch mit den eingangs in Frage 1 und 2 gestellten Problemen korreliert.

Frage 23: Sind Sie der Meinung, daß die DDR in ihrer wirtschaftlichen Entwicklung Erfolge erzielt hat?

| große Erfolge | nur geringe Erfolge | keine Erfolge | kann ich nicht beantworten | ohne Angaben |
|---|---|---|---|---|
| 53,1 | 24,8 | 4,2 | 12,7 | 5,2 % |

Dieses Ergebnis relativiert sich allerdings unter dem Einfluß der 1969 spürbar gewordenen Disproportionen und Engpässe sowie der nicht öffentlich debattierten Korrekturversuche in der Preis- und Subventionspolitik, wenn man die Aufschlüsselung nach sozialen Gruppen in Betracht zieht.

| | | | | | |
|---|---|---|---|---|---|
| Arbeiter | 49,6 | 27,1 | 5,0 | 13,7 | 3,2 % |
| Angestellte | 49,6 | 30,9 | 5,6 | 5,0 | 1,6 % |
| Intelligenz | 38,9 | 47,8 | 6,7 | 5,0 | 1,6 % |
| Genossenschafts-Bauern | 57,0 | 19,8 | 3,1 | 14,0 | 6,1 % |
| PGH/Gewerbe | 20,4 | 47,0 | 13,3 | 19,3 | — |
| Lehrlinge | 71,3 | 7,8 | 0,9 | 8,7 | 11,3 % |
| Schüler | 76,1 | 13,5 | 0,7 | 8,7 | 1,0 % |
| Studenten | 57,7 | 26,9 | — | 15,4 | — |

Aus dem Vergleich dieser Fragen mit denen, die sich den politischen Meinungen widmeten, drängt sich die Schlußfolgerung auf, daß sich eine Mehrheit der DDR-Bevölkerung auf einen gesellschaftlichen (und damit nationalen) Status quo eingestellt hatte. Nur so läßt sich die hohe positive Bewertung der gesellschaftlichen Verhältnisse der DDR einerseits mit dem Eingeständnis der Überlegenheit und Stabilität der BRD und ihres Gesellschaftssystems auf verschiedenen, vor allem wirtschaftlich-technischem, ökonomischem und zivil-gesellschaftlichem Gebiet andererseits erklären.

Die Bilanz der positiven Leistungen in der Ulbricht-Ära wurde seinerzeit von der an die Macht drängenden Honecker-Gruppe bewußt heruntergespielt, indem die 1969/70 verschärften Disproportionen der Volkswirtschaft und Versorgungsengpässe dem Ulbricht zugeschriebenen, als falsch diffamierten wirtschaftspolitischen Kurs angelastet wurden. Gleichzeitig wurden die polnischen Krisenerscheinungen hochgespielt und Honecker als Verfechter einer Politik herausgestellt, die den »Sinn des Sozialismus« endlich zur Geltung bringe.

So notwendig eine bestimmte Korrektur hinsichtlich des Tempos und der Proportionalität gewesen wäre, so falsch war die wirtschaftspolitische Wende insgesamt. Die mehr zu berücksichtigenden Interessen der Arbeiterklasse wurden vordergründig für die Installation des von der Breschnew-Führung abgesegneten Nachfolgers Ulbrichts instrumentalisiert, den dieser, da er ihn selbst dafür aufgebaut hatte, nun nicht mehr verhindern konnte. So wurde auch er am Ende doch noch Opfer der von ihm selbst so wesentlich mitgeprägten stalinistischen Struktur und inneren Verfassung der SED.

Wie immer die rein rechnerische Bilanz der Ulbricht-Ära in den Statistiken der Fachleute ausfallen mag, die Ergebnisse der Meinungsforscher bestätigen, daß die Entwicklung in den 60er Jahren bei einer Mehrheit der DDR-Bevölkerung zu einer mentalen Akzeptanz des Systems und des deutsch-deutschen Status quo geführt hatte. Die DDR war nicht mehr nur von einer aktiven Minderheit »angenommen«, die SED erfüllte das Minimalkriterium jeglicher Legitimation: Die Mehrheit des Volkes anerkannte die gesellschaftlichen Verhältnisse, unter denen die SED den politischen (und ideologischen) Anspruch auf das Recht zur Führung von Staat und Gesellschaft erhob.

# IV. Zwischen Wirklichkeit und Selbstbetrug. Krisensymptome in den Berichten zu Umfragen zwischen dem VIII. und IX. Parteitag der SED (1971–1976)

Der Entwicklung der DDR nach dem Amtsantritt Honeckers bis mindestens 1976 bescheinigte auch die westdeutsche DDR-Forschung manche Erfolge und Fortschritte.

»Der Nachfolger Erich Honecker war, trotz seiner stalinistischen Vergangenheit, für die Bevölkerung und weite Kreise der Partei ein Hoffnungsträger. Tatsächlich begann mit ihm ein neues Kapitel der SED-Geschichte.

Realistischere Planziele, stärkere Orientierung auf die Verbesserung der Lebensverhältnisse, sozialpolitische Maßnahmen zugunsten der unteren Einkommensschichten und kinderreichen Familien, Lockerung des Meinungszwanges, Duldung des Empfangs westlicher Rundfunk- und Fernsehstationen, eine tolerantere Kulturpolitik kennzeichneten vor allem die erste Hälfte der siebziger Jahre«, so Hermann Weber[59].

Dies widerspiegelten auch die wenigen erhalten gebliebenen Umfrageergebnisse des Instituts für Meinungsforschung für diese Jahre.

Obwohl die einfache Umkehr der unter Ulbricht betriebenen Investitionspolitik und das umfängliche Sozialprogramm mit seinen nicht bilanzierten Fondsanteilen keine Alternative darstellte[60], von realistischeren Planzielen mithin überhaupt keine Rede sein konnte, sondern das endgültige Versagen der DDR-Wirtschaft im wissenschaftlich-technisch-technologischen und damit Produktivitätswettlauf einleitete, wirkte sich das sozialpolitische Programm im Meinungsbild bis 1975/76 z. T. sehr positiv aus.

Da dem Werktätigen die ungesunde Entwicklung des Verhältnisses der Akkumulationsraten zwischen produktiven und konsumtiven Bereichen ebenso verborgen blieb wie die rasch anwachsende Auslandsverschuldung und die immer stärker hemmenden Einflüsse der stagnierenden Volkswirtschaften der RGW-Länder, registrierte die Meinungsforschung Ergebnisse, die Honecker in seiner Haltung bestärkten.

Andererseits hatte die von der Brandt-Scheel-Regierung eingeleitete insgesamt nicht auf Destabilisierung, sondern auf Entspannung und Zusammenarbeit sowie auf demokratische Reformierung gerichtete neue Ost- und Deutschlandpolitik erhebliche Wirkungen auf die DDR. Diese waren erst infolge kurzsichtiger und kontraproduktiver Reaktionen der Honecker-Führung auf längere Sicht ausgesprochen destabilisierend. Mit ihrer verbalen Abgrenzungspolitik, ideologisch verbrämt mit der Zwei-Nationen-Theorie, verbaute sie auch jede reale Möglichkeit, sich durch qualitativ neuartige deutsch-deutsche Beziehungen zeitig genug von der immer krisenhafteren Entwicklung im Ostblock vor allem auch ökonomisch schrittweise abzukoppeln[61].

## 1. Trends der öffentlichen Meinung 1971–1975

Anfang des Jahres 1976 legte das Institut für Meinungsforschung – wahrscheinlich auf Anforderung – zur Vorbereitung des IX. Parteitages der SED eine Trendstudie zur Entwicklung von Meinungen der DDR-Bürger zu einigen Grundfragen der Politik für den Zeitraum 1971–1975[62] vor.

Während die Fragen zur internationalen Entwicklung, die den Befragten in aller Regel eher fern gelegen als direkt bewegt haben dürften, auf hohem Ausgangsniveau (über 80 %) infolge der internationalen Aufwertung der DDR (Grundlagenvertrag, UNO-Beitritt) nochmals deutliche Zuwachsraten auswiesen, brachte eine detailliertere Nachfrage, warum der Sozialismus überlegen sei, ein eher ernüchterndes Ergebnis.

Gefragt war, ob der Sozialismus oder der Kapitalismus auf militärischem, technischem, wissenschaftlichem, kulturellem, wirtschaftlichem und sozialem Gebiet überlegen sei. Von den Befragten (Bevölkerungsumfragen) meinten eine Überlegenheit der sozialistischen Länder feststellen zu können:

|   | 1971 | 1975 |
|---|---|---|
| – auf militärischem Gebiet | 49 % | 50 % |
| – auf technischem Gebiet | 22 % | 21 % |
| – auf wissenschaftlichem Gebiet | 43 % | 39 % |
| – auf kulturellem Gebiet | 77 % | 77 % |
| – auf sozialem Gebiet | 90 % | 94 % |
| – auf wirtschaftlichem Gebiet | 32 % | 53 % |

Während letzteres Ergebnis (Wirtschaft) sicher durch die propagandistisch intensiv vermittelten konjunkturellen Krisenerscheinungen einiger westlicher Länder beeinflußt war, wurde durch die Honecker-Gruppe vor allem das stolze Ergebnis »auf sozialem Gebiet« als Bestätigung für die seit dem VIII. Parteitag betriebene Politik hervorgehoben. Fragt man nach den Ursachen der in diesen siebziger Jahren wachsenden Selbstgefälligkeit Honeckers und seiner engsten Paladine wie Mittag, Hermann, Dohlus, Sindermann, so lag sie sicher auch in solchen Fakten. Sollte man sich nicht bestätigt fühlen, wenn 72 % erklären, sie zögen im Vergleich die gesellschaftlichen Verhältnisse der DDR denen der BRD vor, für die lächerliche 6 % votierten? Hinzu kam, daß 84 % (im Bedrohungsfall) die bewaffnete Verteidigung der DDR bejahten.

Es hätte schon einer kritisch-skeptischen Interpretation, für die die Meinungsforscher schwache Ansätze lieferten, bedurft, und insbesondere einer dialektischen Analyse aller vorliegenden Ergebnisse, um ablesbare brisante Schwachstellen zu erkennen. Allein der Widerspruch zwischen allgemein angenommener Überlegenheit des Sozialismus (ca. 80 %) und einem gemittelten Wert der Einzelmeinungen von 52 % (ein wissenschaftlich zwar unzulässiges, aber in diesem Fall aufschlußreiches Verfahren), macht die Problematik deutlich. Noch gravierender wird es, wenn der notwendige innere Zusammenhang zwischen Sicherung der hoch bewerteten sozialen Sicherheit und ihrer materiellen Quellen (wissenschaftlich-technische und ökonomische Leistungsfähigkeit) ignoriert wurde.

Selbst einem intellektuell nur mittelmäßigen Kopf hätte auffallen müssen, daß in der so entscheidenden Vergleichsfrage zum wissenschaftlich-technischen Standard von Ost und West von den dafür kompetenten Angehörigen der Intelligenz ganze 16 % für den Osten gegenüber 48 % für den Westen votierten. Geradezu alarmierend hätte das Umfrageergebnis bei der Gruppe von Akademie-Mitarbeitern wirken müssen, von denen nur noch ganze 2 % eine Überlegenheit, 15 % Gleichstand und 76 % eine westliche Überlegenheit bescheinigten.

Solche Umfrageergebnisse machen mit aller Deutlichkeit die Grenzen der Meinungsforschung klar, wenn Meinungen von Menschen zu Problemen, Prozessen und Ereignissen erfragt werden, zu deren richtigen Beurteilung es der Sachinformation bzw. sogar der theoretischen und methodischen Beherrschung des Gebietes bedurfte, eine banale Meinungsäußerung aber keinerlei Erkenntnisgewinn, sondern eventuell nur eine fehlleitende Verunsicherung (oder Scheinbestätigung von eigenen inkompetenten Vorurteilen) bringen kann. Gerade die Korrelationen zwischen »Überlegenheit auf sozialem Gebiet« mit 94 % und der tendenziell durchaus richtigen Meinungsäußerung hinsichtlich der wissenschaftlich-technischen Unterlegenheit des Sozialismus unterstreicht die Fragwürdigkeit von Meinungsäußerungen zur im Grunde kompetenzabhängigen Beantwortung von Sachfragen.

Mit Beginn der siebziger Jahre verstärkte sich aber gerade diese Tendenz, daß Fachabteilungen des ZK der SED sehr spezifische Umfragethemen vorschlugen, die oft nur noch von fachlich kompetenten Probanden-Gruppen zu beantworten waren. So wurde die Meinungsforschung als Teilgebiet der empirischen Sozialforschung immer stärker von ihrem eigentlichen Gebiet, der »öffentlichen Meinung«, infolge ihrer institutionellen Einordnung in das Informationssystem der Fachabteilungen des ZK der SED abgedrängt.

Generell scheint es angeraten, die nach 1971 vorgelegten Umfrageergebnisse noch kritischer unter diesem Aspekt zu bewerten, als von dieser Zeit an eine engere Verkopplung von Agitation und Meinungsforschung angestrebt wurde.

So debattierte die Lamberz unterstellte Abteilung Agitation im Herbst 1971/Frühjahr 1972 »Grundsätze der Agitationsarbeit der Partei«, in denen sich die genannte Wendung in der Einstellung zur Meinungsforschung andeutet. In diesem Dokument wird am Anfang noch unverfänglich konstatiert: »Gegenwärtig existieren so gut wie keine wissenschaftlichen Unterlagen über die Effektivität der Presse. Eine wissenschaftlich-analytische Arbeit wird z. T. noch durch fehlendes Zusammenwirken zwischen Agitation und Meinungsforschung erschwert. Daraus ergibt sich folgende Problemstellung:
– Schaffung wissenschaftlicher Grundlagen für alle Gebiete, Formen und Methoden der Agitationsarbeit und der Meinungsforschung.« (S. 7)

Einige Seiten weiter heißt es allerdings:

»5. Die Zusammenarbeit mit dem Institut für Meinungsforschung muß exakt konzipiert werden. Die Ergebnisse der Arbeit von Agitation und Wirkungsforschung sind auszuwerten und für die Weiterverarbeitung bzw. für die evtl. weitere Verwertung mit den Mitteln der modernen Rechentechnik aufzubereiten. Dazu gehört das komplexe Wirken von Agitation und Meinungsforschung etwa nach folgendem Schema (unverbindlich):

a) Problemstellung für die politische Agitation, z. B. im Zusammenhang mit aktuellen politischen Ereignissen,

b) Festlegung der Methoden der Agitation ..., evtl. auch Festlegung des Zeitraumes, der vorgegeben wird, um mit einem bestimmten Problem durchzukommen, Meinung zu bilden ...,

c) Formulierung von Fragestellungen für die Meinungsforschung zum gleichen Problem,

d) Meinungsforschung nach den ihr eigenen Gesetzen,

e) mathematische Auswertung

– des aufbereiteten Materials der Agitation

– Ergebnisse der Meinungsforschung

– neue Aufgabenstellung auf Grund der Ergebnisse.«[63]

Alle bürokratietheoretischen Analysen weisen aus, wie jedes hierarchisch abhängige Analyse-, Informations- und Berichtssystems dahin tendiert, gewünschte Ergebnisse zu präsentieren, und allein durch die Auswahl der Themen der Wert dieser Ergebnisse gemindert ist. Von unausgesprochenen Tabus ganz abgesehen, denn es war natürlich undenkbar, etwa den geheimen Wunsch einiger Mitarbeiter des Instituts für Meinungsforschung zu realisieren, eine der im Westen üblichen Umfragen nach der Beliebtheit von Politikern zu stellen[64].

## 2. Ein besonderes Dokument: Die letzte Umfrage zu politischen Problemen 1976

Im ersten Quartal 1976 führte das Institut für Meinungsforschung die (bis jetzt letzte nachweisbare) Umfrage zu einigen politischen Problemen durch. Insgesamt stand die Arbeit des Instituts ganz im Zeichen des Programmparteitages, seiner Vorbereitung und Auswertung. Es wurden 13 Umfragen durchgeführt, deren Themen recht aufschlußreich sind und die die bereits angesprochene Umorientierung der Meinungsforschung auf Gebiete und Aufgaben, die eigentlich einer komplexen soziologischen Untersuchung zukämen, unterstreichen.

Von den 14 im Plan vorgesehenen Themen wurden 2 auf Wunsch der jeweiligen Abteilungen auf 1977 verlegt (zu »Problemen des Bauwesens« und »Zu politischen und

ökonomischen Fragen«!). Die 13 Themen wurden mit 20 Fragebogen bei 42 895 Bürgern realisiert. Sie beschäftigten sich mit
- Problemen der Investitionspolitik;
- Fragen der Landwirtschaft,
- des Berufsverkehrs,
- des Gesundheitswesens,
- des geistig-kulturellen Lebens in Arbeitskollektiven,
- der Gewerkschaftsarbeit;
- der Rolle der Nationalen Front;
- Fragen der Urlaubsgestaltung (FDGB-Heime und Betriebsferienheime),
- der Zeitschrift »Horizont« und
- eben ausgewählten politischen Problemen[65].

Diese letztgenannte Umfrage liegt nur auszugsweise als »Information über eine Umfrage des Instituts für Meinungsforschung beim ZK der SED zu ausgewählten politischen Fragen (I. Quartal 1976)«[66] vor und wurde so Honecker übermittelt, der sie mit seinen Unterstreichungen als Umlauf an die Mitglieder des Politbüros weitergab.

Das Dokument wird allerdings nicht in erster Linie durch Honeckers Unterstreichungen bemerkenswert, obwohl dessen Signum »Umlauf PB« nicht dafür spricht, daß die Berichte, wie ursprünglich durch Ulbricht vorgesehen, regelmäßig vom Politbüro zur Kenntnis genommen wurden, sondern vor allem dadurch, daß es ein offenbar zweifach selektiertes Ergebnis präsentiert (*Auszugsweise* Informationen über *ausgewählte* Fragen!).

Wenn auch ohne Vergleiche und Korrelationen, enthält es trotzdem einige aufschlußreiche Ergebnisse, die allerdings gerade nicht der Unterstreichung durch Honecker für wert befunden wurden.

So sahen nur 32,8 % Fortschritte bei der sozialistischen Demokratie, 46,8 % sahen sich nicht bei Leitungsentscheidungen berücksichtigt. Damit hängen auch die 45,8 % zusammen, die auf dem Gebiet der demokratischen Rechte und Freiheiten keine Überlegenheit des Sozialismus erkennen konnten.

Für Honecker aber waren dagegen jene Ergebnisse, wie seine Unterstreichungen zeigen, wichtig, die – durch hohe Mittelzuführungen, Kreditfinanzierungen und wachsender Auslandsverschuldung sowie Subventionen – eine Überlegenheit der DDR bescheinigten: Sozialpolitik, Wohnungsbau, und – was BRD-Besucher nach der Meinung ihrer besuchten DDR-Gastgeber am meisten beeindruckt haben soll –:

- Sicherheit des Arbeitsplatzes                71,2 %;
- niedrige Mieten                               69,6 %;
- gesundheitliche Betreuung                    62,6 %;
- Verkehrstarife                                48,1 %;
- Stabilität der Preise                         45,0 % u. a.

Da in den erwähnten Ergebnissen über die Gesprächsthemen bei DDR-Besuchen von Bundesbürgern Touristik und Reiseverkehr nur an dritter Stelle mit 46,0 % rangierten und die nationale Frage scheinbar überhaupt keine Rolle gespielt zu haben scheint, sah er auch in dieser Richtung keinen Handlungsbedarf.

Mit der Neubesetzung der Leitung des Instituts durch die Altkommunistin Lene Berg – Karl Maron hatte schriftlich die Bitte geäußert, ihn aus gesundheitlichen und Altersgründen zu entlasten, was das Politbüro des ZK der SED am 6. März 1974 beschloß – machte sich auch die genannte Tendenz zur Ideologisierung und politischen Instrumentalisierung stärker bemerkbar, da die Arbeit des Instituts zu eng an die jeweiligen Abteilungen des ZK gebunden wurde trotz des immer noch beschworenen Gegenteils, die »ungeschminkte Meinung der Werktätigen« für die Parteiführung zu erfahren.

Die für die Probanden nun gewollt sichtbare Durchführung solcher Umfrageaktionen durch die Interviewer-Gruppen, die von den Parteiorganisationen angeleitet wurden, mußte im Unterschied zu den sechziger Jahren die Unbefangenheit beeinträchtigen, zumal wenn – wie im Jahresbericht des Instituts 1976 festgestellt wurde – die Aufgabe des Interviewers nicht nur darin bestand, den Befragten von der Teilnahme an der Umfrage zu überzeugen, »*sondern (...) auch das politische Gespräch (zu) führen.* Deshalb werden in vielen Fällen die Interviewer in die Schulung der leitenden Kader des Kreises einbezogen oder auf andere Weise mit wichtigen Fragen des Kreises vertraut gemacht. Durch das politische Gespräch kann der Interviewer der Kreisleitung zusätzliche Informationen vermitteln ...

Auf diese Weise werden die Leiter der Interviewergruppen, die ja zugleich verantwortliche Mitarbeiter der Abteilung Agitation/Propaganda sind, in die Lage versetzt, ihre Arbeit in der Abteilung und ihre Tätigkeit als Interviewergruppenleiter zu koordinieren, sie besser in den *Rahmen der massenpolitischen Arbeit einzuordnen.*«[67] (Hervorhebungen – H. N.)

Während die technisch-organisatorische[68] und soziologische Professionalität weiter gewachsen war, wurden die Ergebnisse und Untersuchungsfelder so durch die interessengeleitete Einflußnahme der Abteilungsleiter und Politbüro-Mitglieder bei der Aufgabenformulierung beeinträchtigt.

Als symptomatisch kann folgendes Beispiel gelten:

Auf Intervention von Kurt Hager waren aus einem Entwurf des Fragebogens für die Umfrage unter Lehrern und Schülern der 9./10. Klassen 1975 die vorgeschlagenen Fragen 12 und 15 zu streichen. Sie hatten gelautet: »In einer Diskussion wurde erklärt, daß die weitere gesellschaftliche Entwicklung in der Welt durch die Sowjetunion und die Sozialistische Staatengemeinschaft bestimmt wird. Was meinen Sie dazu? Das stimmt – teilweise – das stimmt nicht.«

Für Hager war es inzwischen suspekt, den Schülern überhaupt solche Alternativfragen zuzumuten, weil sie doch den möglichen Zweifel an der entscheidenden Rolle des Sozialismus in der Welt als legitim zugestand.

Ebenso wurde die Wiederholungsfrage: »Wenn Sie die gesellschaftlichen Verhältnisse in der DDR und in der BRD vergleichen, welchen gesellschaftlichen Verhältnissen würden Sie den Vorzug geben?« nicht mehr zugelassen[69].

Solche eindeutig ideologisch beeinflußte Gestaltung der Indikatoren bei den Umfragen mußten die Mitarbeiter des Instituts für Meinungsforschung hinnehmen, aber genauso war ihr Bemühen sichtbar, durch Korrelation der ermittelten Meinungen mit Indikatoren wie politisches Interesse, politische Kenntnisse, Aktivität und Bildungsstand in ihrer Verhaltensrelevanz und kognitiven Substanz zu gewichten und damit sowohl die komplexe Struktur der variablen »Einstellung« als auch die Notwendigkeit pragmatischer Validierung der Meßmethoden in die Bewertung einzubeziehen. Im Gegensatz zu den Bemühungen der Meinungsforscher um wachsende wissenschaftliche Solidität bestätigt sich die Erkenntnis: Die beginnende Stagnation jeder progressiven gesellschaftlichen Entwicklung verläuft parallel zu der zunehmenden mentalen Verweigerung der Führung, die Realität wahrzunehmen.

Bei Honecker ging sie nach eigenem Eingeständnis so weit, daß er auch den Berichten des MfS immer weniger Beachtung schenkte.

## 3. Das Ende der Meinungsforschung im Januar 1979

Mit der populistischen Wende des VIII. Parteitages der SED hin zu einer nicht mehr durch Leistungszuwachs der Volkswirtschaft gesicherten Sozialpolitik, verbunden mit der exzessiven Rückkehr zu den überholten Instrumenten der zentralistisch-bürokratischen Planwirtschaft, wurden die Bedingungen potenziert, unter denen die bestehenden Defizite der DDR-Wirtschaft zur Dauerkrise führen mußten. Die sich vergrößernden Leistungsbilanzdefizite machten es selbst dann unmöglich, Rückstände und Schwächen zu überwinden, wenn die daraus erwachsenden Gefahren für die Stabilität der Gesellschaft erkannt wurden.

Die bisher vorgelegten Analysen über konkrete ökonomische, politische, soziologische, regionale, psychosoziale Ursachen des Zusammenbruchs der DDR lassen sich großteils durch die vorliegenden Umfrageergebnisse – wenn auch nur keimhaft – bestätigen[70].

Das betrifft zum ersten die nach unten signifikante Abweichung der sozialen Gruppe »Arbeiter«, nur noch übertroffen durch die Gruppe der »Handwerker/Gewerbetreibende«. Die zentrale Frage zum Vergleich der gesellschaftlichen Verhältnisse zwischen DDR und BRD zeigt bei der Gruppe der »Arbeiter« zwar zwischen 1968 und 1973 mit 5 % den größten Zuwachs (von 60 auf 65 %), bleibt aber gegenüber der Gruppe »Angestellte« um 11 %, gegenüber der Gruppe »Intelligenz« sogar um 19 % zurück.

Regional fallen in der Regel die Südbezirke (Gera, Leipzig, Magdeburg) meistens mit weniger positiven Ergebnissen auf. In den Nordbezirken verändert sich das von anfänglich ebenfalls negativen zu positiveren Ergebnissen durch den Einstellungswandel der Bauern, während Berlin (Ost) für die ganze Zeit in fast allen Positionen nach unten abweicht.

Interessant ist auch der Vergleich jener Positionen, in denen sich die Hoffnungen auf die SPD als Regierungspartei – allgemeiner gesagt: das Fortwirken sozialdemokratischer Tradition und Ideen in der DDR-Bevölkerung – widerspiegeln (zwischen 32 und 39 %).

Für die weitere Entwicklung der politischen Kultur und der gesellschaftlichen Atmosphäre ist auch das Ergebnis der Umfrage zu den Massenmedien symptomatisch, wo nur 44 % eine im allgemeinen wahrheitsgemäße Berichterstattung bestätigen, darunter die Kategorie »Arbeiter« mit nur 38,2 %.

Auch auf die Frage des Vertrauensverhältnisses zur SED lassen die bruchstückhaften Unterlagen zwar keine fundierte Aussagen zur Höhe und zum Trend zu, aber die vorliegenden, lokal recht weit abweichenden Ergebnisse (positive zwischen 50 und 67 %) gestatten auf jeden Fall den Schluß, daß es sich hier um einen besonders sensiblen und raschen Veränderungen unterliegenden Bereich handelte. Jede Kritik am Staat, von seinen höchsten Repräsentanten bis zum Schalterangestellten der Reichsbahn, jede Fehlleistung und jedes partielle Versagen des Systems im Alltag wurde angesichts der Rolle der SED als der Staatspartei natürlich sofort auch den Mitgliedern und der Partei als Ganzes angelastet.

Zum Schluß drängt sich die Frage auf, warum die SED-Führung, wenn alle dokumentierten positiven Ergebnisse der realen Stimmungslage entsprochen haben, weder diese Ergebnisse jemals öffentlich gemacht noch daran gedacht hat, das politische System zu öffnen, also der realen Differenziertheit der politisch-ideologischen und sozialen Lage in der politischen Kultur und im politischen System Rechnung zu tragen.

Die schwierige Antwort liegt im totalitären Wesen des Systems, das die Menschen »total« für sich will, nur eine möglichst 100 %ige Zustimmung akzeptiert. Auch wären schwierige Interpretationsprobleme aus dem Widerspruch zwischen den üblichen 99 % Ja-Stimmen bei Wahlen und den Ergebnissen der Meinungsforscher entstanden.

Wesentlicher allerdings dürfte die Gefährdungsneurose, die die SED-Führung mit allen Führungen der real-sozialistischen Länder angesichts der traumatischen Erfahrungen der Jahre 1953, 1956 und 1968 teilte, gewesen sein. Für die DDR kam hinzu, daß sie sich, nach den Jahren der Nichtanerkennung durch die BRD, gegenüber dieser in einer hoffnungslosen Konkurrenzsituation befand, wodurch sich ihre politischen Repräsentanten immer wieder zu kraftmeierischen Selbstdarstellungen veranlaßt sahen. Wenigstens in den Sportstadien und den eigenen Medien wollte man siegen.

Als Fazit bleibt: Innerhalb des bürokratisch-zentralistischen Systems ohne Öffentlichkeit als Indiz einer demokratischen politischen Kultur vermochte eine noch so professionelle Meinungsforschung keine nennenswerte positive Wirkung zu erzielen. Zu keinem Zeitpunkt ist nachweisbar eine qualifizierte Reaktion der politischen Führung auf die vorgelegten Ergebnisse erfolgt.

Der Beschluß zur Auflösung des Instituts ist nur der Höhepunkt der Ignoranz gegenüber der öffentlichen Meinung. Sie erfolgt zu einem Zeitpunkt, zu dem sich in den Stimmungen und Meinungen der Bevölkerung die sichtbar werdenden Schwierigkeiten und Krisensymptome des Realsozialismus in großteils rationalen, systemkonformen Reaktionen widerspiegelten (Forderungen nach Reformen des Preissystems nach ökonomischen Kriterien, Korrekturen bei der Sozial- und Wohnungsbau-Politik, statt Verbrauchs- und Personengebundene Subventionen, Gewährung der im Korb »3« der KSZE-Schlußakte festgeschriebenen Rechte) sowie der spürbare Wandel des Wertesystems bei größeren Teilen der Jugend und der Intelligenz (autonome Friedensbewegung, alternativ-ökologische Strömungen) und die Forderung nach dem öffentlichen Dialog im Inneren noch eindeutig auf die demokratische Öffnung des Systems im Interesse seiner Erhaltung und Stabilisierung zielte.

Den gravierenden Werte- und Einstellungswandel in der Gesellschaft, die keimhafte Entstehung einer politischen Gegenkultur und der spürbare Sinnverlust bei größeren Teilen der eigentlichen Träger des Staates wurden durch das abhängige Informationssystem niemals adäquat erfaßt. Und wenn es solche Ansätze gab, drangen sie nie bis nach oben durch. Auch auf diesem Gebiet erwies sich die strukturell bedingte Unfähigkeit des neostalinistischen Systems zur innovativen Reform.

Ein Ausdruck dessen war auch das Fehlen einer entsprechenden politischen Kulturforschung, die im Unterschied zur Meinungsforschung nicht vorrangig wissen will, ob und inwieweit ein politisches System Zustimmung oder Ablehnung findet, sondern welche Werte, Strukturen und Prinzipien der jeweiligen Einstellung zugrunde liegen. Nur von daher lassen sich letztlich auch das Zustandekommen von Akzeptanz oder Dissidenz und ihr Wandel erfassen.

Den in der zweiten Hälfte der siebziger Jahre beginnenden negativen Einstellungswandel der DDR-Bevölkerung hätte eine qualifizierte politische Kulturforschung eventuell als Folge nicht nur der abnehmenden Leistungsfähigkeit des Systems verortet, sondern – schichtspezifisch unterschiedlich – als Folge eines sich entwickelnden Kulturwandels innerhalb der politischen Gesellschaft offengelegt

Zu keinem Zeitpunkt zeigte sich die Honecker-Führung fähig zur Erkenntnis, daß politisch-ideologische Inhalte allein, und mögen sie noch so nachhaltig vermittelt werden, keine verinnerlichten gefühlsmäßigen Bindungen an das System zu erzeugen vermögen. Der sich 1989 vollziehende abrupte Zusammenbruch fast jeder gefühlsmäßigen Bindung an das DDR-Regime bei bisher loyalen Bürgern erklärt sich ja nicht als plötzlicher Reflex auf eine etwa ebenso abrupte Verschlechterung der allgemeinen wirtschaftlichen oder politischen Lage der Massen, sondern aus dem spätestens mit dem BRD-Besuch Honeckers sich rasant vertiefenden mentalen Wandel. Das Regime verlor in kürzester Zeit die Verankerung in der Gefühlswelt der Bürger bis hin zur Mitgliederbasis der SED, weil keine erkennbare politische und gesellschaftliche Perspektive vermittelt wurde.

Das Fehlen (bzw. die Verhinderung) einer politischen Kulturforschung wie die Ignoranz gegenüber der Umfrageforschung waren nur zwei Faktoren des komplexen Versagens der politischen Elite der DDR.

So aber war 1979 an die Stelle der Meinungsforschung wieder allein das bisherige Berichtssystem der SED getreten. Von welcher Qualität und Aussagekraft diese Parteiinformationen waren, soll am Beispiel des »Berichts über den bisherigen Verlauf und die Ergebnisse der Parteiwahlen in den Grundorganisationen« demonstriert werden, der dem Sekretariat des ZK der SED in seiner Sitzung am 6. Dezember 1978 vorlag, dem ersten Jahr einer auch für Außenstehende wahrnehmbaren krisenhaften Entwicklung.

Nach einigen Seiten allgemeiner politischer Phrasen und der Mitteilung, daß es verschiedentlich kritische Hinweise zur staatlichen Leitungsebene gegeben habe, hieß es: »Eine breite Palette von Hinweisen und Vorschlägen wurde zur Verbesserung der Arbeits- und Lebensbedingungen unterbreitet. Sie betreffen den Berufsverkehr, die Dienstleistungen, die Gastronomie sowie Werterhaltungs- und Wohnungsfragen. Lücken in der Versorgung der Bevölkerung mit einigen Textil- und Industriewaren sowie Ersatzteilen waren öfter Gegenstand kritischer Bemerkungen.« (S. 3) Eine Seite weiter wurde geschlußfolgert: »Das Vertrauensverhältnis zwischen Partei und Volk hat sich weiter gefestigt ... Die Berichtswahlversammlungen demonstrierten erneut die feste Einheit und Geschlossenheit der Partei. Sie bekräftigten die Treue und Verbundenheit der Parteikollektive zum politischen Kurs unserer Partei, zum Zentralkomitee und seinem Generalsekretär, Genossen Erich Honecker.« (S. 4) Der die Sitzung leitende Generalsekretär nahm dies wohlwollend zur Kenntnis und fand auch keine kritische Bemerkung zu einer auf Seite 9 zum Schluß eigentlich außerordentlich brisanten Feststellung:

»Die Berichtswahlversammlungen machten sichtbar, daß es trotz gewisser Fortschritte vielen Parteileitungen schwerfällt, die Stimmungen der Werktätigen einzuschätzen und daraus überzeugende Argumente abzuleiten.«[71]

Wieso angesichts dieses Eingeständnisses kurze Zeit später, am 17. Januar 1979, das Sekretariat des ZK der SED den Beschluß zur »Beendigung der Tätigkeit des Instituts für Meinungsforschung beim ZK der SED«[72] faßte, kann nur als hilfloses Eingeständnis gewertet werden, daß die Führung kein Interesse mehr an einer qualifizierten und detailgenauen Information hatte.

Dieser Beschluß traf die Leitung wie alle Mitarbeiter wie ein Blitz aus heiterem Himmel. Dem 1. Stellvertretenden Leiter, Dr. Joachim Jauch, der sich gerade zu einer Kur befand, wurde durch Lene Berg telefonisch mitgeteilt, daß er bei seiner Rückkehr weder Arbeitsplatz noch den Inhalt seines Schreibtisches vorfinden werde[73]. Zwar hatten die KollegInnen seit 1977 die sich wandelnde Einstellung des Apparates zur wissenschaftlich betriebenen Meinungsforschung auch an nachlassenden Aufträgen gespürt, aber erst der Wechsel der Verantwortung nach dem Tod von W. Lamberz zu J. Herrmann hatte den Entschluß entstehen lassen, das Institut aufzulösen. Wie einige der Betroffenen vermuten, hatte dabei der inzwischen zum Sekretär des ZK aufgestiegene Horst Dohlus seine Hand im Spiel, der dem Sektor Parteiinformation innerhalb seiner Abteilung »Parteiorgane« wieder das Monopol (von der MfS-Information abgesehen) verschaffen wollte. Zwar legte der Beschluß fest, daß die Mitarbeiter des Instituts für Meinungsforschung im Eignungsfalle in das Institut für Soziologie der Akademie für Gesellschaftswissenschaften oder an anderen Stellen des Parteiapparates eingesetzt werden sollten, aber nicht, um die empirische Sozialforschung zu stärken. Die Mitarbeiter in den Kreis- und Bezirksleitungen, die für das Institut tätig gewesen waren, sollten im System der Parteiinformation untergebracht werden. Abschließend wurde die Einziehung aller Unterlagen des Instituts und ihre vollständige Übergabe an das Büro des Politbüros angewiesen (was im Klartext die Vernichtung des gesamten Archivs bedeutete). Zwar sind von den Sitzungen des Sekretariats nur die Beschlußprotokolle überliefert, aber Umfang der Tagesordnung und die Sitzungsdauer lassen es ausgeschlossen erscheinen, daß auch nur eine kurze Debatte zu diesem Beschluß stattgefunden hat. Sie wird sich auf die im nachhinein gegenüber dem Institut gegebene Begründung durch J. Herrmann beschränkt haben, es habe seine Aufgabe erfüllt und seine Funktion solle auch aus Rationalisierungsgründen künftig der Parteiinformation übertragen werden. Wenn die Parteiführung Bedarf nach zusätzlichen demoskopischen Informationen hätte, dann sollten von Fall zu Fall die bestehenden staatlichen und soziologischen Institute beauftragt werden (was mit Ausnahme der Jugendforschung niemals erfolgte).

Mit dem Ende der Meinungsforschung lieferte sich die politische Führung der Information durch den abhängigen Apparat aus und war so – von den nur noch ganz wenigen Personen bekannt werdenden Informationsberichten des MfS abgesehen – ihren eigenen Vermutungen hinsichtlich der Stimmungen und Meinungen ausgesetzt. Der Betrug an der Öffentlichkeit wurde immer mehr zum öffentlichen Selbstbetrug.

Keiner sollte der Versuchung erliegen, die dokumentierten Meinungsumfragen überzubewerten. Nur im Kontext mit allen anderen Erkenntnissen von Zeitgeschichtsschreibung, Sozial- und Politikwissenschaft und insbesondere der DDR- und ehemaligen vergleichenden Deutschlandforschung sowie den kulturwissenschaftlichen bis psychologischen und biographischen Spezialdisziplinen wird ein weitgehend richtiges DDR-Bild entstehen können. Auf jeden Fall aber sollten die überraschend zugänglich gewordenen Ergebnisse der Umfrageforschung alle tangierten Wissenschaftler veranlassen, bestimmte Urteile und Positionen noch einmal zu überprüfen, darunter scheinbar bisher unbestritten gebliebene wie die, daß das Volk der DDR den Anspruch des Realsozialismus niemals angenommen habe, zu keiner Zeit die SED eine politische Chance gehabt habe, aus der Defensive gegenüber der bundesrepublikanischen Konkurrenz herauszukommen, usw.

Jedes über 40 bzw. 45 Jahre hinweggehende Pauschalurteil greift schon deshalb nicht, weil es nicht für alle Menschen 45 Jahre waren, die Sozialisation unterschiedlich gewesen ist, weil die Zeiten unterschiedlich waren. Auch rücken viele der zum Vergleich mit der westdeutschen Bundesrepublik gestellten Fragen ein Problem wieder in den Blick (der manchem der jetzigen »Richter« verstellt scheint), daß die DDR nicht nur eine östliche Hegemonial-Macht hatte, sondern zumindest bis 1972 auch einen westlichen Kontrahenten, der ihr die Existenz bestritt, sie rund zwanzig Jahre als feindliches Provisorium behandelte, wodurch der Faktor einer »Negativ-Legitimation« der DDR für eine Mehrheit ihrer Bürger nicht unwesentlich war. Kalter Krieg und

Konfrontation haben der DDR große Schäden zugefügt und zugleich die autoritär-bürokratische Herrschaft konsolidiert.

Insgesamt rechtfertigen die Ergebnisse der Meinungsforschung im nachhinein auch jene Kommunismusforscher unterschiedlicher Profession, die seinerzeit angesichts eines partiell verbesserten Datenzugangs durch die soziologische Forschung in den osteuropäischen Ländern eine Modifikation und letztlich Relativierung der Totalitarismustheorie vornahmen. Durch eine systemimmanente Analyse totalitärer Herrschaft konnte die politische Soziologie zu einer differenzierteren Wertung der politischen Systeme in den verschiedenen Ländern kommen. Im Gegensatz zu den heutigen Kritikern, die eigentlich besser beraten sein müßten als die damaligen Protagonisten, scheint dem Verfasser, daß die weitere Entwicklung und der letztliche Zusammenbruch Theoretiker wie Richard Löwenthal, Peter C. Ludz, Hartmut Zimmermann u. a. bestätigt hat, die eine Auflockerung der totalitären Herrschaft im Gefolge der industriellen Entwicklung prognostizierten. Zwar erwies sich die von Löwenthal angenommene Voraussetzung, der Übergang zu einem intensiv erweiterten Produktionstyp, nicht in so eindimensionaler Weise wie gedacht als Ursache des Rückzugs des totalitären Staates aus der Gesellschaft als zutreffend, aber die Tatsache des weitgehend friedlichen, gewaltfreien Übergangs zu demokratisch verfaßten Gesellschaften ist wohl ein überzeugender Beweis dafür, daß es sich in der Endphase der osteuropäischen Staaten (vom brutalen Rettungsversuch Ceausescus abgesehen) in keiner Weise mehr um klassisch totalitäre (terroristische) Regime gehandelt hat.

Für die DDR scheint dem Verfasser ziemlich unstrittig, daß sie sich von einem stalinistisch überfremdeten Regime zu einer zentralistisch-administrativ verfaßten Gesellschaft mit begrenzten demokratischen Freiräumen entwickelt hatte, und zwar im Gefolge vielfältiger Differenzierungsprozesse zwischen Staat und Gesellschaft, Parteiführung und Mitgliedschaft[74].

Wandel und Annäherung haben unter den Bedingungen internationaler Entspannung sowie wachsender ökonomischer und zunehmend stärker reflektierter demokratischer Defizite des Systems die Wende vorbereitet, in deren Verlauf sich immer mehr Menschen gerade jener Altersgruppen, die die Umfragen 20 Jahre zurück mit hohen Zustimmungswerten registrierten, auf die Nation besannen als Eintrittskarte in die westliche Konsum- und Zivilgesellschaft (die zudem den Vorteil hatte, deutsch zu sein).

Die jetzt schon nicht mehr bestrittenen, durch verschiedenste Umfragen und soziologische Analysen offengelegten Mentalitätsunterschiede und Wertedifferenzen zwischen Ost und West sind längerfristig wirkende, da mit substantiellen Interessen und mit Erfahrungen einer anderen Lebensweise verbundene Faktoren[75].

Es bestätigt sich wohl damit zumindest die bisherige Vermutung, daß es Politik und Soziologie noch längere Zeit mit einer Reihe solcher sedimentierten Haltungen und Normen zu tun haben werden. Unter Umständen findet sich die Antwort auf die noch umrätselte Frage nach den Quellen des friedlichen Charakters der Wende auch in Einsichten, die uns die alten wie neuen Berichte ermöglichen. Auf jeden Fall geht es nicht mit dem Klischee von den 40 Jahren Mißwirtschaft oder 55 Jahren brauner und roter Diktatur, und ebenso gehört auch das 41. Jahr der DDR zu ihrer Geschichte, so wie diese zur ganzen deutschen Geschichte zählt. Die Metapher, daß Polen ohne Kommunismus immer noch Polen sei, läßt sich sicher nicht so auf die DDR anwenden. Aber nach dem Wegfall des SED-Staates werden die Ostdeutschen nicht automatisch und sofort zu »West«-Deutschen, selbst wenn sie es noch so gern wollten. Die Zukunft wird zeigen, ob dies überhaupt so wünschenswert ist.

# V. Legitimität und Legitimation politischer Herrschaft. Eine Nachbetrachtung

Die 45jährige deutsch-deutsche Nachkriegsgeschichte, in der 1990 durch die Wiederherstellung der staatlichen Einheit die Rahmenbedingungen zur Restauration der bürgerlichen deutschen Nation geschaffen wurden, ist im internationalen Kontext ein Abschnitt der weltweiten Systemauseinandersetzung, im nationalen Rahmen der deutschen Geschichte eine Periode des Kampfes der beiden Hauptklassen um einen jeweils anderen Weg der industriellen Zivilisation am Ende der Moderne.

Wenn dem so ist, dann sollte die Fragestellung nach der Legitimität des zweiten deutschen Nachkriegsstaates nicht leichtfertig als ein reiner Versuch von Vertretern der gerade gescheiterten DDR-Intellektuellen desavouiert werden, indem man allein schon die Fragestellung als apologetischen Klimmzug von Leuten denunziert, die ihren Opportunismus, ihr Versagen und ihre Schuld als geistig-kulturelle Elite nicht unumwunden eingestehen wollen.

Das kann man so sehen, und zwar um so mehr, je sicherer man sich des eigenen Urteils über diesen untergegangenen Staat ist: ein Unrechts- und Verbrecher-Regime von Anfang bis Ende!

Im Gegensatz dazu ist m. E. die Frage nach der Legitimität der DDR ein Kernproblem des Herangehens an die deutsch-deutsche Nachkriegsgeschichte. Ohne ihre richtige, d. h. ihre allseitige historisch-politische und moralische Beantwortung wird es keine differenzierte Verarbeitung der unteilbaren deutschen Nachkriegsgeschichte geben.

## 1. Zum Selbstverständnis des Begriffs

Als »legitimiert« wird eine politische Ordnung der Neuzeit im allgemeinen dann bezeichnet, wenn sie allgemein anerkannten Werten und Normen entspricht und sich auf eine in demokratischen Verfahren ermittelte mehrheitliche Zustimmung der erwachsenen Bevölkerung stützen kann. In diesem Sinne und mit diesem Maßstab wurde die Legitimität des politischen Systems wie der Formen der Machtausübung in der DDR von der westlichen Politik, Politikwissenschaft wie Zeitgeschichtsschreibung stets bestritten.

Angesichts der Tatsache, daß ein solch rigoroser Maßstab dazu führt, daß kaum mehr als 40 Staaten der Welt als »legitim« zu akzeptieren wären, scheint eine differenziertere Betrachtungsweise angezeigt.

Der Verfasser geht von einem Selbstverständnis von Legitimität von politischer Herrschaft aus, das die *Rechtmäßigkeit einer politischen Ordnung an konkret-historische und politisch-kulturelle Gegebenheiten der Entstehung, Behauptung, Entwicklung und Leistung dieser Ordnung bindet sowie die Ziele und Werte der politischen Klasse einbezieht.* Ein solches Selbstverständnis unterscheidet zwischen Legitimität und Legitimierung (Legalität), sieht es mithin als unverzichtbar an, daß im historischen Sinne »legitime« Regime, die durch von aktiven Minderheiten getragene Bewegungen, Revolutionen installiert und somit zu völkerrechtlichen Subjekten wurden, sich im Verlaufe ihrer Existenz und Entwicklung dem demokratischen Votum des Volkes unterwerfen müssen, um »legitimiert« zu werden. Scheut eine politische Klasse auf Dauer diesen Legitimationsnachweis, verliert das Regime den Anspruch der Legalität, es wird im doppelten Sinne »illegitim«.

Denn zweifelsohne kann nur die Ganzheit von humanistischen Grundwerten und Zielen, demokratischen Prozeduren und Mehrheitsprinzip einen Rechtsstaat begründen, unabhängig davon, ob er sich als Rechtsstaat neuen (sozialistischen) Typs erklärt.

Zugleich können diese konstitutiven Elemente von Legitimität nicht »absolut«, ahistorisch und losgelöst von realgeschichtlichen Prozessen und Kämpfen betrachtet werden. Die meisten der modernen westlichen Verfassungsstaaten sind nicht durch parlamentarische Mehrheitsentscheidungen begründet worden, sondern entstanden als Ergebnis revolutionärer Erhebungen von (starken und aktivistischen) *Minderheiten.* (Das siegreiche Bürgertum führte nach 1789 in Frankreich das seine Position begünstigende Zensuswahlrecht ein.) An viele außereuropäische Staaten kann der verfassungsrechtliche Maßstab des Westens sowieso nicht als entscheidendes Kriterium ihrer Legitimität angelegt werden. Eine formal nur auf parteienkonkurrierende Wahlen und parlamentarische Mehrheitsverhältnisse insistierende Legitimitätsauffassung müßte logisch konsequent die Berufung Hitlers zum Reichskanzler, als Vertreter der größten Reichstagsfraktion und von einer parlamentarischen Mehrheit gestützt, als Rückkehr zur legitimen, verfassungsmäßigen Ordnung gegenüber den Präsidialregierungen der Reichskanzler von Papen und von Schleicher bewerten. Spätestens der Nationalsozialismus an der Macht hat uns aber auch gelehrt, daß ein totalitäres Regime durchaus durch die aktive und/oder passive Zustimmung und Unterstützung der Mehrheit der Bevölkerung unterstützt werden kann, ohne allein dadurch ein legitimes System zu sein. Der amerikanische Präsident wird in aller Regel infolge einer im Durchschnitt bei 50 % liegenden Wahlbeteiligung stets nur von einer Minderheit der tatsächlich wahlberechtigten Bürger gewählt, ohne daß deshalb irgendein Zweifel an seiner Legitimität oder Legalität bestünde. Die Erinnerung daran sollte helfen, den Zugang zu einer unvoreingenommenen Betrachtung des politischen Systems der DDR zu finden.

Unbeschadet der Tatsache, daß es auch in weiterer Zukunft Differenzen und wissenschaftlichen Streit um die Beurteilung und Bewertung verschiedenster Tatbestände und Prozesse aus der DDR-Geschichte zwischen den Fachleuten wie zwischen den politischen Kombattanten geben dürfte, eine Trennlinie wird sie unübersehbar in zwei »Lager« teilen, und der Limes zwischen ihnen wird durch die jeweilige Antwort auf die Frage nach der historischen Berechtigung (Legitimität) der DDR als einer von mehreren denkbaren (schließlich als einer von zwei realgeschichtlichen) Alternativen nach Nationalsozialismus und Weltkrieg gebildet werden:

Historisch legitimer alternativer Gesellschaftsversuch oder Unrechtsregime von Anfang an – das ist hier die Frage!

## 2. Die Installation des politischen Systems 1945–1948/49

Unter der Bedingung, daß es für wissenschaftlich akzeptabel angesehen wird, an das Problem der Legitimität von politischer Herrschaft nicht von rein ordnungspolitischen bzw. normativen Gesichtspunkten heranzugehen, sondern sich ihm mit einer historisch-kritischen und dialektischen Methode zu nähern, könnte ein grober Überblick der verfassungsrechtlichen Entwicklung der DDR unter dem Aspekt »Legitimität« etwa folgende Periodisierung und Charakterisierung ergeben:

Die erste Etappe reicht vom Ende des Zweiten Weltkrieges mit der Kapitulation bis 1948/49.

Angesichts der besonderen Situation des besetzten und politisch bedingungslos den siegreichen Besatzungsmächten untergeordneten deutschen Volkes ging ihm die Qualität eines politischen Subjekts im Grunde ab. Es war »Objekt« des politischen Willens der Siegermächte. Begreift man legitime Herrschaft dahingehend, daß ein untergeordnetes Subjekt das Recht (Rechtmäßigkeit) eines anderen, übergeordneten politischen Subjekts auf Herrschaft (Regierung) anerkennt, dann war nicht nur die auf Befehlen gegründete Macht der Besatzungsmächte »legitimiert«, sondern auch die schrittweise und partiell auf deutsche Organe übertragene Macht ohne demokratische Zustimmung »legal«. Ähnlich wie die Besatzungsmächte, die für sich das Recht auf Herrschaft in Anspruch nahmen, da sie sich als »legitimiert« durch die Mission, die Vernichtung des Nazifaschismus und die Erziehung des deutschen Volkes zu Demokratie und Antifaschismus betrachteten, leitete die aktive antifaschistische Minderheit in den entstandenen Organen für sich ihr zunächst nicht bestrittenes Recht ab, sich im Maße des von den Siegern Erlaubten zur neuen politischen Klasse zu konstituieren. Die aus der Emigration, den Zuchthäusern und Kriegsgefangenenlagern zurückkehrenden Nazigegner einschließlich der kommunistischen Altkader waren sich ihrer Minderheitenposition durchaus bewußt. Die bis zuletzt erschreckend große Gefolgschaft des Volkes für ein verbrecherisches Regime hatte keine Illusionen zugelassen.

Das Dilemma der antinazistischen Kräfte aller Lager bestand darin, daß die konkreten Umstände, die Stimmungs- wie Informationssituation eine formell-demokratische Durchführung ihrer noch so demokratisch gedachten Programme kaum zuließ. Nicht zufällig waren auch die sozialdemokratischen Nachkriegsprogramme des Exils meistens von der Notwendigkeit einer zeitweiligen »Erziehungsdiktatur« gegenüber den verseuchten Massen des deutschen Volkes ausgegangen. Auch die KPD war sich des Dilemmas um so bewußter, je mehr sie die Erfahrung machen mußte, daß der erhoffte Zulauf zur Partei weit unter ihren Erwartungen blieb. So insistierte sie nicht zuletzt deshalb auf einer raschen Vereinigung mit der SPD, um so eine wenigstens knappe linke antifaschistische Mehrheit für die Umwälzung zu gewinnen.

Mit der Labilität des politischen Kräfteverhältnisses mußte auf lange Sicht gerechnet werden, da die Kriegs- und Nachkriegsschäden vor allem auf wirtschaftlichem Gebiet (Kriegszerstörungen, Demontagen, andere Reparationsleistungen, Besatzungskosten, Effektivitätsverluste durch Enteignungen, fehlende Spezialisten, generell schlechtere ökonomische Ausgangsbedingungen im Osten und stärkere Zerstörungen, Disproportionen durch wachsende Spaltungserscheinungen, Überbevölkerung durch Millionen Umsiedler usw.) die Entstehung einer Massenloyalität langfristig verzögern, wenn nicht ganz verhindern würden[76].

Wie auch sollte unter den Bedingungen der Besatzungsherrschaft in Form der Militärregierungen, die Carlo Schmid als »totalitäre Herrschaft der Sieger über die Bevölkerung der besetzten Gebiete Deutschlands« charakterisiert hat, ohne »verpflichtende rechtsstaatliche Verfahrensnormen für die konkrete Ausübung dieser totalen Gewalt«, eine demokratische Herrschaft und Kultur entstehen. Entweder standen »die Deutschen einer patriarchalisch, je nach den Charaktereigenschaften des Handelnden mehr oder weniger human ausgeübten Allgewalt gegenüber; im schlimmsten Fall der Willkür, die der Mann in Uniform von der Staatsräson hatte, der er dienstbar sein wollte«[77]. Während dies in den Westzonen, verbunden mit dem Marshallplan und der Schwäche der gespaltenen linken Kräfte, zur Restauration eines weiterhin auf dem Kapitalismus beruhenden demokratischen Systems führte, kam es in der Sowjetischen Zone, verbunden mit den schweren ökonomischen Lasten zum Aufbau eines abhängigen, dirigistischen und nur punktuell demokratisch legitimierten Systems.

Was hier als »punktuelle demokratische Legitimation« bezeichnet wird, meint die Gemeinde-, Kreis- und Landtagswahlen 1946, zu denen auf der Grundlage des Befehls Nr. 2 die dementsprechend zugelassenen Parteien mit Einzellisten antreten konnten[78].

In diese »punktuelle« demokratische Legitimation kann sicherlich der Volksentscheid für die entschädigungslose Enteignung der Nazikriegsverbrecher und auch die Wahl zum 3. Deutschen Volkskongress im Mai 1949 einbezogen werden, bei der die Einheitsliste des Blocks der antifaschistisch-demokratischen Parteien und Organisationen bei einer Wahlbeteiligung von 92,5 % immerhin 66,1 % der Ja-Stimmen auf sich vereinigen konnte. Dem sich im Auftrag der totalitären Befehlsgewalt konstituierenden politischen Herrschaftssystem in der Sowjetischen Besatzungszone wird wohl ein Grad an Legitimation zuzugestehen sein, der sich einerseits aus der aktiven Unterstützung der antifaschistisch-demokratischen Grundsätze, Ziele, Methoden und Erfordernisse durch die Minderheit und aus schweigender, passiver Akzeptanz und pragmatischer Unterstützung durch eine knappe Mehrheit der Bürger andererseits addierte. Die Art und Weise der schrittweisen Übertragung der exekutiven administrativen Macht von der sowjetischen Besatzungsmacht auf die ostdeutschen Verwaltungen haben es ermöglicht oder begünstigt, daß die stalinistisch geprägte Führungsgruppe der SED niemals gezwungen war, ihren verkündeten antifaschistisch-demokratischen Weg zur sozialistischen Umgestaltung von der Erringung einer auch in formal demokratischen Wahlen bestätigten parlamentarischen Mehrheit abhängig zu machen und so legitimieren zu lassen. Dies hätte auch zur Voraussetzung gehabt, das von der sowjetischen Führungsmacht (mit Ausnahme des Frühsommers 1953) immer geforderte hohe, beschleunigte Entwicklungstempo abzulehnen und sich auf wesentlich längere Entwicklungsperspektiven einzustellen. Das politische Regime der DDR kann nur historisch gerecht beurteilt werden, wenn man den »Doppelcharakter« (Hermann Weber) der sowjetischen Besatzungsmacht beachtet, der ihre Doppelfunktion bedingte: die antifaschistische und die stalinistische Umgestaltung Ostdeutschlands.

## 3. Die legitimatorische Dauerkrise bis 1961

Die mit dem Jahr 1949 beginnende Entwicklungsphase, die im Grunde bis zum Bau der Mauer 1961 dauerte, war mit dem Ausbau und der Festigung des zentralistisch-administrativen Systems und zugleich durch eine in Wellen verlaufende Dauerkrise der legitimatorischen Grundlagen des Staates gekennzeichnet. Wenn es trotzdem nicht zum Kollaps des Regimes kam, so nicht in erster Linie durch die Anwesenheit und das direkte Eingreifen der Besatzungsmacht auf dem Höhepunkt der Legitimationskrise, dem 17. Juni 1953. Seit dem Übergang zum Kalten Krieg und der Blockkonfrontation spielte die Negativ-Legitimation zum anderen System eine immer größere Rolle. Auch entfalteten die aus dem Potsdamer Abkommen abgeleiteten Grundlinien als verbindliche Verpflichtungen der Politik (nicht nur die Instrumentalisierung der Termini wie Antifaschismus, Friedenssicherung, Demokratisierung, Freundschaft mit der Sowjetunion, Kampf gegen Kriegshetze und Aufrüstung) eine zunehmende legitimatorische Wirkung.

Selbst die Massenstreiks und Unruhen des 17./18. Juni 1953 können nicht als eindeutiger Beweis für das Fehlen jeglicher mehrheitlicher Massenloyalität herangezogen werden, zumal sie in erster Linie ausschließlich sozialökonomische und keine politischen Ursachen hatten.

So hat die Auswertung aller Akten der Sicherheitsorgane ergeben, daß sich (bei einer Bevölkerung von 18 Millionen) am 17. Juni 1953  496 765 Personen an den Streiks und (sicherlich weitgehend mit diesen identisch) 417 750 Personen an Straßendemonstrationen beteiligten. Am 18. Juni nach Verhängung des Ausnahmezustandes waren es nur noch 105 740 Streikteilnehmer und 44 300 Demonstranten. 5 296 Personen wurden großteils nur kurzfristig inhaftiert. Der rasche Zusammenbruch des Aufstandes scheint darauf hinzudeuten, daß unter den Bedingungen der Blockkonfrontation und des Kalten Krieges sowie der Anwesenheit der sowjetischen Truppen neben der aktiven und passiven Loyalität auch die negative Legitimation, die Akzeptanz der Alternativlosigkeit der Situation sich als Kraft des Faktischen entfaltete[79].

Für viele war der 17. Juni eine Bestätigung jener These von der »Notstandssituation« der DDR, die in der staatsrechtlichen Diskussion bei der Begründung des Blocksystems eine große Rolle gespielt hatte (obwohl diese ›negative‹ Argumentationslinie nach 1953 von der SED-Führung für suspekt erklärt wurde). Für die folgenden Jahre stellte Ernst Richert 1963 fest: »Wenn so die Tendenz zur Bejahung der eigenen Staatlichkeit, der das Regime besonderes Gewicht beimaß, auch nach 1956 nur spärlich wuchs, hat es die Führung andererseits dennoch vermocht, in den Jahren zwischen dem Beginn der Koexistenzpolitik und Anfang 1960 einen nicht zu unterschätzenden Konsolidierungsprozeß in die Wege zu leiten ...

Zwischen 1954 und Anfang 1960 nahm die Abwanderung in den ›Westen‹, ausgenommen die besondere Situation um die Wende 1956/57 im Zusammenhang mit den politischen und ungarischen Ereignissen, stetig ab. In den letzten Jahren kamen jährlich 60 000 Personen weniger in die Bundesrepublik, obwohl die sowjetische Berlin-Note vom November 1958 die Sorge verstärken mußte, daß eines Tages die Brücken zwischen den beiden ›Deutschländern‹ ganz abbrechen konnten, und obwohl der Arbeitskräftemangel der Bundesrepublik weithin bekannt war. Diese Tatsachen sind wohl die stärksten Indizien für eine relative Konsolidierung in dieser Zeitspanne. Daß neben der geringen Zahl geflüchteter Bauern auch die Arbeiter und das sonstige technische Personal etwas unterdurchschnittlich unter den Flüchtlingen vertreten waren, deutet ebenfalls darauf hin, daß das Arrangement zwischen politischer Führung und sozialökonomischem Kern zu einer bemerkenswerten Loyalität zu führen begann.«[80]

Durch die überraschende »Vergenossenschaftlichung« im Frühjahr 1960 provozierte die Führung im Zusammenhang mit erneuten Versorgungsschwierigkeiten eine sich nochmals verstärkende Labilität des politischen Arrangements. Dennoch waren es nach Richerts Erhebungen nur 2,5 % der Bevölkerung, die eine Option für den Westen bekundeten, und von den unter 25jährigen Flüchtlingen kehrten 30 % wieder in die DDR zurück. So war es wohl nicht nur ein militärstrategischer und geopolitischer Realismus/Fatalismus (der sicherlich auch eine Rolle gespielt hat), daß eine beispiellose Aktion wie der 13. August 1961 so reibungslos über die Bühne ging. Ohne eine mehrheitliche Akzeptanz dieser Maßnahme wäre es nicht bei den wenigen spektakulären Fluchtbewegungen geblieben. Aber: Die SED-Herrschaft blieb formell eine »Macht ohne Mandat« trotz der legitimatorischen Ersatztechniken (wie die plebiszitären Zettel-Faltaktionen und andere Mitbestimmungssurrogate).

Insgesamt können für die Zeit bis Mitte der 60er Jahre deutliche graduelle Schwankungen hinsichtlich der Zustimmung oder Ablehnung des politischen Systems, unterschiedliche Grade der Bejahung, Kritik oder Ablehnung verschiedener Grundsätze der Machtausübung, einzelner ihrer Formen und Methoden, Personen oder Personengruppen der politischen Elite angenommen werden, wobei sowohl partielle Zustimmung wie Ablehnung gegenüber verschiedenen Politikfeldern durchaus beim einzelnen konform gehen konnte.

## 4. Aufbruch und der Anfang vom Ende

Eine dritte Entwicklungsphase begann Anfang der sechziger Jahre. Für die Zeit von 1964 bis 1976 konnten mit den dokumentierten Umfrageberichten auf harten Daten basierende Belege für Urteile über den Grad an legitimierender Zustimmung bzw. selektiver Ablehnung der DDR-Gesellschaft erbracht werden, die sich qualitativ von den bisherigen, nur auf Indizien, Symptomen und subjektiven Eindrücken oder Erfahrungen beruhenden Be- und Verurteilungen des SED-Regimes unterscheiden.

Im Ergebnis des Dargestellten und der Dokumente kommt der Verfasser zu dem Gesamturteil: Die bestehende Ordnung wurde in diesem Zeitraum zumindest – um mit Habermas zu sprechen – alles in allem für »anerkennungswürdig« gehalten, da sie perspektivisch die Verwirklichung ihrer konstitutiven Ideen versprach.

Die westdeutsche Bundesrepublik hatte die Muttermale ihrer Entstehung, die sie mit dem ostdeutschen Staatsgebilde anfänglich gemeinsam hatte, nämlich ein von den Siegermächten verliehenes politisches System durch die Millionen ehemaliger Nazi-Wähler und Anhänger demokratisch legitimieren zu müssen, bald überwunden. Die Einbindung in die westliche Wertegemeinschaft, das Wirtschaftswunder und als Gegenstück die vom Stalinismus geprägte Entwicklung der Staaten im sowjetischen Machtbereich führten zur raschen Akzeptanz des demokratischen Verfassungsstaates. Während sich mit der 68er Revolte dieser Staat auch als »Zivilgesellschaft« zu etablieren beginnt, bricht in der DDR nach der Niederschlagung des demokratischen reformkommunistischen Versuchs in der ČSSR 1968 eine seit 1961/1962 auf wachsender Massenloyalität und punktueller demokratischer Legitimation gegründete Entwicklung Stück für Stück ab. Da der Versuch Honeckers mißlingen mußte, sich durch Ausweitung einer Politik der sozialen Geschenke, der zur ökonomischen Überforderung der administrativ-bürokratischen Planwirtschaft führt, weiterhin der Loyalität des Volkes zu versichern, werden in der zweiten Hälfte der siebziger Jahre die Zeichen auf Beginn der Endkrise der DDR gesetzt, was seinerzeit nur von einer kleinen Gruppe von SED-Intellektuellen und Wirtschaftsführern erahnt, befürchtet und schließlich erkannt wurde[81].

Ende der siebziger Jahre beginnt der zuerst schleichende, erst Ende der achtziger Jahre rasant verlaufende Prozeß des mentalen Wandels in der Einstellung der Menschen, der das Regime »de-legitimiert« und die Wende herbeiführt. Die Honecker-Führung verspielt den lange Zeit eingeräumten Vertrauenskredit. Bis in die Reihen der Partei-Intelligenz hinein wurde jetzt auch das offiziell propagierte Legitimitäts-Verständnis immer stärker in Frage gestellt[82].

Die fehlende demokratische Legitimierung wurde zu einer wesentlichen Quelle der politischen Verunsicherung und tiefgehenden Demoralisierung aller jener Kräfte, die die DDR als ihren Staat begriffen hatten, den sie nun aber nicht mehr verteidigen mochten.

# Anmerkungen

1 Elisabeth Noelle-Neumann: Demoskopische Geschichtsstunde. Vom Wartesaal der Geschichte zur Deutschen Einheit. Zürich 1991, S. 11.
2 Eine für den schwierigen Selbsterkenntnisprozeß vieler DDR-Intellektueller typische Schrift ist die des Jenenser Historikers und Politikwissenschaftlers Lutz Elm: Nach Hitler. Nach Honecker. Zum Streit der Deutschen um die eigene Vergangenheit. Berlin 1991.
3 Christoph Kleßmann: Das Problem der doppelten Vergangenheitsbewältigung. In: Neue Gesellschaft/Frankfurter Hefte 12/91, S. 1 102.
4 Vgl.: Das Parlament, Nr. 6, 31. Januar 1992.
5 DDR-Handbuch, Band 2, Köln 1985, S. 883.
6 Hermann Weber: Kleine Geschichte der DDR, Köln 1988, S. 135.
7 Peter C. Ludz: Die DDR zwischen Ost und West. Von 1961 bis 1976. München 1977, S. 118. – Derselbe: Sozialwissenschaftliche Befragungen im Dienste der SED. In: Deutschland Archiv, H. 8/1979.
8 Dieter Voigt: Soziologie in der DDR. Eine exemplarische Untersuchung. Köln 1975, S. 15.
9 Der Spiegel, Nr. 20 vom 12. Mai 1965, S. 73.
10 Peter Marquardt: Soziologie und Politik an der ADW der DDR. Schriftenreihe des Instituts für Gesellschaft und Wissenschaft Erlangen. Erlangen, 1985, Anm. 83, S. 140.
11 Lothar Peter: Dogma der Wissenschaft. Marxistisch-leninistische Soziologie und staatssozialistisches System in der DDR. ISMF, Frankfurt am Main 1991.
12 Deutschland-Handbuch. Eine doppelte Bilanz 1949–1989, S. 703. – Dies traf nicht in diesem Maße auf die Jugendforschung der DDR zu, die sich seit dem Beschluß der Regierung der DDR vom 26. Februar 1968 als deutlich privilegiertes Gebiet der empirischen Sozialforschung entwickelte. Insbesondere die Arbeitsweise und (zwar selektierte, aber eben überhaupt) veröffentlichte Ergebnisse des Zentralinstituts für Jugendforschung in Leipzig wurden bereits in einer Studie »Zur Methodologie der Jugendforschung in der DDR« 1974 durch Hans Joachim Müller in der Reihe »Analysen und Berichte des Instituts für Gesellschaft und Wissenschaft Erlangen – IGW« kenntnisreich dokumentiert.
13 Wolfgang Zapf: Der Untergang der DDR und die soziologische Theorie der Modernisierung. In: Bernd Giesen/Claus Leggewie (Hrsg.): Experiment Vereinigung. Ein soziologischer Großversuch. Berlin 1991, S. 41.
14 Programm der Sozialistischen Einheitspartei Deutschlands. In: VI. Parteitag der SED, Berlin 1963, S. 346.
15 IGA, ZPA, IVA2/902/34.
16 IGA, ZPA NL 182/897. – Alle Zitate ebenda. – Den ersten Sekretären der Bezirks- und Kreisleitungen der SED wurde schließlich im August 1965 ein Beschluß des Politbüros vom 10. August 1965 übermittelt, der nochmals hervorhob: »Das Institut hat die Aufgabe, mit den Mitteln der soziologischen Forschung für die Parteiführung möglichst exakte Informationen über die Meinung der Bevölkerung der DDR zu wichtigen politisch-ideologischen Problemen des umfassenden Aufbaus des Sozialismus in der DDR und der nationalen Politik in beiden deutschen Staaten zu liefern.« (IGA, ZPA JIV 2/2/997).
17 IGA, ZPA A2/902/34.
18 IGA, ZPA JIV2/2/997.

19 IGA, ZPA JIV2/2/984. – Lamberz hatte in einer Beratung mit den leitenden Mitarbeitern des Instituts gemeint, sie seien »Reichsgeheimnisträger Nr. 1«. (Mündliche Auskunft von Dr. Sarnighausen an den Verf.).
20 IGA, ZPA IIA2/902/31. – Alle Zitate ebenda.
21 IGA, ZPA IV2/2.033/20. – Alle Zitate ebenda.
22 Ebenda.
23 Mündliche Auskunft des ehemaligen 1. Stellvertretenden Leiters des Instituts, Dr. Joachim Jauch, an den Verfasser am 2. 4. 1992.
24 IGA, ZPA IV2/2.033/20.
25 IGA, ZPA IVA2/902/32.
26 Ebenda.
27 Ebenda.
28 Dieter Voigt, a. a. O., S. 12.
29 Kopie im Besitz des Verfassers.
30 Peter C. Ludz (Hrsg.): Soziologie und Marxismus in der Deutschen Demokratischen Republik, I und II. Neuwied und Berlin 1972, S. 475.
31 Hermann Weber, a. a. O., S. 105.
32 Peter C. Ludz, a. a. O., S. 120.
33 Dietrich Staritz: Geschichte der DDR 1945–1985. Frankfurt/Main 1985, S. 139.
34 Christoph Kleßmann: Zwei Staaten, eine Nation. Deutsche Geschichte 1955–1970, Bonn 1988, S. 330.
35 Jens Hacker: Vom Stalinismus zum nationalen Selbstvertrauen. Defizite der vergleichenden Deutschlandforschung. In: Die Welt, 17. 3. 1990. – Derselbe neuerdings umfänglich in: Deutsche Irrtümer. Schönfärber und Helfershelfer der SED-Diktatur im Westen, Berlin/Frankfurt a. M. 1992.
36 Siehe: Die Lage der Nation 1968–1971. Vier Berichte der Bundesregierung. Hrsg. vom Presse- und Informationsdienst der Bundesregierung (1971), S. 306.
37 Ebenda, S. 348 f.
38 Jens Hacker, a. a. O.
39 Vgl. Bericht über eine Umfrage zu einigen Problemen der nationalen Politik in beiden deutschen Staaten. Dok. I.
40 Vgl. Robert Havemann: Nach zwanzig Jahren, Juni 1965. In: Plädoyer für eine neue Regierung oder keine Alternative, Reinbek 1965, S. 138 f. Dort hatte Havemann geschrieben:
»1. Außerkraftsetzen der Hallstein-Doktrin ... Eintritt beider deutscher Staaten in die Uno.
2. Aufnahmen von Verhandlungen mit der Regierung der DDR. Verstärkung des innerdeutschen Handels, Annullierung aller Embargobestimmungen, Gewährung von Handels- und Industriekrediten, Zusicherung der Nichteinmischung in die inneren Angelegenheiten, gegenseitige Hilfe bei der Verfolgung von Naziverbrechern, Maßnahmen zur Verbesserung des innerdeutschen Reise- und Zahlungsverkehrs.
3. Abzug aller Besatzungstruppen von deutschem Territorium auf Grund eines Friedensvertrages der ehemaligen Alliierten mit den beiden deutschen Staaten, Errichtung einer atomwaffenfreien, militärisch verdünnten Zone in Mitteleuropa, Abbau der Streitkräfte in beiden deutschen Staaten, Abschluß eines Nichtangriffspaktes zwischen NATO und den Staaten des Warschauer Pakts.
4. Konstituierung eines ständigen Rates für gesamtdeutsche Fragen aus Vertretern beider deutscher Staaten.«
Für Augstein vgl. den Abdruck seines Vortrages in der Bonner Universität am 15. Juni 1965 im »Spiegel«, Nr. 26 vom 23. Juni 1965 (Beilage). – Auszugsweise nachgedruckt in: Die Linke und die nationale Frage. Dokumente zur deutschen Einheit seit 1945. Hrsg. von Peter Brandt und Herbert Ammon, Reinbek bei Hamburg 1981, S. 252–255.
41 E. Noelle-Neumann, a. a. O., S. 17.
42 Bericht über eine Umfrage zu Problemen der westdeutschen Politik. Vgl. Dok. II.

43 Vgl. Dok. I., S. 24.
44 IGA, ZPA IVA2/902/194.
45 IGA, ZPA A2/13/49.
46 Ebenda.
47 Vgl. Dok. IX, X und XI.
48 Die sozialistische Verfassung der Deutschen Demokratischen Republik. Kommentar. Von Siegfried Mampel, Frankfurt/Main 1982.
49 Weniger solche Einzelaktionen, wie es ein Fernschreiben an den VEB Kraftfahrzeuginstandsetzungswerk Dresden vom 20. August 1968 war, in dem es hieß: »Am 21. 8. schlagen wir los, wenn Ulbricht nach der CSSR haut. Lawinenmeldung weitergeben! 21. 8. 1969 – DDR Freiheit.« (IGA, ZPA IVA2/12/27) prägten das Stimmungsbild, als vielmehr ein vom 25. März 1968 datierter anonymer Brief an den 1. Kreissekretär der SED Weißenfels, dessen wenig gekürzter Wortlaut war:
»Werte Genossen! Gegenwärtig vollzieht sich in der CSSR und auch in Polen eine Entwicklung, die von der Bevölkerung der DDR mit großem Interesse verfolgt wird, Sie aber bestimmt mit großer Sorge erfüllt ... Offenbar werden die Sendungen von Radio Prag auch in zunehmendem Maße von Schülern der oberen Klassen gehört ..., werfen die Schüler immer wieder die Frage auf, weshalb nicht auch bei uns die Form des Sozialismus gefunden und angewandt werden kann, wie dies gegenwärtig in der befreundeten CSSR geschieht ... In Prag ist man vielmehr der Meinung, daß es auch möglich sein muß, eine Übereinstimmung zwischen Sozialismus und Freiheit herbeizuführen. Die neue Entwicklung in der CSSR hat mit Sicherheit früher oder später auch auf die anderen sozialistischen Länder Ausstrahlungskraft.
Unsere Partei sollte sich gleichfalls schonungslos zu den Verfehlungen der Vergangenheit bekennen und ihre Lehren daraus ziehen. Dieser einzig mögliche Weg würde dazu führen, daß die Bevölkerung wirkliches Vertrauen zur SED besitzt und die ihr zukommende Rolle anerkennt.
Von wenigen Ausnahmen abgesehen, sind nach meinem Dafürhalten die Bürger der DDR der Auffassung, daß die sozialistische Gesellschaftsordnung auf jeden Fall dem Kapitalismus vorzuziehen ist. An unserer Partei wird es liegen, alle Schichten der Bevölkerung für den Sozialismus in Freiheit zu begeistern. Es darf nicht erst dazu kommen, daß unsere Partei vom Volk dazu gezwungen wird ...
Mir ging und geht es nicht darum, Unsicherheit in die Reihen unserer Partei hineinzutragen; vielmehr habe ich damit die Absicht verfolgt, meinen Teil dazu beizutragen, daß auch eines Tages die Deutsche Demokratische Republik, der ich mich verbunden fühle, ein freies, sozialistisches Land wird, das sich frei macht von Polemik und Demagogie und ein geachtetes Mitglied der Völkerfamilie der Welt wird. Dafür werde ich mich immer mit ganzer Kraft einsetzen. Mit sozialistischem Gruß!« (IGA, ZPA IVA2/12/27)
50 IGA, ZPA IVA2/2.033/7.
51 IGA, ZPA A2/12/26 und IGA, ZPA IVA2/12/29.
52 Dietrich Staritz, a. a. O., S. 89.
53 Vgl. dazu: Andre Steiner: Abkehr vom NÖS. Die wirtschaftspolitischen Entscheidungen 1967/68 – Ausgangspunkt der Krisenprozesse 1969/70? In: Brüche/Krisen/Wendepunkte. Neubefragung von DDR-Geschichte, hrsg. von Jochen Czerny, Leipzig/Jena/Berlin 1990.
54 Vgl. Peter Hübner: Von unten gesehen. Krisenwahrnehmung durch Arbeiter. In: ebenda, S. 254–296. – Vgl. auch: Renate Schwärzel: Beginn einer Strukturkrise? Investitionspolitik und wissenschaftlich-technischer Fortschritt. In: Krisen/Brüche/Wendepunkte, a. a. O., S. 265–272.
55 Vgl. Dok. VI.
56 Bericht über eine Umfrage zu Problemen von Handel und Versorgung, 23. Oktober 1967 (IGA, ZPA IVA2/902/34).
57 Bericht über eine Umfrage zu Problemen des gesellschaftlichen Lebens (Meinungen der Bürger über die staatliche Leitungstätigkeit, 23. Januar 1969 [IGA, ZPA IV2/2.033/24]).
58 Bericht über eine Umfrage zu politischen Problemen 1970 (IGA, ZPA IVA2/902/33) – Angesichts des Umfangs (300 Ms.) konnte der Bericht nicht dokumentiert werden.
59 Hermann Weber: a. a. O., S. 35.

60 Renate Schwärzel: a. a. O. – Für die spätere Wahrnehmung der Krise im höchsten Führungszirkel neuerdings der Vorsitzende der ehemaligen Staatlichen Plankommission, Gerhard Schürer mit H.-H. Hertle im Interview. In: Deutschland Archiv, Nr. 2, 1992, S. 127 f.
61 Vgl. Jens Hacker: SED und nationale Frage. In: Die SED in Geschichte und Gegenwart. Hrsg. von Ilse Spittmann, Edition Deutschland Archiv 1987, Köln, S. 53 ff.
62 Vgl. Dok. Nr. XIV.
63 IGA, ZPA IV2/2.033/7.
64 Im Zusammenhang mit der falschen »Spiegel«-Veröffentlichung über eine angebliche Umfrage dieser Art wurde dies unter den Institutsangehörigen diskutiert, aber als »selbstmörderisch« rasch verworfen. (Mündliche Auskunft von Dr. J. Jauch an den Verfasser.)
Nach dem Ausscheiden Karl Marons als Leiter des Instituts, der seine persönliche Autorität des öfteren genutzt hatte, um trotz Einsprüchen des Apparats bestimmte Befragungen durchzuführen, häuften sich z. T. dilettantische, meist jedoch interessenbedingte Eingriffe von Abteilungsleitern und PB-Mitgliedern. So verbot der 1. Sekretär der Bezirksleitung Berlin, Konrad Naumann, daß eine in anderen Bezirken durchgeführte Befragung zur Abgeordnetentätigkeit auch in Berlin stattfinden durfte. (Mündliche Auskunft des ehemaligen Leiters des Sektors ›Fragebogens‹, Dr. Sarnighausen, an den Verfasser am 6. April 1992). Noch größere Schwierigkeiten hatte das Zentralinstitut für Jugendforschung Leipzig, dem es – wie die Akten der Abteilung Jugend des ZK ausweisen – noch schwerer gemacht wurde, seine Fragebogen bestätigt zu bekommen. Trotzdem zeigen die unabhängig voneinander gemachten Untersuchungen bei Jugendlichen dort, wo ein Vergleich möglich ist, eine große Übereinstimmung der Ergebnisse, ein weiterer Beweis für die Seriosität der Arbeit beider Institute. (Vgl. IGA, ZPA IV2/16/159 u. 162).
65 Zusammenfassender Bericht über die Tätigkeit des Instituts für Meinungsforschung im Jahre 1976. In: IGA, ZPA IV2/2.033/20.
66 Vgl. Dok. XV (IGA, ZPA IV2/2.033/29).
67 Ebenda, S. 10.
68 Im Überblick stellen sich die quantitativen Leistungen des Instituts in den Jahren 1973 bis 1976 wie folgt dar:

| Jahr | Umfragethemen | Fragebogenanzahl | befragte Bürger |
|---|---|---|---|
| 1973 | 15 | 27 | 43 144 |
| 1974 | 13 | 17 | 33 120 |
| 1975 | 21 | 33 | 61 890 |
| 1976 | 13 | 20 | 42 895 |

69 IGA, ZPA IV2/2.033/29.
70 Zu den Ursachen des Zusammenbruchs vgl. u. a.: Umbruch in der DDR und deutsche Einheit. Hrsg. von Rolf Reißig und Gert-Joachim Gläßner, Berlin 1991. – Walter Werner Klaus: Fragen zum Untergang. Fiktiver Disput über die Geschichte der DDR. Berlin 1991. – Heinz Niemann: Vorlesungen zur Geschichte des Stalinismus, Berlin 1991.
71 IGA, ZPA JIV2/3/2829. – Alle Zitate ebenda.
72 IGA, ZPA JIV2/3/2853. – Ob der von Marquardt vermutete Grund der Schließung den Kern trifft, wenn er schreibt: »Der politische Zweck dieser Auflösung des Meinungsforschungsinstituts war wohl darin zu sehen, daß in dieser Institution eine ›Informationsballung‹ stattfand. Eine Dezentralisation wurde als politisch und sicherheitspolitisch notwendig angesehen.«, ist deshalb mehr als fraglich. Peter Marquardt, a. a. O., Anm. 83, S. 140.
73 Mündliche Auskunft von Dr. J. Jauch an den Verfasser.
74 Vgl. dazu: Richard Löwenthal: Von der gelenkten Revolution von oben zur spontanen Evolution von unten. In: Sowjetische Innenpolitik. Triebkräfte und Tendenzen. Hrsg. von R. Löwenthal und B. Meissner. Stuttgart 1968. – Für die systematisch zusammenfassende Kritik an den die Gültigkeit der Totalitarismustheorie einschränkenden Positionen vgl.: Georg Brunner: Politische Soziologie der UdSSR. Teil I u. II, Wiesbaden 1977. – Für die mit Gorbatschow einsetzende Entwicklung vgl. die entsprechende Darstellung

mit zeitgeschichtlichem Bezug: Politik und Gesellschaft in sozialistischen Ländern – Ergebnisse und Probleme der sozialistischen Länderforschung, hrsg. von Ralf Rytlewski, Köln/Opladen 1990.

75 Als eines solcher Umfrageergebnisse vom Oktober 1991, aus: Ein Jahr danach. Soziokulturelle Veränderungen in den neuen Bundesländern. In: SOZIALISMUS. Marxistische Zeitschrift, H. 2/1992, Hamburg. Frage: Der Sozialismus war eine gute Idee, die schlecht verwirklicht worden ist. Was meinen Sie dazu?

|  | Das trifft meine Meinung | | | |
|---|---|---|---|---|
|  | voll – | überwiegend – | kaum – | überhaupt nicht |
| Es war von vornherein ein Irrtum | 23,7 | 26,1 | 30,7 | 19,5 % |
| Er war eine gute Idee, aber schlecht verwirklicht | 50,5 | 32,5 | 10,7 | 6,2 % |
| Es war nicht alles schlecht | 58,8 | 31,8 | 6,5 | 2,9 % |
| Er ist als Idee wichtig für die Opposition in der Marktwirtschaft | 22,0 | 18,7 | 38,1 | 21,2 % |
| Er kommt eines Tages in verbesserter Form wieder | 12,6 | 8,5 | 39,4 | 39,5 %. |

Neuerdings zusammenfassend auch: Ulrich Becker, Horst Becker, Walter Ruhland: Zwischen Angst und Aufbruch. Das Lebensgefühl der Deutschen in Ost und West nach der Wiedervereinigung, Düsseldorf 1992.

76 Zu den wirtschaftlichen Ausgangsbedingungen der SBZ siehe die zusammenfassende Würdigung der bisherigen Veröffentlichungen bei Dietrich Staritz: Die Gründung der DDR. Von der sowjetischen Besatzungsherrschaft zum sozialistischen Staat. München 1987, S. 48–63. – Die von westlichen Autoren angenommene durchschnittliche jährliche Belastung bis 1953 von 25 % des produzierten Netto-Nationaleinkommens wird durch parteiinterne Angaben inzwischen bestätigt. (Vgl. IGA, ZPA JV2/902/34). Hinzu kam im Vergleich zu Westdeutschland der damals auf rund 30 % berechnete Produktivitätsrückstand der Industrie.

77 Zitat nach: Die Niederlage, die eine Befreiung war, hrsg. von Ilse Brusis, Köln 1985, S. 38.

78 Siehe Hermann Weber: a. a. O., S. 35 ff. – Vgl. auch: Parteiensystem zwischen Demokratie und Volksdemokratie, hrsg. von Hermann Weber, Köln 1982. Dort Günter Braun: Zur Entwicklung der Wahlen in der SBZ/DDR 1946–1950, S. 545 ff.

79 Torsten Dietrich: Der 17. Juni 1953 in der DDR, Berlin 1991, Anhang, S. 288 u. S. 300.

80 Vgl. Ernst Richert: Macht ohne Mandat, Köln/Opladen 1963, S. 203 u. S. 286 f.

81 Vgl. Heinz Niemann: Der sogenannte »Bund Demokratischer Kommunisten« in der Opposition und Dissidenz der DDR. In: Deutschland Archiv, H. 8/1991, S. 533 f.

82 Dieses Verständnis widerspiegelte sich in der ideologisch-propagandistischen Selbstdarstellung und in der Auseinandersetzung mit immer wieder auch innerhalb der SED auftretenden Forderungen nach verfassungsrechtlichen Regelungen der innenpolitischen Prozesse und demokratischen Rituale.
Die Elemente dieses Selbstverständnisses waren
– die behauptete alleinige wissenschaftliche Einsicht in die Gesetze der gesellschaftlichen Entwicklung;
– der Anspruch, als Partei wie Person die Verkörperung der besten revolutionären, demokratischen und humanistischen Traditionen, insbesondere
– Träger und Wahrer des Vermächtnisses aller Opfer von Faschismus und Krieg zu sein;
– der Anspruch auf alle Erfolge und Fortschritte in der gesellschaftlichen Entwicklung »dank der Führung durch die Partei«;
– das Dogma von der nicht-antagonistischen Klassengesellschaft, die die Partei zur Vertreterin der Interessen aller Bürger mache und die Gemeinsamkeit aller grundlegenden Interessen bedinge.
Legitimität ergab sich für die kommunistischen Revolutionäre (so wie für den Nazi-Faschismus aus der nationalen) primär et sui generis aus der sozialen Idee von Gleichheit und Recht auf Arbeit.
Nur widerwillig und großteils grotesk wirkend wurden in prozessualen Fragen kleinere Zugeständnisse an

das andere Demokratieverständnis der BürgerInnen gewährt, so in der größeren Zahl von Kandidaten für Abgeordnetenplätze. Hauptsächliche Gegenargumentation waren unermüdlich wiederholte Hinweise auf die Formen direkter Mitbestimmung in ungezählten Kommissionen und Räten, von der Mitarbeit in der »Küchenkommission« bis zum »Rat für ...« auf zentraler Ebene, die neben begrenzten Mitsprachemöglichkeiten genauso der zusätzlichen Überwachung und Disziplinierung dienten.

Das Selbstverständnis von Legitimität bei der geistig-kulturellen und großteils auch bei der Funktionselite unterschied sich bis Anfang der 80er Jahre nicht durchgängig und prinzipiell, sondern mehr graduell und sektoral von dem der Herrschenden.

Sie begriff Legitimation als widersprüchlichen Prozeß der schrittweisen Realisierung der Werte und Ziele einer friedlichen, antifaschistischen, von Ausbeutung freien und insofern humanen Gesellschaft, mit wachsenden Leistungen für die arbeitenden Menschen und ihrer zunehmenden Partizipation an den öffentlichen Angelegenheiten auch durch formal-rechtliche Ausgestaltung demokratischer Prozesse.

Erst mit der Verweigerung der Machtelite, den KSZE-Korb 3 wenigstens schrittweise zu verwirklichen, wurde auch die lange Zeit akzeptierte Hierarchie der Grundrechte in Frage gestellt. Die praktizierte Sicherung sozialer Grundrechte, die gegen die politischen Rechte wie die der freien Meinungsäußerung in Wort und Schrift, der Versammlungs- und Organisationsfreiheit sowie der Freizügigkeit aufgerechnet wurden, wurde angesichts des Versagens der Wirtschaft nun nicht mehr hingenommen.

# Dokumente

| | | |
|---|---|---:|
| Dok. I | Bericht über eine Umfrage zu einigen Problemen der nationalen Politik in beiden deutschen Staaten (20. 7. 1965) .......... | 77 |
| Dok. II | Bericht über eine Umfrage zu Problemen der westdeutschen Politik (1. 10. 1966) ................................... | 109 |
| Dok. III | Bericht über eine Umfrage zu einigen Problemen der Wirtschaft und der Politik (6. 2. 1967) ........................ | 127 |
| Dok. IV | Bericht über eine Umfrage zu einigen Problemen von Jugend und Politik (16. 1. 1967) ............................. | 149 |
| Dok. V | Bericht über eine Umfrage zu einigen Problemen der Wirtschaft und Politik im Bezirk Halle (6. 3.1 967) ................ | 181 |
| Dok. VI | Bericht über eine Umfrage zu einigen Problemen der Wirtschaft und Politik im Bezirk Erfurt (13. 3. 1967) ............... | 201 |
| Dok. VII | Bericht über Umfrage zu einigen Fragen der sozialistischen Demokratie (27. 5. 1967) ............................. | 221 |
| Dok. VIII | Bericht über eine Umfrage zu einigen Problemen der nationalen Sicherheit (27. 1. 1968) .......................... | 247 |
| Dok. IX | Bericht über eine Umfrage zum Entwurf der Verfassung (28. 2. 1968) ................................... | 277 |
| Dok. X | Bericht über den 2. Teil einer Umfrage zum Entwurf der Verfassung (Territorialumfrage) (19. 3. 1968) ..................... | 297 |
| Dok. XI | 2. Umfrage zum Entwurf der Verfassung (26. 3. 1968) ....... | 315 |
| Dok. XII | Bericht über eine Umfrage zu einigen ökonomischen und politischen Problemen (25. 11. 1968) ..................... | 325 |
| Dok. XIII | Bericht über eine Betriebs- und Territorialumfrage zu einigen internationalen Problemen (13. 10. 1969) ................... | 361 |
| Dok. XIV | Über die Entwicklung von Meinungen der DDR-Bürger zu einigen Grundfragen unserer Politik (Zeitraum 1971–1974) ......... | 377 |
| Dok. XV | Information über eine Umfrage des Instituts für Meinungsforschung beim Zentralkomitee der SED zu ausgewählten politischen Fragen (I. Quartal 1976) ................................ | 401 |

# Dokument I

Bericht über eine Umfrage zu einigen Problemen der nationalen Politik in beiden deutschen Staaten (20. 7. 1965)

Institut für Meinungsforschung
beim ZK der SED

Streng vertraulich!

Berlin, den 22. Juli 1965
Rü/W.

## Bericht über eine Umfrage zu einigen Problemen der nationalen Politik in beiden deutschen Staaten.

**Auftrag:** Eigene Umfrage des Instituts für Meinungsforschung, bestätigt durch den Genossen Albert Norden.

**Basis:** Befragt wurden Bürger in allen Kreisen von acht Bezirken der DDR, und zwar in

Potsdam
Leipzig
Dresden
Magdeburg
Frankfurt/Oder
Gera
Suhl
Schwerin

Die Befragten wurden aus der Einwohnermeldekartei ermittelt. 1.083 ausgefüllte Fragebogen wurden in die Auswertung einbezogen.

**Methode:** Stichprobe (Zufallsauswahl), schriftliche Befragung. Übergabe der Fragebogen durch ehrenamtliche Interviewer aus 106 Kreisen an die ausgewählten Bürger.

**Zeitraum der Befragung:** Mai / Juni 1965

Der vorliegende Bericht wurde ausgearbeitet von
Karl Gerber
Kurt Rückmann
geschrieben von
Gerda Weiß

**Verteiler:**
Ormigplatten an Büro Norden

Der Bericht analysiert eine Umfrage, die in acht Bezirken der Republik durchgeführt wurde. Bei der Auswahl der Bezirke mußte berücksichtigt werden, daß keiner von ihnen bisher in eine Umfrage einbezogen war (ausgenommen einige örtliche Stichproben in Frankfurt, Dresden, Jena). Außerdem sollten sowohl ausgesprochene Industriebezirke, Landwirtschaftsbezirke als auch Bezirke mit gemischter Struktur an der Umfrage beteiligt sein.

Die Umfrage beschäftigte sich mit einigen diffizilen politischen Fragen der nationalen Politik, bei denen zum großen Teil vom Befragten Entscheidungen und Bekenntnisse verlangt wurden, was bei den vorhergegangenen Befragungen nicht oder nur in geringem Maße der Fall war. Die Befürchtung, daß sich dadurch die Rückgabequote verringern könnte, hat sich indessen nicht bestätigt. Von den 2.367 ausgegebenen Fragebogen wurden 1.185 zurückgegeben. Das entspricht einer Rückgabequote von etwas mehr als 50 Prozent (im Vergleich dazu: der Rücklauf bei der Umfrage zu Problemen der sozialistischen Demokratie betrug 45 Prozent.) Neuartig war, daß allen Befragten vor der Umfrage ein Schreiben des Instituts zugestellt wurde, in dem ihnen Sinn und Zweck der Aktion erläutert und das Erscheinen eines Interviewers angekündigt wurde. Das Schreiben hat zweifellos dazu beigetragen, die Bereitschaft zur Mitarbeit bei dem Befragten zu erhöhen.

Die Rückgabequote wäre vermutlich noch höher gewesen, wenn alle Interviewergruppen gleichmäßig gut gearbeitet hätten. Im Bezirk Magdeburg traten z.B. solche Unterschiede auf: Aus dem Kreis Wanzleben kamen nur 10 % der ausgegebenen Fragebogen zurück, aus dem Kreis Gardelegen (Schwerpunktkreis) dagegen 75 %. Bei den Bezirken ist es ähnlich. Die etwa vergleichbaren Bezirke Frankfurt und Potsdam hatten Rücklaufquoten von 36,9 % bzw. 50,9 %. Diese Zahlen lassen darauf schließen, daß in vielen Kreisen die Tätigkeit der Interviewergruppen noch ungenügend beachtet und unterstützt wird.

Neben dieser verschiedenartigen Qualität der Arbeit treffen nach wie vor die Feststellungen zu, die wir bei vorhergehenden Umfragen getroffen haben: Skepsis oder Mißtrauen gegenüber Fragebogen, Vergeßlichkeit oder Bequemlichkeit, den Fragebogen auszufüllen, Unerfahrenheit der Interviewer.

Die Resultate der Umfrage ergeben u.E. wertvolle Hinweise dafür, wie unsere Agitation und Propaganda "angekommen" ist.

Interessant sind in diesem Zusammenhang die Ergebnisse von Umfragen, die in Westdeutschland zu einigen gleichlautend oder ähnlich formulierten Fragen durchgeführt wurden. Soweit sie verfügbar waren, wurden sie in die Analyse als Vergleichswerte aufgenommen.

## Allgemeine statistische Angaben

Zurückgegeben wurden 1.185 Fragebogen
Insgesamt wurden ausgewertet:

|  |  |  |  |
|---|---|---|---|
| Männer | 496 | = | 45,8 % |
| Frauen | 587 | = | 54,2 % |
| insgesamt | 1.083 | = | 100,0 % |

Die Zusammensetzung der Befragtengruppen nach Geschlechtern entspricht dem Ergebnis der Volkszählung vom Dezember 1964 (45 und 54 Prozent).

Die Differenz zwischen zurückgegebenen und ausgewerteten Fragebogen erklärt sich daraus, daß verschiedene Fragebogen nicht ausgefüllt bzw. so spät eingeschickt wurden, daß sie nicht mehr in die rechentechnische Auswertung einbezogen werden konnten. Die Aussagen der ausgefüllten, aber zu spät eingetroffenen Fragebogen ergeben die gleichen Tendenzen wie die ausgewerteten.

| Ausgewertete Fragebogen nach Bezirken | Gesamt | Männer | % | Frauen | % |
|---|---|---|---|---|---|
| Schwerin | 111 | 49 | 44,2 | 62 | 55,8 |
| Frankfurt/Oder | 70 | 30 | 42,8 | 40 | 57,2 |
| Potsdam | 146 | 67 | 45,9 | 79 | 54,1 |
| Magdeburg | 208 | 94 | 45,2 | 114 | 54,8 |
| Dresden | 175 | 72 | 41,2 | 103 | 58,8 |
| Leipzig | 153 | 76 | 49,7 | 77 | 50,3 |
| Gera | 139 | 69 | 49,7 | 70 | 50,3 |
| Suhl | 81 | 39 | 48,2 | 42 | 51,8 |
|  | 1083 | 496 | 45,8 | 587 | 54,2 |

Nach Altersgruppen:

| | Gesamt | Männer | % | Frauen | % |
|---|---|---|---|---|---|
| bis 25 Jahre | 149 | 67 | 45,0 | 82 | 55,0 |
| 26 - 40 Jahre | 410 | 197 | 48,2 | 213 | 51,8 |
| 41 - 50 Jahre | 176 | 68 | 38,6 | 108 | 61,4 |
| über 50 Jahre | 345 | 164 | 47,5 | 181 | 52,5 |
| ohne Angaben | 3 | -- | --- | 3 | 100,0 |
| | 1083 | 496 | 45,8 | 587 | 54,2 |

Personen, die vor 1900 bzw. nach 1946 geboren wurden, sind nicht befragt worden.

Nach sozialen Gruppen:

| | Gesamt | Männer | % | Frauen | % |
|---|---|---|---|---|---|
| Arbeiter | 336 | 198 | 58,9 | 138 | 41,1 |
| Angestellte | 257 | 120 | 46,7 | 137 | 53,3 |
| Angehörige d. Intelligenz | 65 | 40 | 61,5 | 25 | 38,5 |
| Handwerker/Gewerbetreibende | 49 | 40 | 81,8 | 9 | 18,2 |
| Genossenschaftsbauern od.i.d. Landw.Beschäftgt. | 126 | 65 | 51,5 | 61 | 48,5 |
| Hausfrauen | 163 | --- | --- | 163 | 100,0 |
| Rentner | 60 | 13 | 21,7 | 47 | 78,3 |
| Lehrlinge/Oberschüler | 10 | 7 | 70,0 | 3 | 30,0 |
| Studenten | 15 | 12 | 80,0 | 3 | 20,0 |
| ohne Angaben | 2 | 1 | 50,0 | 1 | 50,0 |

Die Fragebogen, die keine Angaben über Alter bzw. soziale Stellung enthielten (siehe Rubrik "ohne Angaben") wurden bei der inhaltlichen Auswertung der Fragen in den Tabellen "Altersgruppen" und "soziale Gruppen" nicht berücksichtigt, da ihre Zahl zu gering ist.

## Inhaltliche Auswertung der Fragen

### Frage 1. Wer trägt Ihrer Meinung nach die Verantwortung für die Lösung des nationalen Problems in Deutschland?

| Die Auswertung ergibt: | Männer | Frauen | Insgesamt |
|---|---|---|---|
| die vier Siegermächte | 21,7 % | 18,3 % | 19,9 % |
| das deutsche Volk selbst | 77,7 % | 80,4 % | 79,0 % |
| ohne Angaben | 0,6 % | 1,3 % | 1,1 % |
|  | 100,0 % | 100,0 % | 100,0 % |

Nach dieser Tabelle ist jeder fünfte der Befragten noch der Meinung, daß die Siegermächte die Verantwortung für die Lösung der deutschen Frage haben. Diese Zahl zeigt, daß die Propaganda des Westens in dieser Frage bei einem beachtlichen Teil der Bevölkerung Aufnahme findet.

Die nachfolgenden Tabellen weisen darauf hin, wo diese Auffassungen am stärksten geteilt werden.

Bei den einzelnen Bezirken ergibt sich folgendes Bild:

|  | Für die Verantwortung der Siegermächte | Für die Verantwortung des deutschen Volkes | ohne Angaben |
|---|---|---|---|
| Schwerin | 18,0 % | 80,2 % | 1,8 % |
| Frankfurt/Oder | 15,7 % | 84,3 % | - - - |
| Potsdam | 21,8 % | 76,8 % | 1,4 % |
| Magdeburg | 23,5 % | 75,5 % | 0,9 % |
| Dresden | 16,6 % | 82,2 % | 1,1 % |
| Leipzig | 18,3 % | 80,4 % | 1,3 % |
| Gera | 25,9 % | 73,4 % | 0,7 % |
| Suhl | 13,6 % | 86,4 % | - - - |
| **Nach Altersgruppen** |  |  |  |
| bis 25 Jahre | 14,2 % | 85,1 % | 0,7 % |
| 26 - 40 Jahre | 17,9 % | 81,3 % | 0,8 % |
| 41 - 50 Jahre | 23,9 % | 75,0 % | 1,1 % |
| über 50 Jahre | 23,1 % | 75,8 % | 1,1 % |

## Nach sozialen Gruppen

| | Für die Verantwortung der Siegermächte | Für die Verantwortung des deutschen Volkes | ohne Angaben |
|---|---|---|---|
| Arbeiter | 21,9 % | 76,9 % | 1,2 % |
| Angestellte | 16,8 % | 83,2 % | --- |
| Angehörige der Intelligenz | 12,4 % | 87,6 % | --- |
| Handwerker/Gewerbetreibende | 30,6 % | 69,4 % | --- |
| Genossenschaftsbauern u.i.d. Landw.Beschäftigte | 24,6 % | 72,3 % | 3,1 % |
| Hausfrauen | 20,2 % | 79,2 % | 0,6 % |
| Rentner | 16,7 % | 81,6 % | 1,7 % |
| Lehrlinge/Oberschüler | 20,0 % | 70,0 % | 10,0 % |
| Studenten | --- | 100,0 % | --- |

Die Auffassung, die Lösung des nationalen Problems in Deutschland müsse den Siegermächten überlassen werden, tritt am stärksten auf

a) nach dem Territorium in den Bezirken Gera und Magdeburg (25,9 und 23,5 Prozent)

b) nach den Altersgruppen bei den Jahrgängen über 40 Jahre

c) nach den sozialen Gruppen bei den Handwerkern (30,6 %) bei der bäuerlichen Bevölkerung (24,6 %) und bei den Arbeitern (21,9 %)

Wie die nachfolgenden Tabellen bestätigen, gibt es bei anderen Fragen ähnliche Erscheinungen.

Frage 2: **Was würden Sie als die wichtigste Voraussetzung für die Annäherung der beiden deutschen Staaten ansehen?**

1. – die Regierung der Bundesrepublik müßte von ihrer Haltung der Nichtanerkennung der DDR abgehen

2. – die Regierung der DDR müßte sich mehr den Wünschen und Ansprüchen der Regierung der Bundesrepublik fügen

3. – beide deutsche Regierungen müßten in ihren Forderungen einen Schritt zurückgehen

4. – beide deutsche Regierungen müßten die gegebenen Tatsachen anerkennen

5. – ich halte eine Verständigung der beiden deutschen Regierungen für unmöglich

6. – ich weiß es nicht

Frage 2:
Es gab folgende Antwortmöglichkeiten

| | 1 | 2 | 3 | 4 | 5 | 6 |
|---|---|---|---|---|---|---|
| | die Reg.d.BR müßte v.ihrer Haltung d.Nichtanerkennung der DDR abgehen | die Reg.d.DDR müßte sich mehr d.Wünschen und Ansprüchen der Reg.d.BR fügen | beide Reg. müßten i.ihren Forderungen einen Schritt zurückgehen | bd.Reg. müßten die gegebenen Tatsachen anerkennen | ich halte eine Verständigung der beiden Regierungen für unmöglich | ich weiß es nicht |
| Männer | 53,0 % | 2,2 % | 29,2 % | 17,7 % | 9,8 % | 4,2 % |
| Frauen | 51,0 % | 1,9 % | 26,0 % | 15,3 % | 6,1 % | 6,6 % |
| Insges. | 52,0 % | 2,1 % | 27,4 % | 16,3 % | 7,8 % | 5,3 % |

Bei dieser Frage konnten mehrere Antwortmöglichkeiten angekreuzt werden. Besonders oft entschieden sich die Befragten für die Antwortverbindungen 1 und 4, 1,3 und 4 bzw. 1 und 3. Diese Befragten vertreten zwar die Meinung, die Bundesregierung müsse von ihrer Haltung der Nichtanerkennung der DDR abgehen, gleichzeitig sei es aber auch notwendig, daß beide Regierungen einen Schritt in ihren Forderungen zurückgehen.

Es wurden angekreuzt:
1   .4 insgesamt 6o mal
1,3 +4   "   15  "
1   +3   "   2o  "

ohne Angaben waren 10 Fragebogen

Die vorstehende Tabelle zeigt, daß der allgemeine Wunsch nach Verhandlungen zwischen beiden deutschen Staaten bei den Befragten vorhanden ist.

Auffallend ist die starke Forderung, daß beide Regierungen in ihren Forderungen einen Schritt zurückgehen müßten.
(Hier müßen neben der Antwortmöglichkeit 3 auch die Ergebnisse zur Antwort 4 hinzugerechnet werden.)

- 11 -

Das Ergebnis zu Frage 2, aufgegliedert nach Bezirken, ergab folgendes Bild

| | 1 die Reg.der BR müßte v.ihrer Haltung d.Nichtanerkennung der DDR abgehen | 2 die Reg.d.DDR müßte sich mehr d.Wünschen und Ansprüchen der Reg.d.BR fügen | 3 beide Reg. müßten i.ihren Forderungen einen Schritt zurückgehen | 4 bd.Reg.müßten die gegebenen Tatsachen anerkennen | 5 ich halte eine Verständigung der beiden Regierungen für unmöglich | 6 ich weiß es nicht |
|---|---|---|---|---|---|---|
| Schwerin | 62,0 % | 5,4 % | 18,0 % | 14,4 % | 3,6 % | 7,2 % |
| Frankfurt | 61,5 % | 2,8 % | 22,8 % | 22,8 % | 10,0 % | 4,3 % |
| Potsdam | 53,4 % | 2,7 % | 30,1 % | 12,2 % | 6,9 % | 4,8 % |
| Magdeburg | 40,9 % | -.- | 30,2 % | 14,4 % | 9,1 % | 4,3 % |
| Dresden | 53,0 % | 1,1 % | 25,2 % | 15,7 % | 8,0 % | 5,7 % |
| Leipzig | 51,0 % | 3,9 % | 32,7 % | 22,2 % | 9,2 % | 6,5 % |
| Gera | 49,7 % | 1,3 % | 25,9 % | 25,9 % | 10,1 % | 7,2 % |
| Suhl | 56,9 % | -.- | 29,6 % | 21,0 % | 3,7 % | 1,2 % |

Bemerkenswert bei dieser Bezirksübersicht sind wiederum die Ergebnisse von Magdeburg und Gera. Faßt man bei beiden Bezirken die Antwortmöglichkeiten 3 und 4 zusammen, so übersteigen die Prozentwerte die Ergebnisse zur Antwortmöglichkeit 1 um einige Prozent:

Magdeburg                                   Gera

Antwortmöglichkeit 1: 40,9 Prozent      Antwortmöglichkeit 1: 49,7 Prozent
                " 3+4: 44,6     "                        " 3+4: 51,8 "

Ein ähnliches Bild ergibt sich allerdings auch im Bezirk Leipzig

Antwortmöglichkeit 1: 51 Prozent
                " 3+4: 54,9 "

Das Ergebnis zu Frage 2, aufgegliedert nach Altersgruppen

| | 1<br>die Reg.der BR müßte v.ihrer Haltung d.Nichtanerkennung der DDR abgehen | 2<br>die Reg.d.DDR müßte sich mehr d.Wünschen und Ansprüchen der Reg.d.BR fügen | 3<br>beide Reg.müßten i.ihren Forderungen einen Schritt zurückgehen | 4<br>bd.Reg.müßten die gegebenen Tatsachen anerkennen | 5<br>ich halte eine Verständigung d.beiden Regierungen für unmöglich | 6<br>ich weiß es nicht |
|---|---|---|---|---|---|---|
| bis 25 Jahre | 48,8 % | 2,1 % | 28,1 % | 16,0 % | 8,7 % | 4,2 % |
| 26 - 40 Jahre | 53,3 % | 2,7 % | 27,8 % | 17,1 % | 7,3 % | 3,2 % |
| 41 - 50 Jahre | 51,2 % | 2,3 % | 29,5 % | 14,2 % | 6,8 % | 5,1 % |
| über 50 Jahre | 51,5 % | 1,2 % | 25,5 % | 16,8 % | 8,7 % | 8,7 % |

Von einigen kleineren Abweichungen abgesehen, sind in allen Altersgruppen die gleichen Tendenzen vorhanden.

- 13 -

Das Ergebnis zu Frage 2, aufgegliedert nach sozialen Gruppen

| | 1 die Reg.d.BR müßte v.ihrer Haltung d.Nicht-anerkennung der DDR abgehen | 2 die Reg. d.DDR müßte sich mehr d.Wünschen und Ansprüchen der Reg.d.BR fügen | 3 beide Reg.müßten i.ihren Forderun-ger einen Schritt zurückgehen | 4 bd.Reg.müßten die gegebenen Tatsachen anerkennen | 5 ich halte eine Verständigung d.beiden Regie-rungen für unmöglich | 6 ich weiß es nicht |
|---|---|---|---|---|---|---|
| Arbeiter | 48,5 % | 2,4 % | 29,2 % | 17,3 % | 9,5 % | 3,7 % |
| Angestellte | 58,1 % | 0,8 % | 26,5 % | 15,2 % | 8,6 % | 3,1 % |
| Angeh.der Intelligenz | 70,9 % | 3,1 % | 18,5 % | 15,4 % | 1,5 % | -,- |
| Handwerker/ Gewerbetrei-bende | 40,8 % | 2,1 % | 40,8 % | 16,3 % | 8,2 % | 4,1 % |
| Genossenschafts-bauern od.i.d. Landw.Beschäft. | 46,9 % | 3,9 % | 31,7 % | 14,3 % | 8,7 % | 6,7 % |
| Hausfrauen | 50,3 % | 0,6 % | 24,6 % | 14,7 % | 5,5 % | 8,6 % |
| Rentner | 43,3 % | 5,0 % | 21,7 % | 18,3 % | 8,3 % | 11,6 % |
| Lehrlinge/ Oberschüler | 50,0 % | -,- | 20,0 % | 30,0 % | 10,0 % | -,- |
| Studenten | 60,0 % | -,- | 20,0 % | 40,0 % | -,- | -,- |

Auch aus dieser Tabelle wird - wie schon bei Frage 1 - ersichtlich, daß besonders in den Kreisen der Handwerker Illusionen über die Lösung des deutschen Problems bestehen. Aber auch bei Arbeitern und der bäuerlichen Bevölkerung sind diese Tendenzen in großem Maße vorhanden. Das wird deutlich, wenn man bei beiden Gruppen die Antwortmöglichkeit 1 mit 3 und 4 (zusammengenommen)vergleicht.

Arbeiter: 1 = 48,5 % - 3 und 4 = 46,5 %       Bauern: 1 = 46,9 % - 3 und 4 = 46,0 %

Frage 3. Welche der beiden in Deutschland existierenden Regierungen hat Ihrer Meinung nach das Recht, im Namen des gesamten deutschen Volkes aufzutreten?

|  | Männer | Frauen | Insgesamt |
|---|---|---|---|
| die Reg. der DDR | 55,5 % | 56,0 % | 55,5 % |
| die Reg. der BR | 3,4 % | 1,4 % | 2,3 % |
| beide Regierungen | 18,1 % | 20,2 % | 19,2 % |
| keine der beiden Regierungen | 20,2 % | 17,3 % | 18,6 % |
| ohne Angaben | 2,8 % | 5,1 % | 4,4 % |

Obwohl die absolute Mehrheit der Befragten der Meinung ist, die DDR-Regierung habe das Recht, im Namen des ganzen deutschen Volkes zu sprechen, muß die Aufmerksamkeit doch vor allem auf die hohen Prozentwerte in den Rubriken "beide Regierungen" und "keine der beiden Regierungen" gelenkt werden.

Diese Auffassung wird offensichtlich auch von einem großen Teil der westdeutschen Bevölkerung geteilt. Die nachstehende Übersicht - die allerdings aus dem Jahre 1959 stammt und daher nur sehr bedingt zu werten ist - bestätigt das. Da diese Umfrage nicht, wie sonst üblich, in späteren Jahren wiederholt wurde, kann man schlußfolgern, daß die Verantwortlichen nicht allzusehr an solchen Umfrageergebnissen interessiert sind.

Die vom Allensbacher Institut gestellte Frage lautete:
"Was meinen Sie, wer kann in Genf (auf der Außenministerkonferenz) für ganz Deutschland sprechen: die westdeutsche Regierung in Bonn oder die ostdeutsche Regierung in Pankow, oder finden Sie, beide sollten gleich zu gleich für Deutschland sprechen?"

Die damaligen Ergebnisse lauteten:
| | |
|---|---|
| Regierung in Bonn | 42 % |
| Regierung in Pankow | 1 % |
| gleich zu gleich | 32 % |
| keine von beiden | 8 % |
| unentschieden | 17 % |

Frage 3, aufgegliedert nach Bezirken:

|  | die Reg. der DDR | die Reg. der BR | beide Regierungen | keine der beiden Regierungen | ohne Angaben |
|---|---|---|---|---|---|
| Schwerin | 59,5 % | 3,6 % | 15,2 % | 17,2 % | 4,5 % |
| Frankfurt/O | 58,5 % | -,- % | 21,5 % | 14,3 % | 5,7 % |
| Potsdam | 52,8 % | 2,1 % | 21,8 % | 19,2 % | 4,1 % |
| Magdeburg | 48,9 % | 1,4 % | 22,7 % | 21,7 % | 5,3 % |
| Dresden | 58,3 % | 3,4 % | 19,4 % | 14,9 % | 4,0 % |
| Leipzig | 56,9 % | 4,6 % | 17,0 % | 16,3 % | 5,2 % |
| Gera | 56,8 % | 1,4 % | 16,6 % | 23,8 % | 1,4 % |
| Suhl | 60,5 % | -,- % | 18,5 % | 19,8 % | 1,2 % |

Auch bei dieser Tabelle zeigen Magdeburg und Gera wieder die größten negativen Werte.

Frage 3, aufgegliedert nach Altersgruppen:

Welche der beiden in Deutschland existierenden Regierungen hat nach Ihrer Meinung das Recht, im Namen des gesamten deutschen Volkes aufzutreten?

| | bis 25 Jahre | 26 – 40 Jahre | 41 – 50 Jahre | über 50 Jahre | ohne Altersangabe |
|---|---|---|---|---|---|
| die Regierung der DDR | 56,4 % | 54,8 % | 57,3 % | 55,5 % | — — — |
| die Regierung der BR | 2,1 % | 1,8 % | 1,8 % | 3,2 % | — — — |
| beide Regierungen | 16,7 % | 18,8 % | 18,8 % | 21,4 % | — — — |
| keine der beiden Regierungen | 22,1 % | 21,7 % | 19,3 % | 13,3 % | — — — |
| ohne Angaben | 2,7 % | 2,9 % | 2,8 % | 6,6 % | — — — |

Frage 3, aufgegliedert nach sozialen Gruppen:

| | die Reg. der DDR | die Reg der BR | beide Regierungen | keine der beiden Regierungen | ohne Angaben |
|---|---|---|---|---|---|
| Arbeiter | 57,4 % | 2,4 % | 18,5 % | 18,1 % | 3,6 % |
| Angestellte | 60,9 % | 1,6 % | 18,8 % | 17,5 % | 1,2 % |
| Angehörige der Intelligenz | 61,6 % | 3,1 % | 15,4 % | 16,8 % | 3,1 % |
| Handwerker/Gewerbetreibende | 36,7 % | 4,1 % | 30,6 % | 24,5 % | 4,1 % |
| Genossenschaftsbauern und i.d.Landw.Besch. | 49,3 % | 5,6 % | 20,6 % | 17,4 % | 7,1 % |
| Hausfrauen | 54,0 % | 0,6 % | 17,8 % | 22,1 % | 5,5 % |
| Rentner | 51,6 % | 1,7 % | 26,7 % | 11,7 % | 8,3 % |
| Lehrlinge/Oberschüler | 60,0 % | --- | 10,0 % | 30,0 % | 10,0 % |
| Studenten | 53,3 % | --- | 6,7 % | 33,3 % | 6,7 % |
| ohne Angabe d.Tätigkeit | 50,0 % | --- | 50,0 % | --- | --- |

Wie schon aus der vorhergehenden Tabelle ersichtlich, scheint es in dieser Frage besonders unter der Jugend Unklarheiten zu geben.

Bestätigt wird auch hier wieder, was bereits bei den vorhergehenden Fragen zu den Handwerkern und den Befragten aus der bäuerlichen Bevölkerung gesagt wurde. Besonderen Hinweis verdient auch die Zahlenübersicht, die über die Haltung der Hausfrauen aussagt.

Bei der Frage 3 war der Befragte gebeten worden, seine Antwort stichpunktartig zu begründen. Dieser Bitte kamen insgesamt 591 Personen nach, das sind 54,1 % aller Befragten, deren Fragebogen in die Auswertung einbezogen wurden. Für eine offene Frage derartigen Inhalts ist das ein ziemlich hoher Prozentsatz.

<u>Die Antworten wurden nach Häufigkeit gruppiert:</u>
Von denjenigen, die für die Regierung der DDR plädierten, wurden folgende Gründe für ihre Entscheidung genannt:

1. Sie hat sich konsequent an das Potsdamer Abkommen gehalten — 111
2. Sie betreibt eine konsequente Friedenspolitik — 99
3. Sie ist ein Arbeiter-und-Bauern-Staat und baut den Sozialismus auf — 94
4. Sie vertritt die Interessen der schaffenden Menschen des gesamten deutschen Volkes — 32
5. Nur die Arbeiterklasse im Bündnis mit den demokratischen Kräften kann die Nation führen — 14
6. Sie ist für die Wiedervereinigung Deutschlands — 9
7. Jeder kann bei uns mitregieren — 4
8. Die Regierung der DDR ist vom Volk gewählt — 3

Insgesamt begründeten 366 Personen ihre Meinung, das sind 60,8 % aller Befragten, die diese Antwortmöglichkeiten angekreuzt haben.

Von den Befragten, die sich für die Regierung der Bundesrepublik entschieden und eine Begründung dafür abgaben, wurden folgende Gründe genannt:

1. Sie ist durch "freie" Wahlen legitimiert — 9
2. Die Bundesrepublik ist international anerkannt, die DDR nicht — 7
3. Die Bewohner ddr Bundesrepublik können überall hinfahren — 2

Von den Befragten, die diese Antwortmöglichkeit ankreuzten, begründeten 18 Personen, gleich 72,0 % ihre Meinung.

Von den Befragten, die der Meinung waren, daß beide Regierungen das Recht haben, im Namen des deutschen Volkes aufzutreten, wurden folgende Gründe angeführt:

1. Eine Verständigung beider ist notwendig - man muß verhandeln   26
2. Beide Regierungen vertreten Deutschland in der Welt   16
3. In beiden Teilen wohnen Deutsche   11
4. Beide Regierungen sind gewählt   8
5. Gegenseitige Anerkennung ist notwendig   5

Insgesamt gaben 66 Personen eine Begründung. Das sind 31,6 % aller Personen, die diese Antwortmöglichkeit ankreuzten. Bemerkenswert: Bei dieser Antwortmöglichkeit begründeten nur 31,6 % ihre Meinung. Bei den anderen Antwortmöglichkeiten schwankt dagegen die Zahl zwischen 6o und 7o Prozent. Der Grund für die niedrige Prozentzahl ist wohl der, daß in dieser Gruppe viele Schwankende und Indifferente vertreten sind, für die es schwer ist, ihre Meinung zu begründen.

Von den Befragten, die keiner der beiden Regierungen das Recht zusprechen, im Namen des gesamten deutschen Volkes aufzutreten, wurden folgende Begründungen genannt:

1. Nur eine gesamtdeutsche Regierung kann im Namen des deutschen Volkes auftreten.   37
2. Deutschland ist gespalten, es existieren verschiedene Gesellschaftsformen und auch verschiedene Auffassungen   26
3. Keine der beiden Regierungen ist vom gesamten deutschen Volke gewählt   24
4. Es müssen vorher gesamtdeutsche Wahlen durchgeführt werden   19
5. Beide Regierungen vertreten nur einen Teil des deutschen Volkes   16
6. Deutschland hat noch keinen Friedensvertrag   9

Insgesamt begründeten 141 Personen ihre Meinung zu dieser Antwortmöglichkeit, das sind 7o,o % aller Personen, die sich für diese Antwortmöglichkeit entschieden.

**Frage 4. Halten Sie die von der Regierung der Bundesrepublik vertretene Ansicht für richtig, daß die DDR kein souveräner Staat sei?**

Die Befragten beantworteten diese Frage wie folgt:

|  | ja | nein | ich weiß es nicht | ohne Angaben |
|---|---|---|---|---|
| Männer | 8,8 % | 80,4 % | 9,6 % | 1,2 % |
| Frauen | 5,4 % | 80,8 % | 11,9 % | 1,9 % |
| Insgesamt | 7,1 % | 80,6 % | 10,7 % | 1,6 % |

Nach Bezirken:

|  | ja | nein | ich weiß es nicht | ohne Angaben |
|---|---|---|---|---|
| Schwerin | 8,1 % | 81,1 % | 8,1 % | 2,7 % |
| Frankfurt/O. | 4,3 % | 82,8 % | 10,0 % | 2,9 % |
| Potsdam | 6,7 % | 79,5 % | 11,7 % | 2,1 % |
| Magdeburg | 8,2 % | 79,3 % | 11,6 % | 0,9 % |
| Dresden | 5,2 % | 84,5 % | 9,2 % | 1,1 % |
| Leipzig | 7,2 % | 78,5 % | 13,7 % | 0,6 % |
| Gera | 10,0 % | 76,4 % | 11,5 % | 2,1 % |
| Suhl | 3,6 % | 85,4 % | 9,8 % | 1,2 % |

Nach Altersgruppen:

|  | ja | nein | ich weiß es nicht | ohne Angaben |
|---|---|---|---|---|
| bis 25 Jahre | 6,1 % | 85,8 % | 8,1 % | - - - |
| 26 - 40 Jahre | 10,0 % | 81,5 % | 7,6 % | 0,9 % |
| 41 - 50 Jahre | 5,1 % | 79,6 % | 13,6 % | 1,7 % |
| über 50 Jahre | 4,9 % | 77,8 % | 14,5 % | 2,9 % |

Nach sozialen Gruppen:

|  | ja | nein | ich weiß es nicht | ohne Angaben |
|---|---|---|---|---|
| Arbeiter | 8,0 % | 79,9 % | 10,0 % | 2,1 % |
| Angestellte | 5,4 % | 88,0 % | 6,2 % | 0,4 % |
| Angehörige der Intelligenz | 6,1 % | 90,9 % | 3,0 % | --- |
| Handwerker/Gewerbetreibende | 10,2 % | 73,5 % | 16,3 % | --- |
| Genossenschaftsbauern u.i.d. Landw. Beschäftigte | 10,3 % | 70,7 % | 15,1 % | 3,9 % |
| Hausfrauen | 5,5 % | 75,5 % | 16,6 % | 2,4 % |
| Rentner | 5,0 % | 76,7 % | 18,3 % | --- |
| Lehrlinge/Oberschüler | 10,0 % | 80,0 % | 10,0 % | --- |
| Studenten | --- | 100,0 % | --- | --- |

Bei Frage 4 sollte ursprünglich nach der Hallstein-Doktrin gefragt werden. Da jedoch viele Bürger den Begriff Hallstein-Doktrin zwar kennen, aber inhaltlich nicht genau zu definieren vermögen, wurde davon Abstand genommen. Die Fragen 3 und 4 muß man daher als Einheit betrachten. Die Ergebnisse der Frage 4 sind allerdings eindeutiger, obwohl der hohe Prozentsatz in der Rubrik "ich weiß es nicht" Beachtung verdient.

Interessant ist in diesem Zusammenhang eine Umfrage des Allensbacher Instituts für Demoskopie zur Hallstein-Doktrin, die im ersten Quartal 1965 durchgeführt wurde. (Wahrscheinlich nach dem Besuch Walter Ulbrichts in der VAR). Danach lehnten 27 % aller Befragten die Hallstein-Doktrin ab, 25 % äußerten sich unentschieden. Zweifel an der Richtigkeit der Hallstein-Doktrin traten vor allem bei Absolventen höherer Schulen (39 %) und bei SPD-Angehörigen (35 %) auf.

EMNID fragte zum gleichen Zeitpunkt: "Wer oder was war Ihrer Ansicht nach in erster Linie Schuld an den Spannungen zwischen der Bundesrepublik und Ägypten über verschiedene politische Fragen?"
Schuld hatten – so entschieden sich die Befragten – u.a.
- die Politik der Bundesrepublik    49 Prozent
- die Hallstein-Doktrin              13 Prozent

Beide Werte müssen u.E. addiert werden, da sie im Grunde genommen gleiches aussagen.

Frage 5. In den vergangenen Wochen wurden von der Regierung der DDR der Öffentlichkeit erneut Vorschläge zum Deutschlandproblem unterbreitet. (Die Vorschläge werden wörtlich im Fragebogen aufgeführt.)
Sind Sie der Meinung, daß diese Vorschläge eine gute Verhandlungsbasis sind oder sind Sie der Ansicht, daß sie unter den gegenwärtigen Bedingungen zu weitgehende Forderungen enthalten?

|  | sie sind eine gute Verhandlungsbasis | sie enthalten zu weitgehende Forderungen | ich weiß es nicht | ohne Angaben |
|---|---|---|---|---|
| Männer | 82,4 % | 11,4 % | 5,1 % | 1,1 % |
| Frauen | 84,4 % | 5,4 % | 8,3 % | 1,9 % |
| Insgesamt | 83,4 % | 8,2 % | 6,9 % | 1,5 % |

Nach Bezirken:

|  |  |  |  |  |
|---|---|---|---|---|
| Schwerin | 82,0 % | 9,9 % | 6,3 % | 1,8 % |
| Frankfurt/O. | 87,2 % | 5,7 % | 4,3 % | 2,8 % |
| Potsdam | 82,2 % | 8,2 % | 8,2 % | 1,4 % |
| Magdeburg | 81,6 % | 9,2 % | 7,7 % | 1,5 % |
| Dresden | 84,1 % | 5,7 % | 9,1 % | 1,1 % |
| Leipzig | 87,0 % | 8,5 % | 9,3 % | 0,6 % |
| Gera | 79,8 % | 10,8 % | 7,2 % | 2,2 % |
| Suhl | 86,4 % | 6,2 % | 6,2 % | 1,2 % |

Nach Altersgruppen:

|  |  |  |  |  |
|---|---|---|---|---|
| bis 25 Jahre | 85,2 % | 8,1 % | 6,7 % | --- |
| 26 - 40 Jahre | 85,0 % | 9,2 % | 5,1 % | 0,7 % |
| 41 - 50 Jahre | 82,9 % | 6,3 % | 10,2 % | 0,6 % |
| über 50 Jahre | 80,9 % | 8,1 % | 7,5 % | 3,5 % |

Nach sozialen Gruppen:

|  | sie sind eine gute Verhandlungsbasis | sie enthalten zu weitgehende Forderungen | ich weiß es nicht | ohne Angaben |
|---|---|---|---|---|
| Arbeiter | 83,9 % | 7,5 % | 7,1 % | 1,5 % |
| Angestellte | 90,7 % | 5,8 % | 2,3 % | 1,2 % |
| Angehörige d. Intelligenz | 87,7 % | 12,3 % | --- | --- |
| Handwerker/Gewerbetreibende | 75,4 % | 12,3 % | 8,2 % | 4,1 % |
| Genossenschaftsbauern u.i.d. Landw.Beschäftgt. | 73,0 % | 11,9 % | 12,7 % | 2,4 % |
| Hausfrauen | 79,9 % | 8,6 % | 10,3 % | 1,2 % |
| Rentner | 85,0 % | 3,3 % | 10,0 % | 1,7 % |
| Lehrlinge/Oberschüler | 70,0 % | 20,0 % | 10,0 % | --- |
| Studenten | 80,0 % | 13,4 % | 6,6 % | --- |

Die Tabellen zu Frage 5 sagen aus, daß die Befragten in allen Bezirken und Gruppen zu 80 Prozent unsere Vorschläge als gute Verhandlungsbasis betrachten. Allerdings sind u.a. die Differenzen zwischen den höchsten und niedrigsten Prozentwerten z.T. erheblich (z.B. bei den Bezirken: Leipzig hat 87 %, Gera nur 79,8 %. Bei den sozialen Gruppen: Angestellte 90 %, bäuerliche Bevölkerung 73 %).
Zu den einzelnen Vorschlägen sind in den vergangenen Jahren Umfragen in Westdeutschland durchgeführt worden. Leider liegen sie schon allzuweit zurück, so daß sie keinen echten Vergleich bieten. Zum Teil waren sie auch so formuliert, daß dem Befragten bereits eine Antwort im Sinne der Bonner Regierungspolitik suggeriert wurde. Eine Frage, gestellt im April 1962, war z.B. so formuliert: "Es heißt, die Russen geben in der Frage der Wiedervereinigung eher nach, wenn wir in Westdeutschland auf Atomwaffen verzichten. Sollten wir, um die Wiedervereinigung zu erreichen, auf Atomwaffen für die Bundeswehr verzichten oder nicht?" Die Ergebnisse waren trotz dieser eindeutigen Anti-Fragestellung sehr interessant:

    42 % der Befragten waren für Verzichten
    27 % der Befragten waren für Atombewaffnung
    31 % der Befragten entschieden sich für "ich weiß nicht".

Es ist nur verständlich, daß zu diesem Thema - unseres Wissens - keine weiteren Befragungen mehr durchgeführt wurden.

Frage 6. In beiden Teilen Deutschlands haben sich grundverschiedene Gesellschaftsformen herausgebildet. Welcher Ordnung gehört Ihrer Meinung nach in Deutschland die Zukunft?

|  | der Gesellschaftsordnung in der DDR | der Gesellschaftsordnung i.d. BR Dtschlds. | ich weiß es nicht | ohne Angaben |
|---|---|---|---|---|
| Männer | 79,5 % | 4,4 % | 14,3 % | 1,8 % |
| Frauen | 76,8 % | 1,9 % | 19,2 % | 2,1 % |
| Insgesamt | 78,0 % | 3,2 % | 16,9 % | 1,9 % |
| Nach Bezirken | | | | |
| Schwerin | 82,0 % | 4,5 % | 9,9 % | 3,6 % |
| Frankfurt/O. | 78,6 % | - - - | 17,2 % | 4,2 % |
| Potsdam | 75,4 % | 2,7 % | 19,8 % | 2,1 % |
| Magdeburg | 75,9 % | 3,9 % | 19,3 % | 0,9 % |
| Dresden | 78,8 % | 1,7 % | 17,2 % | 2,3 % |
| Leipzig | 77,7 % | 5,3 % | 15,7 % | 1,3 % |
| Gera | 76,2 % | 2,9 % | 20,2 % | 0,7 % |
| Suhl | 83,9 % | 1,2 % | 12,3 % | 2,4 % |
| Nach Altersgruppen | | | | |
| bis 25 Jahre | 81,3 % | 3,3 % | 14,1 % | 1,3 % |
| 26 - 40 Jahre | 80,2 % | 2,7 % | 15,4 % | 1,7 % |
| 41 - 50 Jahre | 74,5 % | 3,9 % | 20,5 % | 1,1 % |
| über 50 Jahre | 75,6 % | 2,9 % | 18,6 % | 2,9 % |

Nach
sozialen Gruppen

|  | die Gesellschaftsordnung der DDR | die Gesellschaftsordnung der BR | ich weiß es nicht | ohne Angaben |
|---|---|---|---|---|
| Arbeiter | 79,2 % | 1,7 % | 16,7 % | 2,4 % |
| Angestellte | 83,6 % | 3,1 % | 11,7 % | 1,6 % |
| Angehörige d. Intelligenz | 87,7 % | 1,5 % | 9,3 % | 1,5 % |
| Handwerker/Gewerbetreibende | 61,2 % | 12,2 % | 24,5 % | 2,1 % |
| Genossenschaftsbauern u.d.d. Landw.Beschäftgt. | 70,6 % | 7,9 % | 18,5 % | 3,2 % |
| Hausfrauen | 72,3 % | 0,6 % | 25,2 % | 1,9 % |
| Rentner | 75,0 % | 1,7 % | 23,3 % | --- |
| Lehrlinge/Oberschüler | 80,0 % | --- | 20,0 % | --- |
| Studenten | 100,0 % | --- | --- | --- |

Im Gegensatz zu den anderen Fragen, die zur Kategorie "aktuell" gerechnet werden müssen, wurde bei dieser Frage vom Befragten eine Entscheidung über eine ganze Epoche verlangt:
Wie schätzt er die Siegesaussichten der beiden Gesellschaftsordnungen ein. Wie weit hier die Auffassungen auseinandergehen, beweist vor allem die Tabelle "soziale Gruppierung": Die Prozente reichen von 61 Prozent (Handwerker) bis 1oo Prozent (Studenten).
Besonderen Hinweis verdient dabei die Rubrik "ich weiß es nicht", die fast von jedem Fünften der Befragten angekreuzt wurde.

Frage 7. **Wenn Sie darüber entscheiden sollten, ob zwanzig Jahre nach Beendigung des zweiten Weltkrieges die Verbrechen der Faschisten vergessen und den Tätern vergeben werden müsse, welche Entscheidung würden Sie treffen?**

|  | ich wäre für eine sofortige Verjährung der Nazi-u. Kriegsverbrechen | ich wäre für eine Verlängerungsfrist um 5 Jahre | ich wäre dafür, daß Nazi- u. Kriegsverbrechen überhaupt nicht verjähren | ohne Angaben |
|---|---|---|---|---|
| Männer | 4,1 % | 6,5 % | 88,8 % | 0,6 % |
| Frauen | 2,7 % | 5,9 % | 89,3 % | 2,1 % |
| Insgesamt | 3,3 % | 6,2 % | 89,1 % | 1,4 % |

Nach Bezirken:

|  |  |  |  |  |
|---|---|---|---|---|
| Schwerin | 4,5 % | 5,4 % | 85,6 % | 4,5 % |
| Frankfurt/O. | 1,4 % | 4,3 % | 92,9 % | 1,4 % |
| Potsdam | 4,8 % | 6,2 % | 87,6 % | 1,4 % |
| Magdeburg | 2,4 % | 8,2 % | 87,9 % | 1,5 % |
| Dresden | 3,4 % | 4,6 % | 91,4 % | 0,6 % |
| Leipzig | 2,6 % | 10,5 % | 86,9 % | --- |
| Gera | 5,1 % | 2,9 % | 91,3 % | 0,7 % |
| Suhl | 1,2 % | 4,9 % | 91,4 % | 2,5 % |

Nach Altersgruppen:

|  |  |  |  |  |
|---|---|---|---|---|
| bis 25 Jahre | 7,4 % | 2,1 % | 89,8 % | 0,7 % |
| 26 - 40 Jahre | 3,2 % | 4,6 % | 91,7 % | 0,5 % |
| 41 - 50 Jahre | 2,3 % | 6,8 % | 90,9 % | --- |
| über 50 Jahre | 2,3 % | 9,3 % | 84,9 % | 3,5 % |

Frage 7, aufgegliedert nach sozialen Gruppen:

| | ich wäre für eine sofortige Verjährung der Nazi- und Kriegsverbrechen | ich wäre für eine Verlängerung der Verjährungsfrist um 5 Jahre | ich wäre dafür, daß die Nazi- u. Kriegsverbrechen überhaupt nicht verjähren | ohne Angaben |
|---|---|---|---|---|
| Arbeiter | 2,7 % | 5,4 % | 91,0 % | 0,9 % |
| Angestellte | 1,9 % | 4,7 % | 92,2 % | 1,2 % |
| Angeh.d.Intelligenz | 1,5 % | --- | 98,5 % | --- |
| Handwerker/Gewerbetreibende | 6,1 % | 12,2 % | 79,6 % | 2,1 % |
| Genossenschaftsbauern u.i.d. Landwirtschaft Beschäftigte | 7,2 % | 9,5 % | 80,9 % | 2,4 % |
| Hausfrauen | 4,3 % | 8,0 % | 86,5 % | 1,2 % |
| Rentner | 1,7 % | 10,0 % | 83,3 % | 5,0 % |
| Lehrlinge/Oberschüler | 10,0 % | --- | 90,0 % | --- |
| Studenten | --- | --- | 100,0 % | --- |

Die Haltung der Befragten zu dieser Frage ist so eindeutig, daß sie keines Kommentars bedarf. Interessant aber werden die Zahlen aller Tabellen, wenn man sie mit entsprechenden Umfrageergebnissen aus Westdeutschland vergleicht. Eine im Frühjahr 1965 vom Allensbacher Institut für Demoskopie durchgeführte Befragung zu diesem Thema ergab:

57 Prozent der Befragten wollten, daß Nazi- u. Kriegsverbrechen sofort verjähren

32 Prozent waren für die weitere Verfolgung von Nazi- und Kriegsverbrechern.

Die Kommentare zu diesen Ergebnissen wurden nach dem Bundestagsbeschluß über die Verlängerung der Verjährungsfrist um fünf Jahre geschrieben. In ihnen wurde dieser Beschluß als "Sieg des Gewissens der Abgeordneten" über die Volksmeinung gefeiert.

Das Volk, jahrelang mit der Propagandathese "Schlußstrich unter die Vergangenheit" gefüttert, wird als Zeuge dafür bemüht, daß es in dieser Frage anders denke als die Regierenden. Kein Wort darüber, daß nicht das "Gewissen der Abgeordneten", sondern die Weltmeinung den Beschluß über die Verlängerung der Verjährungsfrist erzwang.

Frage 8. **Halten Sie die jetzigen Grenzen Deutschlands für endgültig oder sind Sie der Meinung, daß die Grenzen von 1937 wieder hergestellt werden sollten?**

|  | ich halte die jetzigen Grenzen Deutschlands für endgültig | ich bin der Meinung, daß die Grenzen von 1937 wieder hergestellt werden sollten | ohne Angaben |
|---|---|---|---|
| Männer | 69,1 % | 23,6 % | 7,3 % |
| Frauen | 70,7 % | 20,4 % | 8,9 % |
| Insgesamt | 69,9 % | 22,0 % | 8,1 % |

Nach Bezirken:

|  |  |  |  |
|---|---|---|---|
| Schwerin | 67,6 % | 25,2 % | 7,2 % |
| Frankfurt/O. | 74,3 % | 17,1 % | 8,6 % |
| Potsdam | 68,5 % | 25,3 % | 6,2 % |
| Magdeburg | 69,7 % | 24,1 % | 6,2 % |
| Dresden | 72,0 % | 20,6 % | 7,4 % |
| Leipzig | 67,3 % | 22,9 % | 9,8 % |
| Gera | 70,5 % | 19,4 % | 10,1 % |
| Suhl | 72,8 % | 14,8 % | 12,4 % |

Nach Altersgruppen:

|  |  |  |  |
|---|---|---|---|
| bis 25 Jahre | 72,5 % | 21,4 % | 6,1 % |
| 26 - 40 Jahre | 70,0 % | 23,7 % | 6,3 % |
| 41 - 50 Jahre | 63,1 % | 25,0 % | 11,9 % |
| über 50 Jahre | 72,2 % | 18,5 % | 9,3 % |

Nach sozialen Gruppen:

| | ich halte die jetzigen Grenzen Deutschlands für endgültig | ich bin ddr Meinung, daß die Grenzen von 1937 wieder hergestellt werden sollten | ohne Angaben |
|---|---|---|---|
| Arbeiter | 67,3 % | 22,9 % | 9,8 % |
| Angestellte | 76,3 % | 19,8 % | 3,9 % |
| Angehörige d. Intelligenz | 84,6 % | 12,3 % | 3,1 % |
| Handwerker/Gewerbetreibende | 59,2 % | 32,6 % | 8,2 % |
| Genossenschaftsbauern u.i.d. Landw.Beschäftgt. | 61,1 % | 33,3 % | 5,6 % |
| Hausfrauen | 65,6 % | 19,1 % | 15,3 % |
| Rentner | 78,3 % | 11,7 % | 10,0 % |
| Lehrlinge/Oberschüler | 70,0 % | 20,0 % | 10,0 % |
| Studenten | 80,0 % | 20,0 % | --- |

Die Ergebnisse der Umfrage zu diesem Problem sind u.E. ein ernstes Signal, besonders wenn man bedenkt, daß nur zwei Drittel aller befragten Arbeiter oder nur 61 % der bäuerlichen Bevölkerung die jetzigen Grenzen für endgültig halten.

Eine Umfrage des Allensbacher Instituts für Demoskopie zu diesem Thema, durchgeführt im Juni 1965, erbrachte folgende Werte:
    46 % der Befragten meinten, die "Ostgebiete" würden nie wieder deutsch werden (1953 waren 73 % entgegengesetzter Meinung.)
    77 % der "Heimatvertriebenen" fühlen sich in der Bundesrepublik heimisch.

Die Sample GmbH. hatte kurz vorher eine ähnliche Umfrage durchgeführt. Nach ihren Ergebnissen gaben 4 von 5 Befragten der friedlichen Lösung der Grenzfrage keine Chance. An die Adresse der Revanchisten, die in ihre Reden das Wort von einer friedlichen Regelung einfließen lassen, richtete die Sample GmbH. die Frage: Ist es glaubwürdig, wer etwas fordert, dem keiner eine Chance einräumt?

Frage 9. **Betrachten Sie den 8. Mai 1945 – den Tag der bedingungslosen Kapitulation Deutschlands im zweiten Weltkrieg – als einen Tag der Befreiung des deutschen Volkes vom Faschismus oder als einen Tag der Niederlage?**

|  | ich betrachte ihn als Tag der Befreiung | ich betrachte ihn als Tag der Niederlage | ohne Angaben |
|---|---|---|---|
| Männer | 90,3 % | 7,3 % | 2,4 % |
| Frauen | 91,0 % | 5,1 % | 3,9 % |
| Insgesamt | 90,7 % | 6,1 % | 3,2 % |

Die Eindeutigkeit der Aussage ist wohl u.a. darauf zurückzuführen, daß der Umfrage die Feierlichkeiten zum 20. Jahrestag der Befreiung unmittelbar vorausgegangen waren und zahlreiche überzeugend Materialien zu diesem Thema veröffentlicht wurden.

Bei einem Verhältnis von 90 : 6 erübrigt sich u.E. eine Analyse des Ergebnisses nach Bezirken und Gruppen.

Dokument II

Bericht über eine Umfrage zu Problemen
der westdeutschen Politik (1. 10. 1966)

Albert Norden						Berlin, den 19. 10. 1966

I n f o r m a t i o n

für die Mitglieder und Kandidaten des Politbüros

---

Das Institut für Meinungsforschung beim ZK der SED hat im August und September in einigen Grossbetrieben, Kreisstädten und Bezirken eine Umfrage zu einigen Problemen der westdeutschen Politik durchgeführt.

Beiliegend übermittle ich den Bericht über diese Umfrage zur Kenntnisnahme.

(Albert Norden)

Streng vertraulich!
=======================

Institut für Meinungsforschung
beim ZK der SED               Berlin, den 1.1o.1966

Bericht über eine Umfrage zu Problemen
der westdeutschen Politik

---

Auftrag: Umfrage des Instituts für Meinungsforschung

Basis: Die Umfrage wurde auf drei Ebenen durchgeführt
  a) in sechs Großbetrieben (Stichprobe aus der Personalkartei)
  b) in fünf Kreisstädten (Klumpenauswahl)
  c) in fünf Bezirken (Stichprobe aus der Einwohnermeldekartei)

Es wurden insgesamt 3.219 Fragebogen ausgegeben
Davon in Betrieben 1.381
  in Kreisstädten 5oo
  in Bezirken 1.338

In die Auswertung einbezogen wurden 2.224 Fragebogen
Davon 1.233 aus Betrieben
  4o3 aus Kreisstädten
  588 aus Bezirken

(ein Kurzbericht über die Ergebnisse der beiden erstgenannten Kategorien wurde bereits Ende August übergeben)

Methode: Schriftliche Befragung. Übergabe der Fragebogen durch ehrenamtliche Interviewer.
In den Betrieben und Kreisstädten wurden die Fragebogen mit Hilfe von Urnen eingesammelt.
Aus den Bezirken wurden die Fragebogen auf dem Postweg zurückgeschickt.

Zeitraum der Befragung: 25.7. - 5.8.1966 in Betrieben und Städten
August/September 1966 in Bezirken

bestätigt durch:

Karl Maron
Leiter des Instituts

Inhaltsverzeichnis

| | | |
|---|---|---|
| Teil I | Methode und Ort der Befragung | Seite 3 - 4 |
| Teil II | Statistische Angaben | Seite 5 - 7 |
| Teil III | Kurzanalyse | Seite 8 - 16 |
| Teil IV | ausführliche statistische Angaben | Seite 17 - 44 |

## Teil I  Methode und Orte der Befragung

Die Befragung wurde auf drei Ebenen durchgeführt, um vergleichen zu können, welche Unterschiede sich bei den Antworten aus den Betrieben und aus den Wohngebieten ergeben.
Beteiligt waren:

### 1. Betriebe

      a) VEB Funkwerk Köpenick
      b) VEB Warnowwerft Rostock
      c) VEB Reifenwerk Fürstenwalde
      d) VEB Buna Werke
      e) VEB Braunkohlenwerk Borna
      f) VEB Carl Zeiß Jena

Die Befragten wurden durch eine Stichprobe aus der Personalkartei ermittelt.

### 2. Kreisstädte

      a) Pirna (Bezirk Dresden)
      b) Sonneberg (Bezirk Suhl)
      c) Oranienburg (Bezirk Potsdam)
      d) Stendal (Bezirk Magdeburg)
      e) Neubrandenburg (Bezirk Neubrandenburg)

Es wurden Einwohner aus jeweils drei Straßen befragt. Die Straßen wurden von den Kreisleitungen vorgeschlagen und enthalten einen annähernden Querschnitt der Bevölkerung.

### 3. Bezirke

      a) Bezirk Dresden
      b) Bezirk Suhl
      c) Bezirk Potsdam
      d) Bezirk Neubrandenburg
      e) Bezirk Magdeburg

Die Befragten wurden durch eine Stichprobe aus der Einwohnermeldekartei ermittelt und verteilten sich über den ganzen Bezirk.

Die Umfrage ergab, daß die Ergebnisse aus Städten und Bezirken bis auf wenige Ausnahmen annähernd übereinstimmen, während die Ergebnisse aus den Betrieben durchweg schlechter waren. Diese Feststellung deckt sich mit den Erfahrungen bei früheren Befragungen zu politischen Themen.

## Teil II  Statistische Angaben

| I. Geschlecht | Gesamt | Betriebe | Bezirke | Städte |
|---|---|---|---|---|
| Männer | 1348 | 848 | 285 | 215 |
| Frauen | 865 | 375 | 3o3 | 187 |
| ohne Angabe | 11 | 1o | -- -- | 1 |
| insgesamt | 2224 | 1233 | 588 | 4o3 |

### II. Alter

| | Gesamt | Betriebe | Bezirke | Städte |
|---|---|---|---|---|
| - bis 24 Jahre | 284 | 2o8 | 56 | 2o |
| - 25 bis 29 Jahre | 364 | 211 | 88 | 65 |
| - 3o bis 39 Jahre | 595 | 31o | 15o | 135 |
| - 4o bis 49 Jahre | 373 | 199 | 1oo | 74 |
| - 5o bis 59 Jahre | 39o | 214 | 115 | 61 |
| - 6o Jahre und älter | 2o7 | 81 | 79 | 47 |
| - ohne Angabe | 11 | 1o | -- -- | 1 |

| III. Tätigkeit | Gesamt | Betriebe | Bezirke | Städte |
|---|---|---|---|---|
| Arbeiter | 1o27 | 747 | 181 | 99 |
| Angestellte | 567 | 281 | 134 | 152 |
| Angehörige der Intelligenz | 2o5 | 126 | 42 | 37 |
| Handwerker/Gewerbetreibende | 55 | 15 | 19 | 21 |
| Genossenschaftsbauern od. i.d. Landwirtschaft beschäftigt | 75 | -- | 74 | 1 |
| Hausfrau | 126 | 3 | 76 | 47 |
| Rentner | 87 | 5 | 51 | 31 |
| Lehrling/Oberschüler | 62 | 5o | 5 | 7 |
| Student | 18 | 5 | 6 | 7 |
| ohne Angaben | 2 | 1 | -- | 1 |

| IV. Bezirke | insgesamt | männlich | weiblich |
|---|---|---|---|
| Dresden | 177 | 81 | 96 |
| Suhl | 67 | 32 | 35 |
| Potsdam | 146 | 67 | 79 |
| Magdeburg | 134 | 72 | 62 |
| Neubrandenburg | 65 | 33 | 31 |

| V. Städte | insgesamt | männl. | weibl. | ohne Angaben |
|---|---|---|---|---|
| Pirna | 81 | 45 | 35 | 1 |
| Sonneberg | 88 | 48 | 4o | - |
| Oranienburg | 69 | 34 | 35 | - |
| Stendal | 77 | 39 | 38 | - |
| Neubrandenburg | 88 | 49 | 39 | - |

VI. Betriebe

| | | | | |
|---|---|---|---|---|
| VEB Funkwerk Köpenick | 151 | 1oo | 5o | 1 |
| VEB Warnowwerft | 238 | 191 | 47 | - |
| VEB Reifenwerk Fürstenwalde | 177 | 1o6 | 66 | 5 |
| VEB Buna Werke | 255 | 163 | 92 | - |
| VEB Braunkohlenwerk Borna | 141 | 99 | 42 | - |
| VEB Carl Zeiß Jena | 271 | 189 | 78 | 4 |

Teil III   Kurzanalyse

Frage 1: Was glauben Sie, wer bestimmt in erster Linie in Westdeutschland die Politik der Regierung?

|  | Gesamt % | Betriebe % | Bezirke % | Städte % |
|---|---|---|---|---|
| - die Werktätigen der Bundesrepublik | 4,7 | 6,0 | 2,9 | 3,2 |
| - die Vertreter der großen Monopole | 78,1 | 74,7 | 82,3 | 82,6 |
| - die westlichen Besatzungsmächte | 8,0 | 8,8 | 6,3 | 7,7 |

Die Befragten konnten mehrere Antwortmöglichkeiten ankreuzen. Ein Teil der Befragten entschloß sich zu folgenden Antwortmöglichkeiten:

|  | Gesamt | Betriebe | Bezirke | Städte |
|---|---|---|---|---|
| - die Werktätigen und die Vertreter der großen Monopole | 0,6 | 0,8 | 0,5 | 0,3 |
| - die Werktätigen und die westlichen Besatzungsmächte | 0,2 | 0,3 | -- | -- |
| - die Vertreter der großen Monopole und die Besatzungsmächte | 6,4 | 7,1 | 6,1 | 4,7 |
| - alle drei Gruppen | 0,4 | 0,5 | 0,5 | -- |
| - ohne Angaben | 1,6 | 1,8 | 1,4 | 1,5 |

Frage 2: Glauben Sie, daß für Westdeutschland die Gefahr eines Angriffs von außen besteht?

| Aus dem Osten | Gesamt % | Betriebe % | Bezirke % | Städte % |
|---|---|---|---|---|
| - ja | 2,5 | 3,2 | 1,9 | 1,5 |
| - nein | 90,7 | 89,1 | 93,4 | 91,8 |
| - ohne Angaben | 6,8 | 7,7 | 4,7 | 6,7 |

| Aus dem Westen | | | | |
|---|---|---|---|---|
| - ja | 14,9 | 14,8 | 15,8 | 13,9 |
| - nein | 71,7 | 71,1 | 71,6 | 73,4 |
| - ohne Angaben | 13,4 | 14,1 | 12,6 | 12,7 |

Die Antworten auf den zweiten Teil der Frage (Angriffe aus dem Westen) lassen vermuten, daß die Einschätzung der gegenwärtigen Lage in Westeuropa (Differenzen zwischen den Natostaaten, besonders zwischen Westdeutschland und Frankreich) zu dieser Meinung führten; oder daß ein Teil der Befragten die Fragestellung nicht richtig verstanden hat und annahm, daß ein Angriff auf die DDR, nicht auf Westdeutschland gemeint war.
Diese Frage sollte bei einer der nächsten Umfragen noch einmal präziser gestellt werden.

Frage 3: Die westdeutsche Regierung ist bestrebt, die Verfügungsgewalt über Atomwaffen zu erhalten. Welche Ziele verfolgt sie Ihrer Meinung nach damit?

|  | Gesamt % | Betriebe % | Bezirke % | Städte % |
|---|---|---|---|---|
| – sie will einen Angriffskrieg durchführen | 21,5 | 18,7 | 24,0 | 26,8 |
| – sie will ihre Verteidigungskraft erhöhen | 12,1 | 12,7 | 10,2 | 13,2 |
| – sie will in der Welt politisch und militärisch eine größere Rolle spielen | 48,9 | 49,7 | 50,0 | 44,9 |

Da auch hier die Befragten mehrere Antwortmöglichkeiten ankreuzen konnten, ergaben sich noch folgende Antwortkombinationen:

| | | | | |
|---|---|---|---|---|
| – Möglichkeiten 1 u. 2 | 0,1 | 0,2 | – – – | – – – |
| – Möglichkeiten 1 u. 3 | 8,7 | 7,9 | 9,6 | 9,4 |
| – Möglichkeiten 2 u. 3 | 2,8 | 3,6 | 1,9 | 1,3 |
| – Möglichkeiten 1,2 u. 3 | 3,2 | 3,7 | 2,9 | 2,2 |
| – ohne Angaben | 2,7 | 3,5 | 1,4 | 2,2 |

Die schon bei anderen Umfragen festgestellte Tatsache, daß ein großer Teil unserer Bevölkerung die Gefährlichkeit des Bonner Strebens nach Atomwaffen unterschätzt, wird auch durch die Antworten auf diese Frage unterstrichen.

Frage 4: Dem westdeutschen Bundestag liegen Gesetze vor, die als Notstandsgesetze bekannt sind.
Wozu dienen Ihrer Meinung nach diese Gesetze?

|  | Gesamt % | Betriebe % | Bezirke % | Städte % |
|---|---|---|---|---|
| – sie sollen die westdeutsche Bevölkerung den Interessen d. Monopole unterwerfen (z.B. Unterdrückung der politischen Meinung aller Friedenskräfte, Vorbereitung eines Angriffskrieges) | 75,0 | 71,4 | 83,5 | 76,7 |
| – sie sollen die westdeutsche Bevölkerung vor Notständen aller Art schützen (z.B. Naturkatastrophen, Arbeitslosigkeit, Angriff von außen) | 17,9 | 20,9 | 12,9 | 16,1 |
| – ohne Angaben | 7,1 | 7,7 | 5,6 | 7,2 |

Bei der näheren Untersuchung der Ergebnisse in den Betrieben ergab sich, daß die männlichen Befragten zu 23 Prozent der Meinung waren, die Notstandsgesetze sollen die westdeutsche Bevölkerung vor Notständen aller Art schützen. Bei den Frauen waren es dagegen nur 15,5 Prozent.

Die Betriebe, die bei dieser Frage die größten Unklarheiten über die Notstandsgesetze zeigten, sind:
VEB Carl Zeiß Jena mit 25,8 Prozent
VEB Funkwerk Köpenick mit 23,2 Prozent.

Frage 5: Die westdeutsche Regierung behauptet, sie habe allein das Recht, im Namen des gesamten deutschen Volkes aufzutreten. Halten Sie diesen Alleinvertretungsanspruch für gerechtfertigt?

|  | Gesamt % | Betriebe % | Bezirke % | Städte % |
|---|---|---|---|---|
| – ja | 5,3 | 6,8 | 3,2 | 3,7 |
| – nein | 92,6 | 90,5 | 95,4 | 94,8 |
| – ohne Angaben | 2,1 | 2,7 | 1,4 | 1,5 |

<u>Frage 6:</u> Welches Ziel verfolgt Ihrer Meinung nach die westdeutsche Regierung mit ihrem Anspruch, allein die Interessen aller Deutschen zu vertreten?

|  | Gesamt % | Betriebe % | Bezirke % | Städte % |
|---|---|---|---|---|
| – um die Einheit Deutschlands auf demokratischer Grundlage herbeizuführen | 13,4 | 16,1 | 10,9 | 9,2 |
| – um den Machtbereich der westdeutschen Monopole auf die DDR auszudehnen | 80,6 | 76,7 | 85,0 | 85,9 |
| – ohne Angaben | 6,0 | 7,2 | 4,1 | 4,9 |

Im Zusammenhang mit den Fragen 5 und 6 zum Alleinvertretungsanspruch der Bonner Regierung verweisen wir auf das Ergebnis aus einer Umfrage im Jahre 1965, obwohl die Fragen nicht direkt vergleichbar sind.

Diese Frage lautete: Halten Sie die von der Regierung der Bundesrepublik vertretene Ansicht für richtig, daß die DDR kein souveräner Staat sei?

- ja  7,1 %
- nein  80,6 %
- ich weiß es nicht  10,7 %
- ohne Angaben  1,6 %

Frage 7: Beim westdeutschen Ministerium für gesamtdeutsche Fragen existiert ein "grauer Plan" zur Ausplünderung der DDR. Kennen Sie die Hauptziele dieses Planes?

|               | Gesamt % | Betriebe % | Bezirke % | Städte % |
|---------------|----------|------------|-----------|----------|
| – ja          | 48,0     | 45,9       | 46,3      | 56,8     |
| – nein        | 48,4     | 49,9       | 50,8      | 40,2     |
| – ohne Angaben| 3,6      | 4,2        | 2,9       | 3,0      |

Nach diesen Ergebnissen kennt ca. die Hälfte aller Befragten die Hauptziele des "grauen Planes" nicht.
Beachtenswert ist dabei vor allem, wie Männer und Frauen diese Frage beantwortet haben.

Den Plan kennen:

|              | | | | |
|--------------|------|------|------|------|
| – Männer     | 53,9 | 51,0 | 53,0 | 67,0 |
| – Frauen     | 38,8 | 35,2 | 39,9 | 45,5 |
| Unterschied  | 15,1 | 15,8 | 13,1 | 21,5 |

Bemerkenswert sind die unterschiedlichen Ergebnisse in den verschiedenen Betrieben.
So liegt z.B. Reifenwerk Fürstenwalde (ja – 39,0 %) mit 6,9 % unter dem ermittelten Durchschnitt der Betriebe ( – 45,9 %)

Die Warnowwerft dagegen (ja – 52,5 %) mit 7,6 % über dem für die Betriebe errechneten Durchschnitt.

Frage 8: Bei einer Wiedervereinigung Deutschlands im Sinne der westdeutschen Regierung werden von westdeutscher Seite wesentliche Veränderungen der wirtschaftlichen, politischen und sozialen Verhältnisse in unserer Republik geplant; u.a. ist vorgesehen:

die Überführung der volkseigenen Betriebe in Privatbesitz,
die Wiedererrichtung privater Großbanken und Kreditinstitute,
die Gründung von Arbeitgeberverbänden (Unternehmerverbände),
die Auflösung der LPG und die Rückgabe der Ländereien an die ehemaligen Großgrundbesitzer.

Diese Pläne haben das Ziel, die wirtschaftlichen und sozialen Errungenschaften unserer Republik zu beseitigen. Glauben Sie, daß die westdeutsche Regierung zur Verwirklichung dieser Pläne einen Krieg beginnen würde?

|              | Gesamt % | Betriebe % | Bezirke % | Städte % |
|---|---|---|---|---|
| ja           | 50,9     | 47,6       | 55,4      | 54,1     |
| Nein         | 42,9     | 46,5       | 38,8      | 38,0     |
| ohne Angaben | 6,2      | 5,9        | 5,8       | 7,9      |

Bei einer Umfrage im Juni dieses Jahres wurde gefragt, ob die Bonner Regierung einen Krieg beginnen würde, um die Grenzen von 1937 wiederherzustellen. (3. Umfrage zum Briefwechsel zwischen dem ZK der SED und dem Parteivorstand der SPD).
Die Frage wurde in den Betrieben von 45,9 % der Befragten mit "nein" und in der Stadt Quedlinburg von 39,7 % der Befragten mit "nein" beantwortet.

Frage 9: Sind Sie der Meinung, daß die Errungenschaften der DDR mit allen Mitteln, selbst mit Waffengewalt, verteidigt werden müssen, wenn sie bedroht werden?

|  | Gesamt % | Betriebe % | Bezirke % | Städte % |
|---|---|---|---|---|
| - ja | 75,5 | 73,7 | 80,1 | 74,2 |
| - nein | 16,8 | 18,4 | 13,6 | 16,4 |
| - ohne Angaben | 7,7 | 7,9 | 6,3 | 9,4 |

# Dokument III

Bericht über eine Umfrage zu einigen Problemen der Wirtschaft und der Politik (6. 2. 1967)

Mitglied des Politbüros
Genossen Erich Honecker

35/La/Mo 8.2.67

Werter Genosse Honecker!

In Absprache mit Genossen Walter Ulbricht (Beratung mit der Arbeitsgruppe Berlin) haben wir durch das Institut für Meinungsforschung eine Umfrage in zehn Berliner Betrieben organisieren lassen.
Genosse Karl Maron hat mir das Ergebnis dieser Umfrage übermittelt.
Als Anlage sende ich Dir ein Exemplar der Umfrage.
(Genosse Walter Ulbricht hat ebenfalls heute von mir ein Exemplar erhalten.)

Mit sozialistischem Gruß

/Werner Lamberz/

Anlage

*Gen. Lamberz*

**Streng vertraulich !**

Institut für Meinungsforschung
beim ZK der SED

Berlin, den 6. Februar 1967

Bericht über eine Umfrage zu einigen Problemen
der Wirtschaft und der Politik

Basis: Umfrage in zehn Berliner Betrieben.
Die Fragebogen wurden in jedem Betrieb in drei
verschiedenen Produktionsbereichen an alle dort
Beschäftigten (vorwiegend Produktionsarbeiter)
übergeben.

Methode: Mitglieder der Betriebsparteiorganisation
übergaben die Fragebogen in den Produktionsbereichen und sammelten sie nach dem Ausfüllen
mit versiegelten Urnen wieder ein.

Zeitraum der
Befragung: 25. - 31. Januar 1967

bestätigt durch

Karl Maron
Leiter des Instituts

## I. Statistische Angaben

### 1.) Gesamtübersicht

| | |
|---|---|
| Anzahl der ausgegebenen Fragebogen | 2.275 |
| Anzahl der zurückgegebenen auswertbaren Fragebogen | 1.839 |

### 2.) Übersicht über die einzelnen Betriebe

| | | |
|---|---|---|
| VEB Meßelektronik Berlin | 120 | ausgefüllte Fragebogen |
| Institut für Regelungstechnik | 107 | " " |
| VEB Funkwerk Köpenick | 171 | " " |
| VEB Elektro-Apparate-Werke Treptow | 224 | " " |
| VEB Berliner Glühlampenwerk | 240 | " " |
| VEB Großdrehmaschinenbau "7. Oktober" | 162 | " " |
| VEB Bergmann-Borsig | 208 | " " |
| VEB Berliner Metallhütten- und Halbzeugwerke | 180 | " " |
| VEB Ingenieur-Hochbau | 277 | " " |
| VEB Damenmoden | 150 | " " |
| | 1.839 | |

### 3.) Nach Geschlechtern

| | | |
|---|---|---|
| Männer | 1.225 | = 66,6 % |
| Frauen | 614 | = 33,4 % |
| | 1.839 | |

4.) **Gliederung nach der Tätigkeit**

| | | |
|---|---|---|
| Arbeiter | 1.373 = | 74,7 % |
| Meister bzw. Brigadiere | 163 = | 8,9 % |
| Angestellte | 129 = | 7,0 % |
| Intelligenz | 156 = | 8,5 % |
| Lehrlinge | 18 = | 0,9 % |

5.) **Anteile der Altersgruppen**

| | | |
|---|---|---|
| - 24 Jahre | 302 = | 16,4 % |
| 25 - 29 Jahre | 372 = | 20,2 % |
| 30 - 39 Jahre | 487 = | 26,5 % |
| 40 - 49 Jahre | 256 = | 13,9 % |
| 50 - 59 Jahre | 298 = | 16,2 % |
| 60 Jahre und älter | 124 = | 6,8 % |

II. Gesamtübersicht über die Beantwortung der einzelnen Fragen

**Frage 1:** Wenn Sie Ihre wirtschaftlichen Verhältnisse überdenken, zu welcher Einschätzung würden Sie kommen?

Sie sind:

- sehr gut         1,7 %
- gut              33,3 %
- teils, teils     48,0 %
- nicht so gut     12,7 %
- schlecht         3,2 %
- ohne Angaben     1,1 %

Die Umfrageergebnisse zeigen, daß 83 Prozent aller Befragten (von "sehr gut" bis "teils, teils") ihre wirtschaftlichen Verhältnisse positiv beurteilen. Dabei ist zu berücksichtigen, daß drei Viertel aller Befragten Arbeiter waren.

Ein interessanter Vergleich ergibt sich, wenn man das Ergebnis einer Umfrage des westdeutschen EMNID-Instituts vom Juli 1966 zur gleichen Thematik gegenüberstellt.

|                | unsere Umfrage % | EMNID % |
|----------------|------------------|---------|
| - sehr gut     | 1,7              | 4,0     |
| - gut          | 33,3             | 36,0    |
| - teils, teils | 48,0             | 43,0    |
| - nicht so gut | 12,7             | 11,0    |
| - schlecht     | 3,2              | 3,0     |
| - ohne Angaben | 1,1              | 3,0     |

Bei der EMNID-Umfrage handelte es sich um eine Querschnittsbefragung, die sich über das gesamte westdeutsche Gebiet erstreckte. Die EMNID-Umfrage wurde durchgeführt, bevor die Krisenzeichen in der westdeutschen Wirtschaft so deutlich sichtbar wurden, wie in den letzten Monaten. Der EMNID-Kommentar verwies darauf, daß mit dem Anwachsen "unsicherer oder gar unzufriedener Urteile" in Westdeutschland gerechnet werden müsse.

**Frage 2:** In welchem der beiden deutschen Staaten gibt es Ihrer Meinung nach für den Arbeiter mehr soziale Sicherheit?

|  | Gesamt % |
|---|---|
| - in der DDR | 86,1 |
| - in der Bundesrepublik | 7,6 |
| - ohne Angaben | 6,3 |

Eine fast gleichlautende Frage wurde im November 1965 bei einer Umfrage in 42 Großbetrieben der DDR gestellt. Damals erklärten 87 Prozent aller Befragten, daß es in der DDR mehr soziale Sicherheit gibt; in den Berliner Betrieben waren es jedoch nur 78 Prozent.

Fünf Berliner Betriebe, die an der November-Umfrage teilgenommen hatten, waren auch bei der jetzigen Umfrage beteiligt. Vergleicht man beide Ergebnisse aus diesen fünf Betrieben, so ergibt sich folgendes Bild:

|  | November 1965 | Januar 1967 |
|---|---|---|
| - in der DDR | 78,1 % | 86,9 % |

Einer der wesentlichsten Faktoren für die Veränderung des Ergebnisses ist vermutlich in der Tatsache zu sehen, daß die wachsende wirtschaftliche Unsicherheit in Westdeutschland nicht ohne Einfluß auf das Denken der Arbeiter in unseren Betrieben bleibt.

**Frage 3:** Ganz allgemein gesprochen: Sind Sie mit den
Arbeitsbedingungen in Ihrem Betrieb zufrieden?

|  | Gesamt % |
|---|---|
| - zufrieden | 45,2 |
| - nicht zufrieden | 51,5 |
| - ohne Angaben | 3,3 |

Ein Vergleich der Ergebnisse der einzelnen Betriebe zeigt,
daß der Anteil der "Zufriedenen" in jedem Betrieb sehr
unterschiedlich ist.

Weit über dem Durchschnitt liegen dabei solche Betriebe wie
BMHW (62,2 %), Institut für Regelungstechnik (57,0 %),
VEB Berliner Glühlampenwerk (53,3 %).

Weit unter dem Durchschnitt liegen:
VEB Meßelektronik (27,5 %), Funkwerk Köpenick (34,5%),
EAW Treptow (37,1 %).

**Frage 4:** Was müßte Ihrer Ansicht nach getan werden, um die Produktion in Ihrer Abteilung bzw. Meisterbereich zu verbessern?

(es konnten mehrere Möglichkeiten angekreuzt werden)

| | Gesamt % |
|---|---|
| - Verbesserung der Arbeitsorganisation und Sicherung eines kontinuierlichen Produktionsablaufs | 55,7 |
| - bessere Ausnutzung der Maschinen | 15,9 |
| - Modernisierung der vorhandenen Technik | 30,9 |
| - bessere Materialbereitstellung | 52,8 |
| - Verbesserung des materiellen Anreizes | 45,5 |
| - bessere Zusammenarbeit zwischen Arbeitern und Meistern bzw. Abteilungsleitern | 25,7 |

Interessant ist, daß im VEB Meßelektronik und im Funkwerk Köpenick, wo auch der Anteil der Unzufriedenen am größten ist, weit über 70 Prozent der Meinung sind, Arbeitsorganisation und Sicherung eines kontinuierlichen Produktionsablaufs müßten verbessert werden.

Einige der o.a. Antwortmöglichkeiten waren bereits in der Umfrage vom November 1965 enthalten. Ein Vergleich zeigt, daß es in diesen Fragen nach wie vor die gleichen Tendenzen gibt.

| | November 1965 | Januar 1967 |
|---|---|---|
| - Verbesserung der Arbeitsorganisation | 52,3 % | 55,7 % |
| - bessere Materialbereitstellung | 53,9 % | 52,8 % |
| - Modernisierung der vorhandenen Technik | 33,5 % | 30,9 % |

**Frage 5:** Was meinen Sie: Entsprechen die Erzeugnisse, an denen Sie mitarbeiten, in Qualität und Kosten dem Welthöchststand?

<u>in der Qualität</u>

|  | Gesamt % |
|---|---|
| - ja | 25,2 |
| - nein | 42,3 |
| - ich weiß es nicht | 28,7 |
| - ohne Angaben | 3,8 |

In der November-Umfrage 1965 wurde die Frage gestellt:
"Wissen Sie, ob die Erzeugnisse, an denen Sie mitarbeiten, dem Weltniveau entsprechen?"

Damals wurde diese Frage in fünf Berliner Betrieben von 27 Prozent der Befragten bejaht.
Das Ergebnis der vorliegenden Umfrage zeigt, daß sich in dieser Frage kaum Veränderungen ergeben haben.

Die Zahl derjenigen, die <u>nicht</u> wissen, ob die Qualität ihrer Erzeugnisse dem Welthöchststand entspricht, ist in einigen Betrieben außerordentlich hoch.

EAW Treptow z.B. liegt hier mit 42,9 Prozent weit an der Spitze,
gefolgt von Bergmann-Borsig (31,7 Prozent) und
Funkwerk Köpenick (31,6 Prozent)

**Frage 5:** Was meinen Sie: Entsprechen die Erzeugnisse, an denen Sie mitarbeiten, in Qualität und Kosten dem Welthöchststand?

**bei den Kosten**

|  | Gesamt % |
|---|---|
| - ja | 8,7 |
| - nein | 43,8 |
| - ich weiß es nicht | 39,5 |
| - ohne Angaben | 8,0 |

Das Gesamtergebnis sagt aus, daß fast die Hälfte aller Belegschaften in den Betrieben **nicht** weiß, ob die Kosten ihrer Erzeugnisse dem Welthöchststand entsprechen. Diese Unwissenheit ist in den einzelnen Betrieben verschieden stark ausgeprägt.

Die Skala reicht von 38 Prozent (Funkwerk Köpenick) bis 66,9 Prozent (EAW Treptow).

**Frage 6:** Anfang Dezember wurde in der Zeitung "Neues Deutschland" ein Artikel von Gerhard K a s t aus dem VEB Funkwerk Köpenick veröffentlicht. Der Verfasser legte u.a. dar, warum sein Betrieb nicht mehr mit Verlust arbeiten darf. Sie wissen sicher, daß der Artikel Gerhard Kasts eine breite Diskussion ausgelöst hat. Können Sie uns bitte sagen, ob dieser Artikel auch in Ihrem Arbeitsbereich diskutiert worden ist?

                           Gesamt %

- der Artikel wurde diskutiert und es wurden auch entsprechende Schlußfolgerungen gezogen     6,0
- über den Artikel wurde gesprochen    13,3          } 46,7
- ich habe von dem Artikel gehört    27,4
- ich kenne den Artikel nicht    48,6
- ohne Angaben    4,7

Auffallend ist, daß der Artikel von Gerhard Kast am wenigsten in den Betrieben bekannt ist, in denen überwiegend Frauen beschäftigt sind.

Den Artikel kennen z.B. nicht

im VEB Damenmoden        70,7 %
im EAW Treptow           66,1 %
im VEB Glühlampenwerk    59,2 %

Frage 7: In Ihrem Betrieb ist gewiß des öfteren über die komplexe sozialistische Rationalisierung gesprochen worden. Sind Ihnen die Maßnahmen, die in Ihrem Arbeitsbereich in dieser Hinsicht vorgesehen sind, bekannt?

|   | Gesamt % |
|---|---|
| - ja | 57,3 |
| - nein | 36,6 |
| - ohne Angaben | 6,1 |

In den Betrieben, in denen die Unzufriedenheit am stärksten ausgeprägt war, (siehe Frage 3) ist auch der Anteil derjenigen am höchsten, die nicht über die geplanten Rationalisierungsmaßnahmen informiert sind.
Das betrifft VEB Meßelektronik (53,3 %), Funkwerk Köpenick (50,9 %) und Bergmann-Borsig (47,6 %).

Am besten sind die Befragten aus dem BMHW (84,4 %) und aus dem Glühlampenwerk (71,3 %) informiert.

**Frage 8:** Haben Sie an der Ausarbeitung dieser Maßnahmen teilgenommen?

|  | Gesamt % |
|---|---|
| - ja | 20,9 |
| - nein | 73,0 |
| - ohne Angaben | 6,1 |

Auch bei dieser Frage gibt ein Vergleich mit der Frage 3 (zufrieden oder unzufrieden mit den Arbeitsbedingungen) interessante Aufschlüsse.

In den Betrieben mit den meisten Unzufriedenen sind auch die wenigsten an der Ausarbeitung der Rationalisierungsmaßnahmen beteiligt.
Das sind:

| | |
|---|---|
| EAW Treptow | 10,7 % |
| VEB Meßelektronik | 10,8 % |
| VEB Damenmoden | 12,0 % |
| VEB Bergmann-Borsig | 17,3 % |
| VEB Funkwerk Köpenick | 15,2 % |

Frage 9: Gegenwärtig wird ein Wettbewerb zu Ehren des
VII. Parteitages der SED durchgeführt. Würden
Sie uns bitte sagen, ob Sie am Wettbewerb teilnehmen?

          Gesamt %

- ich nehme am Wettbewerb
  teil                       55,4
- ich nehme nicht am
  Wettbewerb teil            37,6
- ohne Angaben                7,0

Die höchste Beteiligung am Wettbewerb gibt es im BMHW (75,5 %)
und im VEB 7. Oktober (74,7 %).

Die niedrigste Beteiligung gibt es in den Betrieben
BAW Treptow (29,5 %), VEB Damenmoden (44,7 %) und im
Funkwerk Köpenick (45,0 %).

Frage 10: Wenn Sie am Wettbewerb teilnehmen, haben Sie im
Rahmen des Wettbewerbs Aufgaben übernommen, deren
Ergebnisse meßbar sind?

|  | Gesamt % |
|---|---|
| - ja | 37,5 |
| - nein | 46,2 |
| - ohne Angaben | 16,3 |

In einigen Betrieben ist die Differenz zwischen der
Teilnahme am Wettbewerb und der Übernahme meßbarer Aufgaben
beträchtlich. Z.B.:

|  | Teilnahme % | meßbare Aufgaben % |
|---|---|---|
| VEB Meßelektronik | 52,5 | 25,8 |
| VEB Bergmann-Borsig | 66,8 | 43,3 |
| VEB Glühlampenwerk | 65,0 | 40,0 |
| VEB Funkwerk Köpenick | 45,0 | 25,7 |

**Frage 11:** Würden Sie die Erzeugnisse aus Ihrem Betrieb ohne Bedenken kaufen?

|  | Gesamt % |
|---|---|
| - alle Erzeugnisse | 16,6 |
| - einige Erzeugnisse | 63,1 |
| - keine | 13,9 |
| - ohne Angaben | 6,4 |

Die Betriebe, in denen die wenigsten Befragten alle Erzeugnisse ohne Bedenken kaufen würden sind:

| | |
|---|---|
| VEB Damenmoden | 3,0 % |
| VEB Meßelektronik | 5,0 % |
| VEB Bergmann-Borsig | 6,7 % |
| VEB Funkwerk Köpenick | 7,6 % |

Im VEB Glühlampenwerk würden dagegen 40,8 % aller Befragten ihre Erzeugnisse ohne Bedenken kaufen, im BMHW 37,2 %.

Frage 12: In den letzten Monaten ist viel über eine neue
Passierscheinregelung für Westberliner Bürger
gesprochen und geschrieben worden. Die Regierung
der DDR fordert bekanntlich, die Verhandlungen
über Passierscheine auf der Grundlage der Gleichberechtigung, der gegenseitigen Achtung und Anerkennung der Verhandlungspartner zu führen.
Halten Sie diese Forderung für richtig oder nicht?

|  | Gesamt % |
|---|---|
| - sie ist richtig | 59,8 |
| - sie ist nicht richtig | 28,1 |
| - ohne Angaben | 12,1 |

Zu dieser Frage machten einige Befragte zusätzliche
Bemerkungen, die im Wesentlichen darauf hinausliefen, daß
es auch Passierscheine für DDR-Bürger nach Westberlin geben
müßte.

Bei Bergmann-Borsig und im Funkwerk Köpenick sowie im
VEB Ingenieur-Hochbau lagen die "Nein"-Stimmen über dem
Durchschnitt.

Frage 13: In Bonn ist vor einigen Wochen die Regierung
Kiesinger - Strauß gebildet worden, an der auch
sozialdemokratische Minister beteiligt sind.
Was meinen Sie: Wird diese Regierung

                                        Gesamt %

- den Kurs der Adenauer-
  und Erhard-Regierungen
  fortsetzen                            41,4      X

- bemüht sein, zur Ent-
  spannung in Europa
  beizutragen                           27,5   ⎫
                                               ⎬  3 90
- nach Annäherung der                          ⎭
  beiden deutschen
  Staaten streben                       11,5

- ohne Angaben                          11,1

- zahlreiche Befragte
  kreuzten die Antwort-
  möglichkeiten 2 und 3
  an                                     8,5

Frage 14: Glauben Sie, daß die sozialdemokratischen Minister, die der Regierung Kiesinger-Strauß angehören, einen positiven Einfluß auf die Bonner Regierungspolitik ausüber können?

|  | Gesamt % |
|---|---|
| - ja | 32,0 |
| - nein | 35,3 |
| - ich weiß es nicht | 25,9 |
| - ohne Angaben | 6,8 |

In einigen Betrieben ist die Meinung, daß die sozialdemokratischen Minister die Bonner Politik positiv beeinflussen können, besonders stark vertreten.
Dazu gehören:

| | |
|---|---|
| VEB Funkwerk Köpenick | 40,9 % |
| VEB Bergmann-Borsig | 38,9 % |
| VEB Meßelektronik | 37,5 % |
| Institut für Regelungstechnik | 37,4 % |

Auffallend ist, daß der Anteil "ich weiß es nicht" in den Frauenbetrieben viel größer ist als in den anderen Betrieben.

| | |
|---|---|
| EAW Treptow | 35,7 % |
| VEB Damenmoden | 40,7 % |
| VEB Glühlampenwerk | 31,0 % |

**Frage 15:** Was ist Ihrer Meinung nach in der Entwicklung der Deutschlandpolitik der nächsten Zeit möglich?

|   | Gesamt % |
|---|---|
| - die Vereinigung der beiden deutschen Staaten | 3,8 |
| - die Konföderation beider deutscher Staaten | 2,3 |
| - eine gewisse Annäherung der beiden deutschen Staaten | 27,8 |
| - es wird sich vorläufig nichts ändern | 60,1 |
| - ohne Angaben | 5,2 |
| - Einige Befragte kreuzten die Antwortmöglichkeiten 2 und 3 gleichzeitig an | 0,8 |

**Frage 16:** Welcher Gesellschaftsordnung gehört Ihrer Meinung nach in ganz Deutschland die Zukunft?

|  | Gesamt % |
|---|---|
| - der sozialistischen Gesellschaftsordnung | 74,8 |
| - der kapitalistischen Gesellschaftsordnung | 5,4 |
| - beide | 3,6 |
| - ohne Angaben | 16,2 |

Bei einer Umfrage im Mai/Juni 1965 stellten wir eine fast gleichlautende Frage. Es handelte sich um eine Querschnittsbefragung in acht Bezirken.
Bei der damaligen Umfrage waren 78 Prozent der Meinung, daß der sozialistischen Gesellschaftsordnung in ganz Deutschland die Zukunft gehört.
Berlin war in diese Umfrage nicht einbezogen. Im Bezirk Potsdam, der viele Berührungspunkte mit Berlin hat, meinten damals 75,4 Prozent aller Befragten, daß dem Sozialismus in ganz Deutschland die Zukunft gehört.

Dokument IV

Bericht über eine Umfrage zu einigen Problemen von Jugend und Politik (16. 1. 1967)

- Albert Norden -                    Berlin, den 18. 1. 1967


I n f o r m a t i o n

für die

Mitglieder und Kandidaten des Politbüros

---

Das Institut für Meinungsforschung beim ZK hat im November/Dezember 1966 eine Umfrage zu einigen Problemen von Jugend und Politik durchgeführt.

Anbei überreiche ich den Bericht des Instituts über die Umfrage zur Kenntnisnahme.

*Norden*

(Albert Norden)

Verteiler:

| | |
|---|---|
| Büro Politbüro | 25 Exemplare |
| Genosse Maron | 5 " |
| Büro Norden | 2 " |
| Gen. Lamberz | 1 " |
| Gen. Dohlus | 1 " |
| Gen. Hörnig | 1 " |
| Gen. Lorenz | 1 " |
| Gen. Dr. Oppermann | 1 " |

**Streng vertraulich!**

Institut für Meinungsforschung
beim ZK der SED

Berlin, den 16. Januar 1967
Ma/W.

Bericht über eine Umfrage zu einigen Problemen von Jugend und Politik

---

**Auftrag:** Umfrage des Instituts für Meinungsforschung

**Basis:** Die Umfrage wurde auf 4 Ebenen durchgeführt:
1. In den Bezirken Leipzig, Karl-Marx-Stadt und Schwerin unter Jugendlichen von 16 bis 25 Jahren (Stichprobe aus der Einwohnermeldekartei)
2. An den Universitäten Leipzig und Berlin und an der TH Karl-Marx-Stadt (Stichprobe aus der Studentenkartei)
3. Unter Schülern der 11. und 12. Klasse an 10 erweiterten Oberschulen, die vom Ministerium für Volksbildung ausgewählt wurden
4. Unter Schülern an 10 Berufsschulen, die vom Ministerium für Volksbildung ausgewählt wurden

In die Auswertung wurden insgesamt 3.232 Fragebogen einbezogen.

**Methode:** Schriftliche Befragung

Die Übergabe der Fragebogen erfolgte in den Bezirken und Universitäten durch ehrenamtliche Mitarbeiter, in den Schulen direkt durch Mitarbeiter des Instituts für Meinungsforschung.

Aus den Bezirken, von der Universität Berlin und von der TH Karl-Marx-Stadt wurden die Fragebogen auf dem Postweg zurückgeschickt; in allen Schulen und an der Universität Leipzig wurden die Fragebogen mit versiegelten Urnen eingesammelt.

**Zeitraum der Befragung:** November/Dezember 1966

bestätigt durch

Karl Maron
Leiter des Instituts

**Verteiler:**
Ormig-Platten
an Büro Norden

## Inhaltsverzeichnis

|  |  | Seite |
|---|---|---|
| Teil I | Statistische Übersicht, Orte und Institutionen der Umfrage | 1 - 4 |
| Teil II | Kurzanalyse | 5 - 26 |
| Teil III | Ergebnisse der Umfrage nach Bezirken, Institutionen, Geschlecht und Alter gegliedert | 27 - ... |

(Dieser Teil wird, weil sehr umfangreich, nicht automatisch mitgeliefert. Er kann von interessierten Bezugsberechtigten als Ganzes oder teilweise vom Institut angefordert werden.)

Teil I    Statistische Übersicht
========================================

1. **Gesamtübersicht**

    Anzahl der ausgegebenen Fragebogen       4.150

    Anzahl der zurückgegebenen und
    auswertbaren Fragebogen                  3.232

2. **Übersicht über auswertbare Fragebogen aus den einzelnen Befragungsebenen**

    a) Bezirke:

    | | |
    |---|---:|
    | Leipzig | 306 |
    | Karl-Marx-Stadt | 471 |
    | Schwerin | 113 |
    | | 890 |

    b) Universitäten/Hochschulen:

    | | |
    |---|---:|
    | Karl-Marx-Universität Leipzig | 207 |
    | Humboldt-Universität Berlin | 174 |
    | Technische Hochschule Karl-Marx-Stadt | 188 |
    | | 569 |

c) Erweiterte Oberschulen:

| | |
|---|---|
| EOS "Max Planck", Berlin | 81 |
| EOS "Geschwister Scholl", Bernau | 86 |
| EOS "Henfling", Meiningen | 92 |
| EOS Sömmerda | 87 |
| EOS Querfurt | 78 |
| EOS "Richard Wagner", Leipzig | 73 |
| EOS "Große Schule", Genthin | 70 |
| EOS "Friedrich Engels", Karl-Marx-Stadt | 81 |
| EOS Malchin | 84 |
| EOS Bergen/Rügen | 78 |
| | 810 |

d) Berufsschulen:

| | |
|---|---|
| Kaufmännische Berufsschule, Berlin | 101 |
| Betriebsberufsschule, Coswig/Dresden | 98 |
| Gewerbliche Berufsschule, Schwerin | 82 |
| Betriebsberufsschule Halbleiterwerk, Frankfurt/Oder | 100 |
| Allgemeine Berufsschule, Oranienburg | 97 |
| Gewerbliche Berufsschule, Meiningen | 91 |
| Betriebsberufsschule, Weimar | 104 |
| Betriebsberufsschule, Carl-Zeiss, Jena | 120 |
| Allgemeine Berufsschule, Aschersleben | 89 |
| Betriebsberufsschule Fettchemie, Karl-Marx-Stadt | 81 |
| | 963 |

3. Anteile von männlichen und weiblichen Jugendlichen

| | | |
|---|---|---|
| männliche Jugendliche | 1.712 | = 53,0 Prozent |
| weibliche Jugendliche | 1.515 | = 46,8 Prozent |
| ohne Angaben | 5 | = 0,2 Prozent |

4. Anteile der Altersgruppen

| | | |
|---|---|---|
| unter 16 Jahre | 120 | = 3,7 Prozent |
| 16 bis 20 Jahre | 2.196 | = 68,0 Prozent |
| 21 Jahre und älter | 913 | = 28,2 Prozent |
| ohne Angaben | 3 | = 0,1 Prozent |

Teil II Kurzanalyse

**Frage 1:** Nehmen wir an, es würden Freikarten für sieben verschiedene Veranstaltungen angeboten. Zwei der Veranstaltungen könnten Sie besuchen. Für welche würden Sie sich entscheiden?
(Bitte wählen Sie nur zwei der vorgegebenen Möglichkeiten aus.)

| | Bezirke % | Universitäten % | EOS % | Berufsschulen % | insgesamt % |
|---|---|---|---|---|---|
| - für eine größere Sportveranstaltung | 56,1 | 47,8 | 44,1 | 40,1 | 46,9 |
| - für ein Sinfoniekonzert | 15,2 | 49,4 | 22,1 | 10,7 | 21,6 |
| - für einen Spielfilm aus der Geschichte der deutschen Arbeiterbewegung (zum Beispiel Liebknechtfilm, Ernst Thälmann-Film usw.) | 17,6 | 8,1 | 13,2 | 10,9 | 12,9 |
| - für einen Lyrikabend | 6,9 | 26,9 | 17,7 | 5,1 | 12,6 |
| - für einen Kriminal- oder Abenteuerfilm | 55,5 | 27,8 | 33,6 | 54,6 | 45,0 |
| - für einen Lichtbildervortrag über die gegenwärtige Situation in Vietnam | 16,4 | 14,9 | 14,2 | 10,7 | 13,9 |
| - für eine Beat-Veranstaltung | 27,2 | 19,5 | 54,6 | 68,8 | 44,2 |

## Zu Frage 1

Die Tabelle zeigt, daß die Interessen stark vom Alter und dem Bildungsgrad der Befragten beeinflußt werden. Bei Jugendlichen bis zu 18 Jahren (Berufs- und Oberschüler) spielen Sport, Beat und Kriminalfilm die wichtigste Rolle, bei Studenten dagegen Sinfoniekonzert und Sport. Der Befragte sollte zwei der vorgegebenen Möglichkeiten ankreuzen. Dadurch konnten wichtige Interessenverbindungen sichtbar gemacht werden.

Die Übersicht über die sechs wichtigsten Antwortkombinationen ergab folgendes Bild:

|   | insges. | Bezirke | Uni | EOS | Betr.-Sch. |
|---|---|---|---|---|---|
| 1. Kriminal- bzw. Abenteuerfilm und Beat-Veranstaltungen | 16,9 | 11,2 | 2,6 | 14,5 | 32,0 |
| 2. Sport- und Beat-Veranstaltungen | 15,7 | 8,9 | 9,2 | 21,5 | 20,4 |
| 3. Sportveranstaltungen und Kriminal- bzw. Abenteuerfilm | 15,5 | 27,7 | 12,0 | 8,7 | 11,6 |
| 4. Sportveranstaltung und Sinfoniekonzert | 5,3 | 4,2 | 14,6 | 2,9 | 2,8 |
| 5. Sinfoniekonzert und Lyrikabend | 4,4 | 2,2 | 13,0 | 5,0 | 1,4 |
| 6. Sinfoniekonzert und Beat-Veranstaltung | 3,9 | 2,1 | 4,4 | 6,2 | 3,2 |

Frage 2: In welchen der beiden deutschen Staaten hat Ihrer Meinung nach der Jugendliche bessere persönliche Entwicklungsmöglichkeiten?

| | Bezirke % | Universitäten % | EOS % | Berufsschulen % | Insgesamt % |
|---|---|---|---|---|---|
| - in der Deutschen Demokratischen Republik | 85,5 | 82,7 | 87,0 | 79,6 | 83,7 |
| - in der Deutschen Bundesrepublik | 1,7 | 3,7 | 2,5 | 3,7 | 2,8 |
| - die Möglichkeiten sind im wesentlichen in den beiden Staaten gleich gut | 11,7 | 12,3 | 9,8 | 16,1 | 12,6 |
| - ohne Angaben | 1,1 | 1,3 | 0,7 | 0,6 | 0,9 |

**Frage 3:** Wovon lassen Sie sich vorwiegend leiten, wenn Sie die persönlichen Entwicklungsmöglichkeiten für Jugendliche beurteilen?

| | Bezirke % | Universitäten % | EOS % | Berufsschulen % | insgesamt % |
|---|---|---|---|---|---|
| - von den beruflichen Entwicklungsmöglichkeiten | 65,6 | 80,1 | 83,2 | 69,3 | 73,8 |
| - von den politischen Rechten für die Jugend | 24,2 | 33,9 | 42,8 | 25,8 | 31,0 |
| - von den Entwicklungsmöglichkeiten auf kulturellem Gebiet | 10,6 | 11,1 | 14,8 | 18,3 | 14,0 |
| - von den Entwicklungsmöglichkeiten auf sportlichem Gebiet | 17,8 | 8,3 | 16,4 | 21,7 | 16,9 |
| - von den Lebensbedingungen (Verdienstmöglichkeiten, Anschaffung von Gebrauchsgütern usw.) | 26,6 | 22,8 | 36,8 | 34,1 | 30,7 |

## Zu Frage 3

Die Beurteilung der Entwicklungsmöglichkeiten hängt insbesondere vom Alter der Befragten ab.

Starke Unterschiede zeigen sich bei den "beruflichen Entwicklungsmöglichkeiten" und bei den "politischen Rechten für die Jugend".

Berufliche Entwicklungsmöglichkeiten kreuzten an:

| | |
|---|---|
| Befragte bis zu 16 Jahren | 41,7 % |
| Befragte von 16 - 20 Jahren | 76,0 % |
| Befragte über 21 Jahre | 72,6 % |

Politische Rechte kreuzten an:

| | |
|---|---|
| Befragte bis zu 16 Jahren | 10,8 % |
| Befragte von 16 - 20 Jahren | 33,7 % |
| Befragte über 21 Jahre | 27,3 % |

Im Zusammenhang mit den Ergebnissen der Frage 2 ist bemerkenswert, daß die Befragten, die die DDR ankreuzten, sich überwiegend von den beruflichen Entwicklungsmöglichkeiten und den politischen Rechten für die Jugend leiten lassen, während diejenigen, die die Bundesrepublik ankreuzten, vor allem die "Lebensbedingungen" wählten.

**Frage 4:** Halten Sie es für richtig, wenn die Jugend zum politischen Denken erzogen wird oder finden Sie es besser, wenn die Erziehung der Jugend unpolitisch ist?

| | Bezirke % | Universitäten % | EOS % | Berufsschulen % | insgesamt % |
|---|---|---|---|---|---|
| - ich halte es für richtig, wenn die Jugend zum politischen Denken erzogen wird | 89,7 | 96,8 | 94,3 | 84,2 | 90,4 |
| - ich halte es für richtig, wenn die Erziehung der Jugend unpolitisch ist | 8,7 | 2,7 | 3,8 | 14,0 | 8,0 |
| - ohne Angaben | 1,6 | 0,5 | 1,9 | 1,8 | 1,6 |

- 11 -

Frage 5: Interessieren Sie sich für Politik?

|  | Bezirke % | Universitäten % | EOS % | Berufs-Schulen % | insgesamt % |
|---|---|---|---|---|---|
| - ja | 74,8 | 94,3 | 84,1 | 63,5 | 77,2 |
| - nein | 22,6 | 4,6 | 13,8 | 33,7 | 20,6 |
| - ohne Angaben | 2,6 | 1,1 | 2,1 | 2,8 | 2,2 |

Zum Vergleich mit unseren Ergebnissen sei hier das Resultat einer Umfrage unter westdeutschen Jugendlichen angeführt. (Ende 1965 durchgeführt von dem EMNID-Institut, Bielefeld, im Auftrage der "Deutschen Shell A.-G.")
Die Umfrage ergab, daß

48 Prozent der Befragten sich nicht für Politik interessieren,
weitere 28 Prozent haben nur "schwächers, inaktives Interesse" an der Politik,
"Starkes, aktives Interesse" an der Politik bekundeten nur 14 Prozent.

Bei den Ergebnissen unserer Umfrage liegt der Anteil der Berufsschüler, die sich nicht für Politik interessieren, mit 33,7 Prozent beträchtlich höher als der Anteil an EOS, Universitäten oder in den Bezirken.

Frage 6: Was meinen Sie, wird es in den nächsten Jahren zu einem Krieg in Europa kommen?

| | Bezirke % | Universitäten % | EOS % | Berufsschulen % | insgesamt % |
|---|---|---|---|---|---|
| - es wird unbedingt zu einem Krieg in Europa kommen | 0,7 | -- | 0,6 | 0,6 | 0,5 |
| - es wird vielleicht zu einem Krieg in Europa kommen | 9,8 | 13,0 | 22,1 | 15,7 | 15,2 |
| - es wird zu keinem Krieg in Europa kommen | 50,6 | 62,5 | 47,7 | 42,3 | 49,5 |
| - ich kann es nicht beurteilen | 38,2 | 23,6 | 29,0 | 41,0 | 34,2 |
| - ohne Angaben | 0,7 | 0,9 | 0,6 | 0,4 | 0,6 |

Eine fast gleichlautende Frage wurde Anfang des Jahres 1966 ebenfalls an Jugendliche gestellt zum Vergleich:

| | Anfang 1966 % | November 1966 % |
|---|---|---|
| - es wird unbedingt zu einem Krieg in Europa kommen | 1,1 | 0,5 |
| - es wird vielleicht zu einem Krieg in Europa kommen | 16,7 | 15,7 |
| - es wird zu keinem Krieg in Europa kommen | 55,3 | 49,5 |
| - ich kann es nicht beurteilen | 26,3 | 34,2 |
| - ohne Angaben | 0,6 | 0,6 |

- 13 -

**Frage 7:** Wie Sie wissen, wurde in der DDR vor einigen Jahren die Wehrpflicht eingeführt. Glauben Sie, daß die Wehrpflicht zur Erhaltung des Friedens und zum Schutz der DDR notwendig ist?

|  | Bezirke % | Universitäten % | EOS % | Berufsschulen % | insgesamt % |
|---|---|---|---|---|---|
| - sie ist notwendig | 74,5 | 62,7 | 79,0 | 67,1 | 71,3 |
| - sie ist nicht notwendig | 13,3 | 25,5 | 12,3 | 17,9 | 16,6 |
| - ich kann es nicht beurteilen | 11,2 | 10,2 | 6,9 | 13,1 | 10,6 |
| - ohne Angaben | 1,0 | 1,6 | 1,8 | 1,9 | 1,5 |

Beachtenswert: Ein Viertel aller Studenten hält die Wehrpflicht nicht für notwendig.

Mit 35,6 Prozent ist hier der Anteil der Studenten an der Technischen Hochschule, Karl-Marx-Stadt, besonders hoch. Auch an der Humboldt-Universität, Berlin, sind es noch 27,6 Prozent.

Beträchtliche Unterschiede ergeben sich, wenn das Ergebnis nach Männern und Frauen aufgegliedert wird.

Bei den Männern halten 22,7 Prozent die Wehrpflicht nicht für notwendig. Bei den Frauen sind es dagegen nur 9,6 Prozent.

Frage 8: Wir nennen Ihnen hier eine Reihe von Staaten. Würden Sie uns bitte sagen, welche dieser Staaten Ihrer Meinung nach durch ihre Politik am meisten zur Erhaltung des Friedens beitragen?

| | Bezirke % | Universitäten % | EOS % | Berufsschulen % | insgesamt % |
|---|---|---|---|---|---|
| - UdSSR | 85,2 | 81,5 | 93,1 | 84,8 | 86,5 |
| - USA | 2,7 | 4,0 | 2,5 | 4,6 | 3,5 |
| - Volksrepublik China | 3,3 | 0,5 | 0,5 | 2,4 | 1,5 |
| - Deutsche Bundesrepublik | 1,8 | 1,2 | 1,7 | 2,7 | 1,9 |
| - Deutsche Demokratische Republik | 64,6 | 49,9 | 76,4 | 69,5 | 66,5 |
| - England | 3,8 | 3,2 | 3,3 | 5,5 | 4,1 |
| - Frankreich | 22,4 | 30,8 | 31,2 | 25,8 | 27,1 |
| - Jugoslawien | 28,5 | 25,5 | 33,7 | 26,2 | 28,6 |
| - Vereinigte Arabische Republik | 25,7 | 16,7 | 32,1 | 25,4 | 25,6 |
| - Indien | 15,8 | 31,1 | 18,9 | 14,2 | 18,8 |

## Zu Frage 8

Die gleiche Frage wurde im März/April 1966 im Rahmen einer Umfrage gestellt, in die alle Altersgruppen und sozialen Schichten einbezogen waren.
Der Vergleich zwischen beiden Ergebnissen:

|  | März/April 1966 % | November 1966 % |
|---|---|---|
| UdSSR | 92,4 | 86,5 |
| USA | 8,8 | 3,5 |
| Volksrepublik China | 6,0 | 1,5 |
| Deutsche Bundesrepublik | 4,6 | 1,9 |
| Deutsche Demokratische Republik | 75,1 | 66,5 |
| England | 5,9 | 4,1 |
| Frankreich | 23,2 | 27,1 |
| Jugoslawien | 26,3 | 28,6 |
| Vereinigte Arabische Republik | 34,6 | 25,6 |
| Indien | 25,0 | 18,8 |

Auffallend ist bei der jetzigen Umfrage, daß nur rund 50 Prozent aller Studenten die DDR angekreuzt haben, die Studenten der TH Karl-Marx-Stadt sogar nur zu 39,9 Prozent.

Frage 9: Halten Sie die Auffassung für zutreffend, daß die westdeutsche Regierung eine
Politik der Revanche und der Kriegsvorbereitung betreibt?

|  | Bezirke % | Universitäten % | EOS % | Berufsschulen % | insgesamt % |
|---|---|---|---|---|---|
| - ja | 72,6 | 75,6 | 81,9 | 64,2 | 73,0 |
| - nein | 23,0 | 20,8 | 16,4 | 31,0 | 23,4 |
| - ohne Angaben | 4,4 | 3,6 | 1,7 | 4,8 | 3,6 |

Praktisch jeder dritte Berufsschüler glaubt nicht daran, daß die westdeutsche Regierung eine
Politik der Revanche und der Kriegsvorbereitung betreibt.

Nach Altersgruppen aufgegliedert, ergibt sich, daß ungefähr der gleiche Prozentsatz unter den
Jugendlichen bis zu 16 Jahren (35 Prozent) der gleichen Auffassung ist.

**Frage 10:** Halten Sie Verhandlungen über eine Konföderation zwischen den beiden deutschen Staaten mit der jetzigen westdeutschen Regierung für notwendig und richtig?

| | Bezirke % | Universitäten % | EOS % | Berufsschulen % | insgesamt % |
|---|---|---|---|---|---|
| ja | 79,2 | 77,4 | 81,7 | 83,5 | 80,8 |
| nein | 17,6 | 21,1 | 16,8 | 13,1 | 16,6 |
| ohne Angaben | 3,2 | 1,5 | 1,5 | 3,4 | 2,6 |

**Frage 11:** Glauben Sie, daß solche Verhandlungen über eine Konföderation mit der jetzigen westdeutschen Regierung überhaupt möglich sind?

| | Bezirke % | Universitäten % | EOS % | Berufsschulen % | insgesamt % |
|---|---|---|---|---|---|
| – ja | 44,4 | 33,2 | 37,2 | 51,6 | 42,7 |
| – nein | 49,8 | 64,4 | 60,0 | 43,1 | 53,0 |
| – ohne Angaben | 5,8 | 2,4 | 2,8 | 5,3 | 4,3 |

**Frage 12:** Wenn Sie Rundfunk hören, welche Art von Sendungen bevorzugen Sie?

| | Bezirke % | Universitäten % | EOS % | Berufsschulen % | insgesamt % |
|---|---|---|---|---|---|
| - Schlagersendungen | 76,6 | 51,1 | 85,7 | 90,8 | 78,7 |
| - Opernsendungen und klassische Musik | 14,0 | 40,9 | 23,7 | 12,8 | 20,8 |
| - Operettensendungen | 27,1 | 18,6 | 26,9 | 28,0 | 25,9 |
| - aus dem politischen Zeitgeschehen | 21,6 | 36,7 | 35,6 | 21,0 | 27,6 |
| - Wirtschaftssendungen | 9,1 | 10,7 | 8,5 | 6,2 | 8,4 |
| - naturwissenschaftliche und technische Sendungen | 20,1 | 29,7 | 33,5 | 23,8 | 26,3 |
| - Sportsendungen | 40,3 | 35,3 | 43,0 | 41,4 | 40,5 |
| - Hörspiele | 26,2 | 17,0 | 27,3 | 29,8 | 25,9 |
| - Kindersendungen | 8,5 | 1,8 | 1,2 | 2,5 | 3,7 |

Im Oktober 1966 wurde die gleiche Frage im Rahmen einer Betriebsumfrage unter allen Altersgruppen gestellt. Die Gegenüberstellung beider Ergebnisse:

| | Betrieb(Okt.66) % | Jugend(Nov. 66) % |
|---|---|---|
| - Schlagersendungen | 64,5 | 78,7 |
| - Opernsendungen und klassische Musik | 20,4 | 20,8 |
| - Operettensendungen | 55,7 | 25,9 |
| - aus dem politischen Zeitgeschehen | 20,2 | 27,6 |
| - Wirtschaftssendungen | 13,8 | 8,4 |
| - naturwissenschaftliche und technische Sendungen | 15,7 | 26,3 |
| - Sportsendungen | 40,5 | 30,0 |
| - Hörspiele | 52,4 | 25,9 |
| - Kindersendungen | 30,2 | 3,7 |

Frage 13: Wann hören Sie im Rundfunk die Nachrichten?

|  | Bezirke % | Universitäten % | EOS % | Berufsschulen % | insgesamt % |
|---|---|---|---|---|---|
| - regelmäßig jeden Tag | 39,4 | 50,9 | 42,5 | 28,8 | 39,0 |
| - wenn ich zufällig eingeschaltet habe | 32,8 | 22,4 | 24,8 | 30,8 | 28,4 |
| - wenn sie zwischen zwei interessanten Sendungen kommen | 5,2 | 1,9 | 9,8 | 13,9 | 8,3 |
| - wenn ich über ein bestimmtes Ereignis rasch informiert sein möchte | 18,5 | 22,3 | 21,0 | 22,9 | 21,1 |
| - ich höre keine Nachrichten | 3,3 | 1,4 | 1,7 | 3,4 | 2,6 |
| - ohne Angaben | 0,8 | 1,1 | 0,2 | 0,2 | 0,6 |

Das Bedürfnis, regelmäßig informiert zu sein, wächst mit zunehmendem Alter. Bei Jugendlichen unter 16 Jahren ist dieses Bedürfnis nur bei 22,5 Prozent feststellbar, bei Befragten, die 21 Jahre und älter sind, steigt der Prozentsatz dagegen auf 49,7 Prozent. Das zeigt sich auch beim Vergleich zwischen Studenten (50,9 %) und Berufsschülern (28,8 %).

Frage 14: Würden Sie uns bitte sagen, welche in- oder ausländischen Rundfunkstationen Sie am liebsten hören?

| | Bezirke % | Universitäten % | EOS % | Berufsschulen % | insgesamt % |
|---|---|---|---|---|---|
| DDR Sender | 24,3 | 22,1 | 19,4 | 11,9 | 19,1 |
| DT 64, Berliner Rundfunk | 23,0 | 32,9 | 46,7 | 29,5 | 32,7 |
| Freiheitssender 904, Soldatensender | 14,9 | 11,1 | 40,1 | 35,2 | 26,9 |
| Westdeutsche Sender, Freies Europa | 3,4 | 5,1 | 9,3 | 7,3 | 6,4 |
| Deutschlandfunk | 11,8 | 10,9 | 8,9 | 11,1 | 10,8 |
| Luxemburg | 16,5 | 12,1 | 29,5 | 47,2 | 28,2 |
| Kap. Soldatensender (AFN u.a.) | 0,3 | 1,6 | 5,6 | 5,8 | 3,6 |
| Kap. Sender (vor allem BBC) | 1,9 | 5,1 | 13,1 | 7,4 | 6,8 |
| Radio Prag | 6,1 | 9,0 | 7,5 | 3,9 | 6,4 |
| Sender sozialistischer Länder | 1,7 | 1,8 | 2,8 | 1,6 | 1,9 |
| keine besonderen Sender | 3,3 | 7,7 | 3,0 | 1,9 | 3,6 |
| Westberliner Sender | 0,6 | 5,6 | 2,7 | 3,5 | 2,8 |
| ohne Angaben | 24,9 | 20,7 | 7,5 | 8,6 | 15,0 |

zu Frage 14

Bei dieser Frage wurde kein Sender vorgegeben, jeder Befragte war aufgefordert worden, die Sender aufzuschreiben, die er am liebsten hört.
Das Ergebnis zeigt, daß die Mehrheit der Jugendlichen solche Sender bevorzugt, die überwiegend "heiße Musik" bringen. Dabei spielt es offensichtlich keine Rolle, ob es westliche Sender oder Sender in der DDR oder in anderen sozialistischen Ländern sind.

Viele der Befragten schrieben z.B. zugleich auf, daß sie DT 64 und Radio Luxemburg, Freiheitssender 904 und Deutschlandfunk, Radio Prag und BBC hören.

Radio Luxemburg wird vor allem von Berufsschülern (47,2 %) gehört.

Ein Vergleich zwischen den Ergebnissen der Frage 5 (Interessieren Sie sich für Politik?) und der vorliegenden Frage ergibt folgendes Bild:

Von denen, die sich für Politik interessieren, hören unsere Sender 83,6 Prozent. Diejenigen dagegen, die westliche Sender hören, interessieren sich nur zu 70 Prozent für Politik.

Frage 15: Wir nennen Ihnen hier einige Sendungen des Deutschen Fernsehfunks, welche davon sehen Sie sich gern an?

| | Bezirke % | Universitäten % | EOS % | Berufsschulen % | insgesamt % |
|---|---|---|---|---|---|
| - Tele-BZ | 12,8 | 9,8 | 16,8 | 10,3 | 12,5 |
| - Die Rumpelkammer | 38,1 | 19,9 | 41,9 | 42,7 | 37,2 |
| - Sport aktuell | 43,6 | 48,0 | 50,7 | 40,7 | 45,3 |
| - Der schwarze Kanal | 11,0 | 13,9 | 12,7 | 5,5 | 10,3 |
| - Die aktuelle Kamera | 29,4 | 25,8 | 31,2 | 19,3 | 26,2 |
| - Für den Filmfreund ausgewählt | 47,6 | 22,8 | 50,1 | 67,8 | 49,9 |
| - Prisma | 39,8 | 39,4 | 46,4 | 29,2 | 38,3 |
| - Objektiv | 14,6 | 13,2 | 20,1 | 13,5 | 15,7 |
| - Reiseberichte | 31,7 | 22,0 | 30,7 | 27,3 | 28,4 |
| - Mit dem Herzen dabei | 60,7 | 26,9 | 48,8 | 55,3 | 50,2 |
| - Treffpunkt Berlin | 5,3 | 1,4 | 5,2 | 2,3 | 3,7 |
| - Mit Filmreportern unterwegs | 21,4 | 5,3 | 19,0 | 17,7 | 17,1 |
| - Das Professoren-Kollegium tagt | 10,8 | 19,9 | 16,2 | 8,0 | 12,9 |
| - keine | 1,3 | 8,4 | 2,1 | 3,0 | 3,3 |

## Zu Frage 15

Bei dieser Frage, die auch in der einen Betriebsumfrage (November 1966) gestellt wurde, ergeben sich bei einigen der wichtigsten Sendungen folgende Vergleichswerte:

|  | Betriebsumfrage % | Jugendumfrage % |
|---|---|---|
| - Die Rumpelkammer | 55,9 | 37,2 |
| - Sport aktuell | 47,4 | 45,3 |
| - Der schwarze Kanal | 19,5 | 1o,3 |
| - Die aktuelle Kamera | 37,4 | 26,2 |
| - Für den Filmfreund ausgewählt | 53,4 | 49,9 |
| - Prisma | 5o,7 | 38,3 |
| - Objektiv | 22,7 | 15,7 |
| - Mit dem Herzen dabei | 67,0 | 5o,2 |
| - Treffpunkt Berlin | 13,0 | 3,7 |

Bemerkenswert ist, daß z.B. die Sendung "Mit dem Herzen dabei" nur von 26,9 Prozent aller Studenten angekreuzt wurde.

Frage 16: Wie reagieren Sie, wenn Ihnen eine Sendung des Deutschen Fernsehfunks nicht gefällt?

| | Bezirke % | Universitäten % | EOS % | Berufsschulen % | insgesamt % |
|---|---|---|---|---|---|
| - ich sehe sie mir trotzdem an | 15,4 | 7,9 | 9,5 | 7,6 | 10,3 |
| - ich schalte das Gerät ab | 50,7 | 47,4 | 58,1 | 40,0 | 48,8 |
| - ich schalte das Westfernsehen ein | 28,1 | 33,6 | 29,3 | 49,8 | 35,8 |
| - ohne Angaben | 5,8 | 11,1 | 3,1 | 2,6 | 5,1 |

Bei dieser Frage muß berücksichtigt werden, daß wir uns nicht danach erkundigten, ob die Befragten regelmäßig oder unregelmäßig das Westfernsehen einschalten. Trotzdem ist es beachtlich, daß jeder Dritte erklärte, daß er das Westfernsehen einschaltet, wenn ihm eine Sendung unseres Fernsehens nicht gefällt.
Die 35,8 Prozent sind ein Durchschnittswert, in dieser Zahl sind auch die Gebiete einbegriffen, wo der Empfang des Westfernsehens nicht oder kaum möglich ist.
Die Untersuchung, wie an den einzelnen Oberschulen die Antwortvorgabe "ich schalte das Westfernsehen ein" angekreuzt wurde, ergab erhebliche Unterschiede:

z.B. Max-Planck-Oberschule, Berlin 56,8 Prozent
EOS "Geschwister Scholl", Bernau 44,2 "
EOS "Große Schule", Genthin 64,8 "
EOS Sömmerda 25,6 "

Frage 17: Sie werden bestimmt manchmal Fragen haben, mit denen Sie nicht so ohne weiteres fertig werden. Würden Sie uns bitte sagen, mit wem Sie darüber am liebsten sprechen?

| | Bezirke % | Universitäten % | EOS % | Berufsschulen % | insgesamt % |
|---|---|---|---|---|---|
| **bei politischen Fragen** | | | | | |
| - mit meinen Eltern | 34,5 | 29,2 | 64,8 | 52,2 | 46,4 |
| - mit meinen Lehrer | 10,1 | 6,5 | 18,9 | 17,7 | 13,6 |
| - mit gleichaltrigen Freunden | 23,4 | 54,8 | 49,4 | 34,6 | 38,7 |
| - mit älteren Freunden und Bekannten | 20,0 | 17,4 | 10,9 | 14,2 | 15,5 |
| - ich versuche, diese Fragen selbst zu lösen | 22,4 | 22,0 | 19,3 | 15,4 | 19,5 |
| **bei Fragen, die die Beziehungen zwischen den Geschlechtern betreffen** | | | | | |
| - mit meinen Eltern | 34,4 | 19,7 | 47,3 | 42,2 | 37,3 |
| - mit meinen Lehrer | 1,3 | 0,7 | 2,3 | 2,1 | 1,7 |
| - mit gleichaltrigen Freunden | 25,3 | 38,2 | 51,6 | 41,0 | 38,8 |
| - mit älteren Freunden und Bekannten | 6,6 | 8,5 | 8,4 | 10,4 | 8,5 |
| - ich versuche, diese Fragen selbst zu lösen | 26,2 | 42,1 | 37,3 | 29,2 | 32,6 |

# INSTITUT FÜR MEINUNGSFORSCHUNG
## IN DER DEUTSCHEN DEMOKRATISCHEN REPUBLIK
### 108 BERLIN 8, POSTSCHLIESSFACH 95, AG 220

Entsprechend Grundsatzentscheidung des Leiters der Staatlichen Zentralverwaltung für Statistik der DDR stellt diese Befragung keine Berichterstattung gemäß § 1 der Verordnung über das Berichtswesen vom 2. Oktober 1958 (GBl. I/1958, S. 774) dar.
Die Beantwortung ist freiwillig.

## Umfrage
### zu einigen Problemen von Jugend und Politik

Liebe junge Bürgerin!
Lieber junger Bürger!

Um die Meinung der Jugend der Deutschen Demokratischen Republik zu einigen Problemen von Jugend und Politik kennenzulernen, wendet sich das

Institut für Meinungsforschung

mit der Bitte an Sie, den vorliegenden Fragebogen auszufüllen.

Ihren Namen haben wir durch eine Stichprobenauswahl aus der Einwohnermeldekartei ermittelt. Er ist für uns genauso zufällig wie die Namen der anderen Personen, die befragt werden.

Die Befragung ist anonym. Uns interessiert bei der Beantwortung weder Ihr Name noch Ihre Adresse, sondern nur Ihre Meinung. Deshalb ist es auch nicht möglich, Rückfrage bei Ihnen zu halten, wenn einzelne Fragen nur unvollständig oder nicht beantwortet werden.

Sie brauchen bei den Fragen nur eine der vorgegebenen Antwortmöglichkeiten anzukreuzen. Die hinter den Fragen stehenden Zahlen sind für die Auswertung bestimmt und für Sie ohne Bedeutung.

Schicken Sie uns bitte den ausgefüllten Fragebogen spätestens 3 Tage nach Erhalt im beiliegenden Freiumschlag zurück.

Wir danken Ihnen herzlich für Ihre Bemühungen.

Direktion
des Instituts für Meinungsforschung

1. Nehmen wir an, es würden Ihnen Freikarten für sieben verschiedene Veranstaltungen angeboten. Zwei der Veranstaltungen könnten Sie besuchen. Für welche würden Sie sich entscheiden? (Bitte wählen Sie nur zwei der vorgegebenen Möglichkeiten aus.)
   — für eine größere Sportveranstaltung ○ 3
   — für ein Sinfoniekonzert ○ 4
   — für einen Spielfilm aus der Geschichte der deutschen Arbeiterbewegung (zum Beispiel Liebknechtfilm, Ernst-Thälmann-Film usw.) ○ 5
   — für einen Lyrikabend ○ 6
   — für einen Kriminal- oder Abenteuerfilm ○ 7
   — für einen Lichtbildervortrag über die gegenwärtige Situation in Vietnam ○ 8
   — für eine Beat-Veranstaltung ○ 9

2. In welchen der beiden deutschen Staaten hat Ihrer Meinung nach der Jugendliche bessere persönliche Entwicklungsmöglichkeiten?
   — in der Deutschen Demokratischen Republik ○ (1) 13
   — in der Deutschen Bundesrepublik ○ (2)
   — die Möglichkeiten sind im wesentlichen in den beiden Staaten gleich gut ○ (3)

3. Wovon lassen Sie sich vorwiegend leiten, wenn Sie die persönlichen Entwicklungsmöglichkeiten für Jugendliche beurteilen?
   — von den beruflichen Entwicklungsmöglichkeiten ○ 14
   — von den politischen Rechten für die Jugend ○ 15
   — von den Entwicklungsmöglichkeiten auf kulturellem Gebiet ○ 16
   — von den Entwicklungsmöglichkeiten auf sportlichem Gebiet ○ 17
   — von den Lebensbedingungen (Verdienstmöglichkeiten, Anschaffung von Gebrauchsgütern usw.) ○ 18
   — von welchen anderen, hier nicht aufgeführten Möglichkeiten

   19—22

4. Halten Sie es für richtig, wenn die Jugend zum politischen Denken erzogen wird oder finden Sie es besser, wenn die Erziehung der Jugend unpolitisch ist?
   — ich halte es für richtig, wenn die Jugend zum politischen Denken erzogen wird ○ (1) 23
   — ich halte es für richtig, wenn die Erziehung der Jugend unpolitisch ist ○ (2)

5. Interessieren Sie sich für Politik?
   — ja ○ (1) 24
   — nein ○ (2)

6. Was meinen Sie, wird es in den nächsten Jahren zu einem Krieg in Europa kommen?
   — es wird unbedingt zu einem Krieg in Europa kommen ○ (1) 25
   — es wird vielleicht zu einem Krieg in Europa kommen ○ (2)
   — es wird zu keinem Krieg in Europa kommen ○ (3)
   — ich kann es nicht beurteilen ○ (4)

7. Wie Sie wissen, wurde in der DDR vor einigen Jahren die Wehrpflicht eingeführt. Glauben Sie, daß die Wehrpflicht zur Erhaltung des Friedens und zum Schutz der DDR notwendig ist?
   — sie ist notwendig ○ (1) 26
   — sie ist nicht notwendig ○ (2)
   — ich kann es nicht beurteilen ○ (3)

8. Wir nennen Ihnen hier eine Reihe von Staaten. Würden Sie uns bitte sagen, welche dieser Staaten Ihrer Meinung nach durch ihre Politik am meisten zur Erhaltung des Friedens beitragen?
   — UdSSR ○ 27
   — USA ○ 28
   — Volksrepublik China ○ 29
   — Deutsche Bundesrepublik ○ 30
   — Deutsche Demokratische Republik ○ 31
   — England ○ 32
   — Frankreich ○ 33
   — Jugoslawien ○ 34
   — Vereinigte Arabische Republik ○ 35
   — Indien ○ 36

9. Halten Sie die Auffassung für zutreffend, daß die westdeutsche Regierung eine Politik der Revanche und der Kriegsvorbereitung betreibt?
   — ja ○ (1) 37
   — nein ○ (2)

10. Halten Sie Verhandlungen über eine Konföderation zwischen den beiden deutschen Staaten mit der jetzigen westdeutschen Regierung für notwendig und richtig?
    — ja ○ (1) 38
    — nein ○ (2)

11. Glauben Sie, daß solche Verhandlungen über eine Konföderation mit der jetzigen westdeutschen Regierung überhaupt möglich sind?
    — ja ○ (1) 39
    — nein ○ (2)

12. Wenn Sie Rundfunk hören, welche Art von Sendungen bevorzugen Sie?
    — Schlagersendungen ○ 40
    — Opernsendungen und klassische Musik ○ 41
    — Operettensendungen ○ 42
    — aus dem politischen Zeitgeschehen ○ 43
    — Wirtschaftssendungen ○ 44
    — naturwissenschaftliche und technische Sendungen ○ 45
    — Sportsendungen ○ 46
    — Hörspiele ○ 47
    — Kindersendungen ○ 48

13. **Wann hören Sie im Rundfunk die Nachrichten?**
    — regelmäßig jeden Tag ○ (1) 49
    — wenn ich zufällig eingeschaltet habe ○ (2)
    — wenn sie zwischen zwei interessanten Sendungen kommen ○ (3)
    — wenn ich über ein bestimmtes Ereignis rasch informiert sein möchte ○ (4)
    — ich höre keine Nachrichten ○ (5)

14. **Würden Sie uns bitte sagen, welche in- oder ausländischen Rundfunkstationen Sie am liebsten hören?**
    ............................................................ 50—59

15. **Wir nennen Ihnen hier einige Sendungen des Deutschen Fernsehfunks, welche davon sehen Sie sich gern an?**
    — Tele-BZ ○ 103
    — Die Rumpelkammer ○ 104
    — Sport aktuell ○ 105
    — Der schwarze Kanal ○ 106
    — Die aktuelle Kamera ○ 107
    — Für den Filmfreund ausgewählt ○ 108
    — Prisma ○ 109
    — Objektiv ○ 110
    — Reiseberichte ○ 111
    — Mit dem Herzen dabei ○ 112
    — Treffpunkt Berlin ○ 113
    — Mit Filmreportern unterwegs ○ 114
    — Das Professoren-Kollegium tagt ○ 115
    — keine ○ 116

16. **Wie reagieren Sie, wenn Ihnen eine Sendung des Deutschen Fernsehfunks nicht gefällt?**
    — ich sehe sie mir trotzdem an ○ (1) 117
    — ich schalte das Gerät ab ○ (2)
    — ich schalte das Westfernsehen ein ○ (3)

17. **Sie werden bestimmt manchmal Fragen haben, mit denen Sie nicht so ohne weiteres fertig werden. Würden Sie uns bitte sagen, mit wem Sie darüber am liebsten sprechen?**

|  | bei politischen Fragen | bei Fragen, die die Beziehungen zwischen Jungen und Mädchen betreffen |
|---|---|---|
| — mit meinen Eltern | ○ 118 | ○ 123 |
| — mit meinem Lehrer | ○ 119 | ○ 124 |
| — mit gleichaltrigen Freunden | ○ 120 | ○ 125 |
| — mit älteren Freunden und Bekannten | ○ 121 | ○ 126 |
| — ich versuche, diese Fragen selbst zu lösen | ○ 122 | ○ 127 |

18. **Welchen Geschlechts sind Sie?**
    — männlich ○ (1) 60
    — weiblich ○ (2)

19. **Wie alt sind Sie?**
    — unter 16 Jahre ○ (1) 61
    — 16 bis 20 Jahre ○ (2)
    — 21 Jahre und älter ○ (3)

20. **Als was sind Sie tätig?**
    — Arbeiter (auch Facharbeiter) ○ (1) 62
    — Angestellter ○ (2)
    — Angehöriger der Intelligenz ○ (3)
    — Handwerker oder Gewerbetreibender (auch Mitglied einer PGH) ○ (4)
    — Genossenschaftsbauer oder in der Landwirtschaft Beschäftigter ○ (5)
    — Hausfrau ○ (6)
    — Lehrling ○ (7)
    — Oberschüler ○ (8)
    — Student ○ (9)

Dokument V

Bericht über eine Umfrage zu einigen Problemen der Wirtschaft und Politik im Bezirk Halle (6. 3. 1967)

Umlauf: Gen. Heinrich gls. Gen. Dr. Hübner
Gen. Herrmann E. " Siegmund h. Gen. Acker
" Maldrecht h. " Wolff
" Fischer F. " Wagner

**Streng vertraulich!**

Institut für Meinungsforschung
beim ZK der SED

Berlin, den 6. März 1967

Bericht über eine Umfrage zu einigen Problemen
der Wirtschaft und Politik im Bezirk  H a l l e
=================================================

Basis: Umfrage in zehn Betrieben des Bezirkes Halle.
Die Fragebogen wurden in jedem Betrieb in
geschlossenen Produktionsbereichen mit unterschiedlichem Niveau an die dort Beschäftigten
(vorwiegend Produktionsarbeiter) übergeben.
In die Auswertung wurden insgesamt
   1.626 Fragebogen
einbezogen.

Methode: Mitglieder der Betriebsparteiorganisation
übergaben die Fragebogen in den Produktionsbereichen und sammelten sie nach dem Ausfüllen
mit versiegelten Urnen wieder ein.

Zeitraum der
Befragung:       15. - 18. Februar 1967

bestätigt durch

K. Maron

Karl Maron
Leiter des Instituts

**Verteiler:**
Ormig-Platten
Büro Mittag

## Statistische Angaben

### Gesamtübersicht

| | |
|---|---|
| Anzahl der ausgegebenen Fragebogen | 1.954 |
| Anzahl der zurückgegebenen Fragebogen | 1.785 |
| Anzahl der auswertbaren Fragebogen | 1.626 |

### Übersicht über die einzelnen Betriebe

| | auswertbare Fragebogen: |
|---|---|
| Institut für lederverarbeitende Industrie, Weißenfels | 90 |
| VEB Filmfabrik Wolfen | 187 |
| VEB Zitza-Werk, Zeitz | 179 |
| VEB Zeitzer Kinderwagen-Werk, Zeitz | 196 |
| VEB Maschinenfabrik Halle | 226 |
| VEB Elektromotorenwerk Dessau | 201 |
| VEB Hallesche Kleiderwerke, Halle | 134 |
| VEB Zeitzer Lederwaren, Zeitz | 175 |
| VEB Möbelwerk Wittenberg | 70 |
| VEB Süßwarenfabrik Halloren, Halle | 168 |

## Anteile der männlichen und weiblichen Befragten

| | |
|---|---|
| Männer | 589 = 36,2 % |
| Frauen | 1.032 = 63,5 % |
| ohne Angaben | 5 = 0,3 % |
| | 1.626 |

## Gliederung nach der Tätigkeit

| | |
|---|---|
| Arbeiter | 1.230 = 75,6 % |
| Meister bzw. Brigadiere | 86 = 5,3 % |
| Angestellte | 217 = 13,4 % |
| Intelligenz | 68 = 4,2 % |
| Lehrlinge | 22 = 1,3 % |
| ohne Angaben | 3 = 0,2 % |

## Anteile der Altersgruppen

| | |
|---|---|
| - 24 Jahre | 266 = 16,4 % |
| 25 - 29 Jahre | 266 = 16,4 % |
| 30 - 39 Jahre | 432 = 26,6 % |
| 40 - 49 Jahre | 319 = 19,4 % |
| 50 - 59 Jahre | 259 = 15,9 % |
| 60 Jahre und älter | 85 = 5,2 % |
| ohne Angaben | 2 = 0,1 % |

**Frage 1:** Wenn Sie Ihre wirtschaftlichen Verhältnisse
überdenken, zu welcher Einschätzung würden Sie
kommen?

| | |
|---|---|
| - sehr gut | 1,8 % |
| - gut | 36,2 % |
| - teils, teils | 50,3 % |
| - nicht so gut | 7,3 % |
| - schlecht | 2,3 % |
| - ohne Angaben | 2,1 % |

Bei der Umfrage wurde wie in Berlin Wert darauf gelegt, daß
vor allem Produktionsarbeiter befragt werden
(75,6 % aller Befragten, in Berlin 74,7 %).

Im Bezirk Halle wurden jedoch vorwiegend Betriebe in die
Umfrage einbezogen, in denen der Frauenanteil sehr groß
ist. (Zwei Drittel aller Befragten waren Frauen, in Berlin
war es dagegen nur ein Drittel).

Unter Berücksichtigung dieser Faktoren ist es beachtlich,
daß 88,3 % ihre wirtschaftliche Lage (von "sehr gut"
bis "teils,teils") positiv einschätzen.

Trotzdem zeigt ein Vergleich zum Berliner Gesamtergebnis,
daß es in dieser Frage keine wesentlichen Unterschiede gibt

| | Halle % | Berlin % |
|---|---|---|
| - sehr gut | 1,8 | 1,7 |
| - gut | 36,2 | 33,3 |
| - teils, teils | 50,3 | 48,0 |
| - nicht so gut | 7,3 % | 12,7 |
| - schlecht | 2,3 | 3,2 |
| - ohne Angaben | 2,1 | 1,1 |

**Frage 2:** In welchem der beiden deutschen Staaten gibt es Ihrer Meinung nach für den Arbeiter mehr soziale Sicherheit?

- in der DDR                92,7 %
- in der Bundesrepublik     1,7 %
- ohne Angaben              5,6 %

Eine fast gleichlautende Frage wurde im November 1965 in 42 Großbetrieben der DDR gestellt. Damals erklärten 87 Prozent aller Befragten, daß es in der DDR mehr soziale Sicherheit gibt, in den damals befragten Betrieben des Bezirks Halle waren es rund 89 Prozent

Wie in den Berliner Betrieben ist die Veränderung des Ergebnisses vermutlich in der Tatsache zu sehen, daß die unsichere wirtschaftliche Situation in Westdeutschland die Arbeiter in unserem Betrieben Vergleiche anstellen läßt.

**Frage 3:** Ganz allgemein gesprochen: Sind Sie mit den Arbeitsbedingungen in Ihrem Betrieb zufrieden?

- zufrieden         56,0 %
- nicht zufrieden   36,9 %
- ohne Angaben       7,1 %

Im Vergleich zu Berlin zeigen sich bei dieser Frage erhebliche Unterschiede:

|                   | Halle % | Berlin % |
|---|---|---|
| - zufrieden       | 56,0    | 45,2     |
| - nicht zufrieden | 36,9    | 51,5     |
| - ohne Angaben    | 7,1     | 3,3      |

Die meisten "Zufriedenen" gibt es in folgenden Betrieben des Bezirks Halle:

| | |
|---|---|
| VEB Filmfabrik Wolfen | 79,1 % |
| Institut für lederverarbeitende Industrie, Weißenfels | 75,6 % |
| VEB Möbelwerk, Wittenberg | 65,7 % |

Die meisten "Unzufriedenen" gibt es in folgenden Betrieben des Bezirks Halle:

| | |
|---|---|
| VEB Maschinenfabrik Halle | 60,2 % |
| VEB Zeitzer Lederwaren | 48,0 % |
| VEB Elektromotorenwerke Dessau | 47,8 % |

**Frage 4:** Was müßte Ihrer Ansicht nach getan werden, um die Produktion in Ihrer Abteilung bzw. Ihrem Meisterbereich zu verbessern?

- Verbesserung der Arbeitsorganisation
  und Sicherung eines kontinuierlichen
  Produktionsablaufs                                                   35,4 %
- bessere Ausnutzung der Maschinen                                     11,5 %
- Modernisierung der vorhandenen
  Technik                                                              20,4 %
- bessere Materialbereitstellung                                       42,5 %
- Verbesserung des materiellen Anreizes                                29,7 %
- bessere Zusammenarbeit zwischen Arbeitern
  und Meistern bzw. Abteilungsleitern                                  25,4 %

Im VEB Maschinenfabrik Halle und VEB Elektromotorenwerke Dessau, in denen es auch die meisten "Unzufriedenen" gibt, kritisierten 60,6 bzw. 55,7 Prozent der Befragten die Arbeitsorganisation und die Mängel im kontinuierlichen Produktionsablauf.

Die Forderung auf bessere Materialbereitstellung spielt in folgenden Betrieben offensichtlich die größte Rolle:

| | |
|---|---|
| VEB Zitza-Werk, Zeitz | 65,4 % |
| VEB Möbelwerk Wittenberg | 57,1 % |
| VEB Zeitzer Kinderwagen-Werk | 56,1 % |

Bei den Gesamtzahlen muß berücksichtigt werden, daß die Befragten im Institut für lederverarbeitende Industrie, Weißenfels, die ausschließlich mit Forschungs- und Entwicklungsarbeiten beschäftigt sind, die Fragen 4 und 5 nicht beantwortet haben.

**Frage 5:** Was meinen Sie: Entsprechen die Erzeugnisse, an denen Sie mitarbeiten, in Qualität und Kosten dem Welthöchststand?

a) **in der Qualität**

| | |
|---|---|
| - ja | 29,2 % |
| - nein | 26,4 % |
| - ich weiß es nicht | 32,0 % |
| - ohne Angaben | 12,4 % |

Die Zahl derjenigen, die **nicht wissen**, ob die Qualität ihrer Erzeugnisse dem Welthöchststand entspricht, ist in einigen Betrieben besonders hoch.
An der Spitze stehen dabei:

| | |
|---|---|
| VEB Hallesche Kleiderwerke | 41,8 % |
| VEB Zitza-Werk, Zeitz | 40,8 % |

Die Tendenz, daß weibliche Befragte viel weniger informiert sind, zeigt sich auch bei der Umfrage im Bezirk Halle:

| | Halle % | Berlin % |
|---|---|---|
| männlich | 23,6 | 23,8 |
| weiblich | 36,6 | 38,3 |

Der hohe Anteil "ohne Angaben" ist vor allem darauf zurückzuführen, daß die Befragten im "Institut für lederverarbeitende Industrie" zumeist diese Frage unbeantwortet ließen.

**Frage 5:** Was meinen Sie: Entsprechen die Erzeugnisse, an denen Sie mitarbeiten, in Qualität und Kosten dem Welthöchststand?

  b) **bei den Kosten**

  - ja              12,9 %
  - nein            24,0 %
  - ich weiß es nicht   45,1 %
  - ohne Angaben    18,0 %

Auch hier zeigt der Vergleich Halle - Berlin, daß vor allem die weiblichen Befragten **nicht informiert** sind, ob ihre Erzeugnisse bei den Kosten dem Welthöchststand entsprechen:

|  | Halle % | Berlin % |
|---|---|---|
| männlich | 36,2 % | 34,0 % |
| weiblich | 50,1 % | 50,7 % |

**Frage 6:** Anfang Dezember wurde in der Zeitung "Neues Deutschland" ein Artikel von Gerhard K a s t aus dem VEB Funkwerk Köpenick veröffentlicht. Der Verfasser legte u.a. dar, warum sein Betrieb nicht mehr mit Verlust arbeiten darf. Sie wissen sicher, daß der Artikel Gerhard Kasts eine breite Diskussion ausgelöst hat. Können Sie uns bitte sagen, ob dieser Artikel auch in Ihrem Arbeitsbereich diskutiert worden ist?

- Der Artikel wurde diskutiert und es wurden auch entsprechende Schlußfolgerungen gezogen     2,8 %
- über den Artikel wurde gesprochen     8,7 %
- ich habe von dem Artikel gehört     24,1 %
- ich kenne den Artikel nicht     54,8 %
- ohne Angaben     9,6 %

In folgenden Betrieben ist der Artikel Gerhard K a s t's am wenigsten bekannt:

| | |
|---|---|
| VEB Zeitzer Lederwaren | 68,6 % |
| VEB Hallesche Kleiderwerke | 67,9 % |
| VEB Möbelwerk Wittenberg | 64,3 % |

Der Vergleich Halle - Berlin nach Geschlechtern zeigt auch hier wieder Übereinstimmung

| Den Artikel kennen nicht: | Halle % | Berlin % |
|---|---|---|
| männlich | 45,2 | 42,3 |
| weiblich | 60,2 | 61,2 |

**Frage 7:** In Ihrem Betrieb ist gewiß des öfteren über die komplexe sozialistische Rationalisierung gesprochen worden. Sind Ihnen die Maßnahmen, die in Ihrem Arbeitsbereich in dieser Hinsicht vorgesehen sind, bekannt?

- ja             58,5 %
- nein          29,3 %
- ohne Angaben   12,2 %

Wie in Berlin, ist in den Betrieben, in denen viele mit ihren Arbeitsbedingungen nicht zufrieden sind, auch der Anteil derjenigen sehr hoch, die nicht über die geplanten Rationalisierungsmaßnahmen informiert sind.

Das betrifft vor allem:

| | |
|---|---|
| VEB Maschinenfabrik Halle | 40,7% |
| VEB Zeitzer Lederwaren | 40,0 % |

In einigen Frauenbetrieben war der Anteil derjenigen sehr hoch, die keine Antwort auf diese Frage gaben:

| | |
|---|---|
| VEB Zeitzer Kinderwagen-Werk | 20,4 % |
| VEB Süßwarenfabrik "Halloren", Halle | 18,5 % |
| VEB Zeitzer Lederwaren | 17,7 % |

**Frage 8:** Haben Sie an der Ausarbeitung dieser Maßnahmen
teilgenommen?

- ja                23,2 %
- nein              63,0 %
- ohne Angaben      13,8 %

In folgenden Betrieben sind die wenigsten an der
Ausarbeitung der Rationalisierungsmaßnahmen beteiligt:

VEB Hallesche Kleiderwerke        10,4 %
VEB Zeitzer Lederwaren            14,3 %
VEB Möbelwerk Wittenberg          15,7 %
VEB Maschinenfabrik Halle         17,7 %

Ein Vergleich Berlin - Halle bei den Gesamtzahlen
zu den Fragen 7 und 8 beweist, daß es auch hier kaum
Unterschiede gibt

Rationalisierungsmaßnahmen bekannt:

|  | Berlin % | Halle % |
|---|---|---|
| - ja | 57,3 | 58,5 |
| - nein und "ohne Angaben" | 42,7 | 41,5 |

An der Ausarbeitung beteiligt:

|  | | |
|---|---|---|
| - ja | 20,9 | 23,2 |
| - nein und "ohne Angaben" | 79,1 | 76,8 |

**Frage 9:** Gegenwärtig wird ein Wettbewerb zu Ehren des VII. Parteitages der SED durchgeführt. Würden Sie uns bitte sagen, ob Sie am Wettbewerb teilnehmen?

- ich nehme am Wettbewerb teil     54,9 %
- ich nehme nicht am Wettbewerb teil     32,7 %
- ohne Angaben     12,4 %

Die höchste Beteiligung am Wettbewerb gibt es in:

| | |
|---|---|
| VEB Filmfabrik Wolfen | 64,2 % |
| VEB Zitza.Werk, Zeitz | 58,7 % |
| VEB Kinderwagenwerk Zeitz | 58,2 |

Die niedrigste Beteiligung gibt es im:

| | |
|---|---|
| VEB Elektromotorenwerk Dessau | 47,8 % |
| VEB Süßwarenfabrik "Halloren", Halle | 48,2 % |

Die Gegenüberstellung Halle – Berlin zeigt in der Gesamtzahl keine wesentlichen Unterschiede

| | Halle % | Berlin % |
|---|---|---|
| - ja | 54,9 | 55,4 |
| - nein | 32,7 | 37,6 |
| - ohne Angaben | 12,4 | 7,0 |

Frage 10: Wenn Sie am Wettbewerb teilnehmen, haben Sie
im Rahmen des Wettbewerbs Aufgaben übernommen,
deren Ergebnisse meßbar sind?

- ja               35,2 %
- nein             41,3 %
- ohne Angaben     23,5 %

In einigen Betrieben übersteigt die Differenz zwischen der Teilnahme am Wettbewerb und der Übernahme meßbarer Aufgaben den Durchschnitt:

|  | Teilnahme % | meßbare Aufgaben % |
|---|---|---|
| VEB Zeitser Lederwaren | 53,7 | 28,6 |
| VEB Filmfabrik Wolfen | 64,2 | 41,7 |
| VEB Süßwarenfabrik "Halloren", Halle | 48,2 | 27,4 |

**Frage 11:** Würden Sie die Erzeugnisse aus Ihrem Betrieb ohne Bedenken kaufen?

| | |
|---|---|
| - alle Erzeugnisse | 24,0 % |
| - einige Erzeugnisse | 63,2 % |
| - keine | 7,8 % |
| - ohne Angaben | 5,0 % |

In folgenden Betrieben würden die wenigsten Befragten alle Erzeugnisse ohne Bedenken kaufen:

| | |
|---|---|
| VEB Maschinenfabrik Halle | 10,6 % |
| VEB Elektromotorenwerke Dessau | 12,9 % |
| VEB Zeitzer Lederwaren | 15,4 % |
| VEB Hallesche Kleiderwerke | 15,7 % |

Im VEB Süßwarenfabrik "Halloren", Halle würden dagegen 47,0 Prozent, im VEB Filmfabrik Wolfen 36,4 Prozent aller Befragten alle ihre Erzeugnisse kaufen.

Die Gegenüberstellung Halle - Berlin zeigt, daß im Bezirk Halle die Zahl derjenigen beträchtlich höher ist, die alle ihre Erzeugnisse ohne Bedenken kaufen würden.

| | Halle % | Berlin % |
|---|---|---|
| alle Erzeugnisse | 24,0 | 16,6 |
| einige Erzeugnisse | 63,2 | 63,1 |
| keine | 7,8 | 13,9 |
| ohne Angaben | 5,0 | 6,4 |

**Frage 12:** In Bonn ist vor einigen Wochen die Regierung
Kiesinger-Strauß gebildet worden, an der auch
sozialdemokratische Minister beteiligt sind.
Was meinen Sie: wird diese Regierung

| | |
|---|---|
| - den Kurs der Adenauer- und Erhard-Regierung fortsetzen | 45,9 % |
| - bemüht sein, zur Entspannung in Europa beizutragen | 17,3 % |
| - nach Annäherung der beiden deutschen Staaten streben | 14,2 % |
| - bemüht sein, zur Entspannung in Europa beizutragen und nach Annäherung der beiden deutschen Staaten streben | 3,3 % |
| - ohne Angaben | 19,3 % |

Der Anteil der Befragten, der die Ansicht vertritt, die
Kiesinger-Strauß Regierung werde die alte Politik
fortsetzen ist im Vergleich zu Berlin etwas höher
(Berlin 41,4 %)

Die in Berlin festgestellte Tendenz, daß vor allem
der Frauenanteil in der Rubrik "ohne Angaben" sehr groß
ist, zeigt sich in Halle ebenfalls stärker.

|  | Halle % | Berlin % |
|---|---|---|
| männlich | 8,1 | 6,6 |
| weiblich | 25,6 | 20,2 |

**Frage 13:** Glauben Sie, daß die sozialdemokratischen Minister, die der Regierung Kiesinger-Strauß angehören, einen positiven Einfluß auf die Bonner Regierungspolitik ausüben?

- ja                            17,2 %
- nein                        35,6 %
- ich weiß es nicht     36,8 %
- ohne Angaben        10,4 %

Die Illusion, die sozialdemokratischen Minister könnten einen positiven Einfluß auf die Bonner Politik ausüben, ist in Halle weit weniger ausgeprägt, als in Berlin.
(Halle 17,2 %, Berlin 32,0 %)

Dafür ist der Anteil der Befragten, die "ich weiß es nicht" angekreuzt haben, in Halle größer als in Berlin.
(Halle 36,8 %, Berlin 25,9 %)

Die Betriebe, in denen am stärksten die Auffassung über einen möglichen positiven Einfluß der SP-Minister vertreten ist, sind:

| | |
|---|---|
| VEB Maschinenfabrik Halle | 23,9 % |
| Institut für lederverarbeitende Industrie, Weißenfels | 21,1 % |
| VEB Möbelwerk Wittenberg | 20,0 % |

**Frage 14:** Was ist Ihrer Meinung nach in der Entwicklung der Deutschlandpolitik der nächsten Zeit möglich?

- die Vereinigung der beiden deutschen Staaten — 7,6 %
- die Konföderation beider deutscher Staaten — 3,4 %
- eine gewisse Annäherung der beiden deutschen Staaten — 19,8 %
- es wird sich vorläufig nichts ändern — 60,0 %
- die Konföderation beider deutscher Staaten - eine gewisse Annäherung der beiden deutschen Staaten — 1,8 %
- ohne Angaben — 8,0

Der Anteil derjenigen, die der Meinung sind, es werde sich vorläufig in der Deutschlandpolitik nichts ändern, ist in Halle wie in Berlin gleichgroß.

(Halle 60,0 % = Berlin 60,1 %)

**Frage 15:** Welcher Gesellschaftsordnung gehört Ihrer Meinung nach in ganz Deutschland die Zukunft?

- der sozialistischen Gesellschaftsordnung — 83,4 %
- der kapitalistischen Gesellschaftsordnung — 2,2 %
- der sozialistischen Gesellschaftsordnung - der kapitalistischen Gesellschaftsordnung — 1,2 %
- ohne Angaben — 13,2 %

Im Vergleich zu Berlin ist im Bezirk Halle die Ansicht bedeutend stärker vertreten, daß dem Sozialismus in ganz Deutschland die Zukunft gehört

(Halle 83,4 %, Berlin 74,8 %).

Bei unserer Umfrage im Mai/Juni 1965, durchgeführt in acht Bezirken, erreichte der Gesamtdurchschnitt 78 %.

Dokument VI

Bericht über eine Umfrage zu einigen Problemen der Wirtschaft und Politik im Bezirk Erfurt (13. 3. 1967)

*Gen. Lambes*

Institut für Meinungsforschung
beim ZK der SED

Streng vertraulich !
==============================

Berlin, den 13. März 1967

## Bericht über eine Umfrage zu einigen Problemen der Wirtschaft und Politik im Bezirk Erfurt
==================================================================

Basis: Umfrage in zehn Betrieben des Bezirks Erfurt. Die Fragebogen wurden in jedem Betrieb in geschlossenen Produktionsbereichen an die dort Beschäftigten (vorwiegend Produktionsarbeiter) übergeben.

Es wurden insgesamt 1.787 Fragebogen ausgewertet.

Methode: Mitglieder der Betriebsparteiorganisation übergaben die Fragebogen in den Produktionsbereichen und sammelten sie nach dem Ausfüllen mit versiegelten Urnen wieder ein.

Zeitraum der
Befragung: 21. - 28. Februar 1967

bestätigt durch

Karl Maron
Leiter des Instituts

Verteiler:
Ormig-Platten
am Büro Mittag

Statistische Angaben

Gesamtübersicht

    Anzahl der ausgegebenen Fragebogen    2.112
    Anzahl der auswertbaren Fragebogen    1.787

Übersicht über die einzelnen Betriebe

| | auswertbare Fragebogen |
|---|---|
| Institut für Baustoffe der Deutschen Bauakademie Weimar | 86 |
| VEB Baumwollspinnerei Leinefelde | 219 |
| VEB Funkwerk Erfurt | 217 |
| VEB IFA Motorenwerke Nordhausen | 238 |
| VEB Weimar-Werk | 218 |
| VEB Automobilwerk Eisenach | 275 |
| VEB Schuhfabrik "Paul Schäfer" Erfurt | 163 |
| VEB Möbelwerk Bad Langensalza | 97 |
| VEB Obertrikotagen-Werk "Einheit" Mühlhausen | 175 |
| VEB Fleischkombinat Nordhausen | 99 |

### Anteile der männlichen und weiblichen Befragten

| | | |
|---|---|---|
| Männer | 1038 | = 58,1 % |
| Frauen | 745 | = 41,7 % |
| ohne Angaben | 4 | = 0,2 % |
| | 1787 | |

### Gliederung nach der Tätigkeit

| | | |
|---|---|---|
| Arbeiter | 1405 | = 78,6 % |
| Meister bzw. Brigadiere | 136 | = 7,6 % |
| Angestellte | 132 | = 7,4 % |
| Intelligenz | 62 | = 3,5 % |
| Lehrlinge | 47 | = 2,6 % |
| ohne Angaben | 5 | = 0,3 % |

### Anteile der Altersgruppen

| | | |
|---|---|---|
| bis 24 Jahre | 395 | = 22,1 % |
| 25 - 29 Jahre | 334 | = 18,7 % |
| 30 - 39 Jahre | 408 | = 22,8 % |
| 40 - 49 Jahre | 322 | = 18,0 % |
| 50 - 59 Jahre | 232 | = 13,0 % |
| 60 Jahre und älter | 93 | = 5,2 % |
| ohne Angaben | 3 | = 0,2 % |

**Frage 1:** Wenn Sie Ihre wirtschaftlichen Verhältnisse überdenken, zu welcher Einschätzung würden Sie kommen? Sie sind

|  | Gesamt % |
|---|---|
| - sehr gut | 1,3 |
| - gut | 35,6 |
| - teils, teils | 47,3 |
| - nicht so gut | 11,6 |
| - schlecht | 2,6 |
| - ohne Angaben | 1,6 |

Wie bei den vorhergehenden Umfragen zum gleichen Thema wurden vor allem Produktionsarbeiter befragt (Berlin 74,7 %, Halle 75,6 %, Erfurt 78,6 %)

Die Vergleichswerte zu Berlin zeigen, daß es im Bezirk Erfurt keine Unterschiede bei der Einschätzung der wirtschaftlichen Verhältnisse der Befragten gibt.

|  | Erfurt % | Berlin % |
|---|---|---|
| - sehr gut | 1,3 | 1,7 |
| - gut | 35,6 | 33,3 |
| - teils, teils | 47,3 | 48,0 |
| - nicht so gut | 11,6 | 12,7 |
| - schlecht | 2,6 | 3,2 |
| - ohne Angaben | 1,6 | 1,1 |

Frage 2: In welchem der beiden deutschen Staaten gibt es
Ihrer Meinung nach für den Arbeiter mehr
soziale Sicherheit?

                                                Gesamt %

- in der DDR               89,9
- in der Bundesrepublik     3,6
- ohne Angaben           6,5

Bei unserer Umfrage im November 1965 (in 42 Großbetrieben)
erklärten die Befragten in den Erfurter Betrieben zu
90 Prozent, daß es in der DDR mehr soziale Sicherheit
gibt.

Einer der damals befragten Betriebe - das Automobilwerk
Eisenach - war auch bei der jetzigen Umfrage beteiligt.
Das Ergebnis vom November 1965 (87 Prozent) unterscheidet
sich nur minimal vom jetzigen Ergebnis (86,2 Prozent)

**Frage 3:** Ganz allgemein gesprochen:
Sind Sie mit den Arbeitsbedingungen in Ihrem Betrieb zufrieden?

|  | Gesamt % |
|---|---|
| - zufrieden | 53,4 |
| - nicht zufrieden | 41,8 |
| - ohne Angaben | 4,8 |

Die Erfurter Ergebnisse nähern sich in dieser Frage etwa denen von Halle (zufrieden: 56 %), weichen jedoch von den Berliner Ergebnissen erheblich ab.

|  | Erfurt % | Berlin % |
|---|---|---|
| - zufrieden | 53,4 | 45,2 |
| - nicht zufrieden | 41,8 | 51,5 |
| - ohne Angaben | 4,8 | 3,3 |

Die meisten "Zufriedenen" gibt es in folgenden Betrieben des Bezirks Erfurt:

| Institut für Baustoffe, Weimar | 75,6 % |
|---|---|
| VEB Möbelwerk Bad Langensalza | 66,0 % |
| VEB Funkwerk Erfurt | 62,2 % |

Die meisten "Unzufriedenen" gibt es im

| VEB Weimar-Werk | 60,1 % |
|---|---|
| VEB Schuhfabrik "Paul Schäfer", Erfurt | 54,0 % |
| VEB IFA-Motorenwerke, Nordhausen | 47,9 % |

Frage 4: Was müßte Ihrer Ansicht nach getan werden, um die Produktion in Ihrer Abteilung bzw. Ihrem Meisterbereich zu verbessern?

|  | Gesamt % |
|---|---|
| - Verbesserung der Arbeitsorganisation und Sicherung eines kontinuierlichen Produktionsablaufs | 38,8 |
| - bessere Ausnutzung der Maschinen | 11,2 |
| - Modernisierung der vorhandenen Technik | 20,8 |
| - bessere Materialbereitstellung | 44,4 |
| - Verbesserung des materiellen Anreizes | 42,1 |
| - bessere Zusammenarbeit zwischen Arbeitern und Meistern bzw. Abteilungsleitern | 26,4 |

Im "Weimar-Werk" und im VEB IFA-Motorenwerke Nordhausen, in denen der Anteil der "Unzufriedenen" am höchsten ist, bemängelten 76,1 % bzw. 56,7 % die Arbeitsorganisation und den Produktionsablauf.

In folgenden Betrieben sind offensichtlich Mängel in der Materialbereitstellung wichtige Ursachen für die Unzufriedenheit mit den Arbeitsbedingungen:

| | |
|---|---|
| VEB Weimar-Werk | 66,1 % |
| VEB Möbelwerk Bad Langensalza | 57,7 % |
| VEB Obertrikotagenwerk "Einheit" Mühlhausen | 54,3 % |

Bei den Gesamtzahlen muß berücksichtigt werden, daß die Befragten im Institut für Baustoffe der Deutschen Bauakademie, Weimar, auf die Fragen 4 und 5 nicht geantwortet haben.

**Frage 5:** Was meinen Sie:
Entsprechen die Erzeugnisse, an denen Sie mitarbeiten, in Qualität und Kosten dem Welthöchststand?

a) in der Qualität

|  | Gesamt % |
|---|---|
| – ja | 30,6 |
| – nein | 33,1 |
| – ich weiß es nicht | 27,7 |
| – ohne Angaben | 8,6 |

In folgenden Betrieben ist der Anteil derjenigen am höchsten, die nicht darüber informiert sind, ob die Qualität ihrer Erzeugnisse dem Welthöchststand entspricht:

| VEB Baumwollspinnerei Leinefelde | 42,9 % |
|---|---|
| VEB Funkwerk Erfurt | 35,0 % |

Wie bei den vorhergehenden Umfragen bestätigt sich auch im Bezirk Erfurt, daß die weiblichen Befragten viel weniger informiert sind als die männlichen.

|  | Halle % | Erfurt % |
|---|---|---|
| männlich | 23,6 | 21,4 |
| weiblich | 36,6 | 36,4 |

Frage 5: Was meinen Sie:
Entsprechen die Erzeugnisse, an denen Sie mitarbeiten, in Qualität und Kosten dem Welthöchststand?

b) bei den Kosten

|  | Gesamt % |
|---|---|
| - ja | 1o,7 |
| - nein | 39,7 |
| - ich weiß es nicht | 35,4 |
| - ohne Angaben | 14,2 |

In folgenden Betrieben ist der Anteil derjenigen am höchsten, die nicht darüber informiert sind, ob ihre Erzeugnisse bei den Kosten dem Weltstand entsprechen:

| | |
|---|---|
| VEB Baumwollspinnerei Leinefelde | 49,3 % |
| VEB Fleischkombinat Nordhausen | 47,5 % |
| VEB Möbelwerk Bad Langensalza | 43,3 % |
| VEB Funkwerk Erfurt | 41,9 % |

**Frage 6:** Anfang Dezember wurde in der Zeitung "Neues Deutschland" ein Artikel von Gerhard K a s t aus dem VEB Funkwerk Köpenick veröffentlicht. Der Verfasser legte u.a. dar, warum sein Betrieb nicht mehr mit Verlust arbeiten darf. Sie wissen sicher, daß der Artikel Gerhard Kasts eine breite Diskussion ausgelöst hat. Können Sie uns bitte sagen, ob dieser Artikel auch in Ihrem Arbeitsbereich diskutiert worden ist?

|  | Gesamt % |
|---|---|
| - der Artikel wurde diskutiert und es wurden auch entsprechende Schlußfolgerungen gezogen | 7,9 |
| - über den Artikel wurde gesprochen | 10,6 |
| - ich habe von dem Artikel gehört | 26,6 |
| - ich kenne den Artikel nicht | 48,1 |
| - ohne Angaben | 6,8 |

In folgenden Betrieben ist der Artikel Gerhard Kasts am wenigsten bekannt:

| | |
|---|---|
| VEB Baumwollspinnerei Leinefelde | 62,1 % |
| VEB Möbelwerk Bad Langensalza | 54,6 % |
| VEB Funkwerk Erfurt | 53,0 % |

Wie bei den vorhergehenden Umfragen bestätigt auch das Ergebnis von Erfurt, daß die weiblichen Befragten den Artikel weit weniger kennen als die Männer.

Den Artikel kennen nicht:

|  | Erfurt % | Berlin % |
|---|---|---|
| männlich | 41,7 | 42,3 |
| weiblich | 57,3 | 61,2 |

**Frage 7:** In Ihrem Betrieb ist gewiß des öftern über die komplexe sozialistische Rationalisierung gesprochen worden. Sind Ihnen die Maßnahmen, die in Ihrem Arbeitsbereich in dieser Hinsicht vorgesehen sind, bekannt?

|   | Gesamt % |
|---|---|
| - ja | 61,8 |
| - nein | 29,2 |
| - ohne Angaben | 9,0 |

Die Betriebe, in denen es die größte Unkenntnis über die geplanten Rationalisierungsmaßnahmen gibt, sind:

| | |
|---|---|
| VEB Fleischkombinat Nordhausen | 44,4 % |
| VEB Baumwollspinnerei Leinefelde | 34,7 % |
| VEB IFA-Motorenwerke, Nordhausen | 34,0 % |
| - VEB Schuhfabrik "Paul Schäfer", Erfurt | 32,5 % |

**Frage 8:** Haben Sie an der Ausarbeitung dieser Maßnahmen
teilgenommen?

|  | Gesamt % |
|---|---|
| – ja | 22,0 |
| – nein | 68,2 |
| – ohne Angaben | 9,8 |

In folgenden Betrieben sind die wenigsten Befragten
an der Ausarbeitung der Rationalisierungsmaßnahmen
beteiligt:

| | |
|---|---|
| VEB Schuhfabrik "Paul Schäfer", Erfurt | 15,3 % |
| VEB Baumwollspinnerei Leinefelde | 17,4 % |
| VEB Funkwerk Erfurt | 18,0 % |

Ein Vergleich mit den vorhergehenden Umfragen bestätigt,
daß es auch im Bezirk Erfurt in dieser Frage kaum
Unterschiede gibt.

An der Ausarbeitung
beteiligt:

| | Berlin % | Halle % | Erfurt % |
|---|---|---|---|
| – ja | 20,9 | 23,2 | 22,0 |
| – nein und "ohne Angaben" | 79,1 | 76,8 | 78,0 |

**Frage 9:** Gegenwärtig wird ein Wettbewerb zu Ehren des VII. Parteitages der SED durchgeführt. Würden Sie uns bitte sagen, ob Sie am Wettbewerb teilnehmen?

|  | Gesamt % |
|---|---|
| - ich nehme am Wettbewerb teil | 63,1 |
| - ich nehme nicht am Wettbewerb teil | 26,9 |
| - ohne Angaben | 10,0 |

Die höchste Beteiligung am Wettbewerb gibt es im

| | |
|---|---|
| VEB Automobilwerk Eisenach | 78,9 % |
| VEB Weimar-Werk | 72,9 % |
| VEB Schuhfabrik "Paul Schäfer", Erfurt | 64,4 % |

Die niedrigste Beteiligung gibt es im

| | |
|---|---|
| VEB Obertrikotagenwerk "Einheit" Mühlhausen | 44,0 % |
| VEB Funkwerk Erfurt | 49,8 % |

Frage 10: Wenn Sie am Wettbewerb teilnehmen, haben Sie im Rahmen des Wettbewerbs Aufgaben übernommen, deren Ergebnisse meßbar sind?

|   | Gesamt % |
|---|---|
| - ja | 40,9 |
- nein | 40,9 |
- ohne Angaben | 18,2 |

Die Differenz zwischen der Teilnahme am Wettbewerb und der Übernahme meßbarer Aufgaben ist in einigen Betrieben beträchtlich:

|   | Teilnahme % | Meßbare Aufgaben % |
|---|---|---|
| VEB Möbelwerke Bad Langensalza | 61,9 | 24,7 |
| VEB Schuhfabrik "Paul Schäfer", Erfurt | 64,4 | 37,4 |

**Frage 11:** Würden Sie die Erzeugnisse aus Ihrem Betrieb ohne Bedenken kaufen?

|  | Gesamt % |
|---|---|
| - alle Erzeugnisse | 25,3 |
| - einige Erzeugnisse | 53,9 |
| - keine | 12,0 |
| - ohne Angaben | 8,8 |

In folgenden Betrieben würden die wenigsten Befragten alle Erzeugnisse ohne Bedenken kaufen:

| | |
|---|---|
| VEB IFA-Motorenwerke Nordhausen | 14,3 % |
| VEB Funkwerk Erfurt | 18,0 % |
| VEB Schuhfabrik "Paul Schäfer", Erfurt | 22,1 % |

Im VEB Automobilwerk Eisenach würden dagegen 45,1 %
im VEB Fleischkombinat Nordhausen 42,4 %
alle ihre Erzeugnisse kaufen.

Bemerkenswert ist die Tatsache, daß 12 Prozent aller Befragten keine der Erzeugnisse kaufen würden, an denen sie mitarbeiten
(In Halle waren es 7,8 %, in Berlin 13,9 %)

**Frage 12:** In Bonn ist vor einigen Wochen die Regierung
Kiesinger-Strauß gebildet worden, an der auch
sozialdemokratische Minister beteiligt sind.
Was meinen Sie:
Wird diese Regierung

|  | Gesamt % |
|---|---|
| – den Kurs der Adenauer- und Erhard-Regierung fortsetzen | 44,8 |
| – bemüht sein, zur Entspannung in Europa beizutragen | 18,4 |
| – nach Annäherung der beiden deutschen Staaten streben | 14,0 |
| – bemüht sein, zur Entspannung in Europa beizutragen und nach Annäherung der beiden deutschen Staaten streben | 6,9 |
| – ohne Angaben | 15,9 |

Die prozentuale Verteilung auf die einzelnen Antwortmöglichkeiten zeigt bei einem Vergleich zwischen Halle und Erfurt keine nennenswerten Unterschiede.

|  | Halle % | Erfurt % |
|---|---|---|
| – den Kurs der Adenauer- und Erhard-Regierung fortsetzen | 45,9 | 44,9 |
| – bemüht sein, zur Entspannung in Europa beizutragen | 17,3 | 18,4 |
| – nach Annäherung der beiden deutschen Staaten streben | 14,2 | 14,0 |
| – bemüht sein zur Entspannung in Europa beizutragen und nach Annäherung der beiden deutschen Staaten streben | 3,3 | 6,9 |
| – ohne Angaben | 19,3 | 15,9 |

**Frage 13:** Glauben Sie, daß die sozialdemokratischen Minister, die der Regierung Kiesinger-Strauß angehören, einen positiven Einfluß auf die Bonner Regierungspolitik ausüben?

|  | Gesamt % |
|---|---|
| - ja | 22,5 |
| - nein | 35,4 |
| - ich weiß es nicht | 34,6 |
| - ohne Angaben | 7,5 |

In folgenden Betrieben ist die Illusion, die SP-Minister würden positiven Einfluß auf die Bonner Politik ausüben, am stärksten verbreitet:

| | |
|---|---|
| VEB Automobilwerk Eisenach | 30,2 % |
| - VEB Möbelwerke Bad Langensalza | 29,9 % |
| Institut für Baustoffe, Weimar | 26,7 % |
| IFA-Motorenwerke Nordhausen | 26,5 % |

**Frage 14:** Was ist Ihrer Meinung nach in der Entwicklung der Deutschlandpolitik der nächsten Zeit möglich?

|  | Gesamt % |
|---|---|
| – die Vereinigung der beiden deutschen Staaten | 7,3 |
| – die Konföderation beider deutscher Staaten | 3,2 |
| – eine gewisse Annäherung der beiden deutschen Staaten | 23,1 |
| – es wird sich vorläufig nichts ändern | 58,9 |
| – die Konföderation und eine gewisse Annäherung der beiden deutschen Staaten | 1,5 |
| – ohne Angaben | 6,0 |

Der Anteil derjenigen, die der Meinung sind, es werde sich vorläufig in der Deutschlandfrage nichts ändern ist in Erfurt etwa gleichgroß wie in Berlin und Halle (Halle 60,0%, Berlin 60,1 %, Erfurt 58,9 %)

**Frage 15:** Welcher Gesellschaftsordnung gehört Ihrer Meinung nach in ganz Deutschland die Zukunft?

|  | Gesamt % |
|---|---|
| - der sozialistischen Gesellschaftsordnung | 78,9 |
| - der kapitalistischen Gesellschaftsordnung | 4,5 |
| - beide | 1,8 |
| - ohne Angaben | 14,8 |

Bei der Umfrage im Mai/Juni 1965 erklärten 78 %, daß dem Sozialismus in ganz Deutschland die Zukunft gehört.

# Dokument VII

Bericht über eine Umfrage zu einigen Fragen
der sozialistischen Demokratie (27. 5. 1967)

34 Exemplare je
33. Exemplar

Werner Lamberz          Berlin, den 26.5.1967
                        La/Re.

An die

Mitglieder und Kandidaten des Politbüros

Werte Genossen!

Als Anlage übermitteln wir das Ergebnis einer Umfrage des Instituts für Meinungsforschung beim ZK der SED zu einigen Problemen der sozialistischen Demokratie in der DDR.

1 Anlage            Mit sozialistischem Gruß

                    /Werner Lamberz/

Verteiler:

1. - 25. Ex. Politbüro
     26. Ex. Gen. Dohlus
     27. Ex. Gen. Sorgenicht
28. - 32. Ex. Gen. Maron
33. - 34. Ex. Gen. Lamberz

**Streng vertraulich !**

Institut für Meinungsforschung
beim ZK der SED

Berlin, den 27.5.1967

## Bericht über eine Umfrage zu einigen Fragen der sozialistischen Demokratie

Diese Umfrage wurde auf zwei Ebenen durchgeführt.

### 1.) Territorialumfrage:

Basis: Bürger aus den Bezirken Dresden, Suhl, Gera, Erfurt Magdeburg, Frankfurt/O. und Rostock, deren Namen durch eine Stichprobe aus der Einwohnermeldekartei ermittelt wurden.
In die Auswertung wurden 1.652 Fragebogen einbezogen.

Methode: Schriftliche Befragung.
Die Übergabe der Fragebogen erfolgte durch ehrenamtliche Mitarbeiter der Interviewergruppen bei den Kreisleitungen. Die ausgefüllten Fragebogen wurden auf dem Postweg an das Institut für Meinungsforschung zurückgeschickt.

Zeitraum der Befragung: 20.3. – 6.5.1967

### 2. Betriebsumfrage:

Basis: Werktätige in sechs Betrieben der Bezirke Dresden, Suhl und Gera. Die Fragebogen wurden in jedem Betrieb in geschlossenen Produktionsbereichen mit unterschiedlichem Niveau an die dort Beschäftigten (vorwiegend Produktionsarbeiter) übergeben.
In die Auswertung konnten 987 Fragebogen einbezogen werden.

Methode: Schriftliche Befragung.
Mitglieder der Betriebsparteiorganisation übergaben die Fragebogen an die Werktätigen und sammelten sie nach dem Ausfüllen mit versiegelten Urnen wieder ein.

Zeitraum der Befragung: 22.3. – 11.4.1967

bestätigt durch

*Karl Maron*
Karl Maron
Leiter des Instituts

Verteiler:
Ormig-Platten
an ZK Büro Lamberz

Inhaltsverzeichnis
=============================

                                              Seite

Statistische Angaben:

  I. Territorialumfrage        2 - 3

 II. Betriebsumfrage          4 -

Teil III. Kurzanalyse         5 - 22

Teil IV.
Ergebnisse der Umfrage nach
Geschlecht, Alter und Tätigkeits-
merkmalen sowie Gliederung nach
der Größe des Wohnortes        ab Seite 23

(Dieser Teil wird, weil sehr umfangreich,
nicht automatisch mitgeliefert.
Er kann von interessierten
Bezugsberechtigten als Ganzes oder
teilweise vom Institut angefordert werden.)

## Statistische Angaben

### I. Territorialumfrage

1. Gesamtübersicht
   Anzahl der ausgegebenen Fragebogen     3297 = 100 %
   Anzahl der zurückgeschickten und auswertbaren Fragebogen     1652 = 50,1 %

2. Übersicht über die einzelnen Bezirke

   | Bezirk | auswertbare Fragebogen |
   |---|---|
   | Dresden | 405 |
   | Suhl | 141 |
   | Gera | 174 |
   | Erfurt | 269 |
   | Magdeburg | 280 |
   | Frankfurt | 171 |
   | Rostock | 212 |
   | | 1652 |

3. Anteile der männlichen und weiblichen Befragten
   Männer     808 = 48,9 %
   Frauen     844 = 51,1 %
              1652

4. Gliederung nach der Tätigkeit

   | | | |
   |---|---|---|
   | Arbeiter | 519 | = 31,4 % |
   | Angestellte | 370 | = 22,4 % |
   | Angehörige der Intelligenz | 103 | = 6,2 % |
   | Handwerker/Gewerbetreibende | 54 | = 3,3 % |
   | in der Landwirtschaft Beschäftigte | 144 | = 8,7 % |
   | Rentner | 138 | = 8,4 % |
   | Lehrlinge/Studenten | 83 | = 5,0 % |
   | Hausfrauen | 216 | = 13,1 % |
   | ohne Beruf | 25 | = 1,5 % |
   | | 1652 | |

5. Anteile der Altersgruppen

| | | |
|---|---|---|
| − 24 Jahre | 218 | = 13,2 % |
| 25 − 29 Jahre | 226 | = 13,7 % |
| 3o − 39 Jahre | 361 | = 21,8 % |
| 4o − 49 Jahre | 338 | = 2o,5 % |
| 5o − 59 Jahre | 262 | = 15,8 % |
| 6o Jahre und älter | 247 | = 15,o % |
| | 1652 | |

6. Gliederung nach der Größe des Wohnortes

| | | |
|---|---|---|
| bis zu 3ooo Einwohnern | 639 | = 38,7 % |
| 3ooo − 2o.ooo Einwohner | 411 | = 24,9 % |
| 2o.ooo − 5o.ooo Einwohner | 3o8 | = 18,6 % |
| über 5o.ooo Einwohner | 294 | = 17,8 % |

## II. Betriebsumfrage

### 1. Gesamtübersicht

| | |
|---|---|
| Anzahl der ausgegebenen Fragebogen | 1203 = 100 % |
| Anzahl der zurückgegebenen und auswertbaren Fragebogen | 987 = 82,0 % |

### 2. Übersicht über die einzelnen Betriebe

| | auswertbare Fragebogen |
|---|---|
| VEB Stahl- und Walzwerk Riesa | 164 |
| VEB Hebezeugwerk Sebnitz | 177 |
| VEB Simson Suhl | 142 |
| VEB Röhrenwerk "Anna Seghers", Neuhaus | 177 |
| VEB Rotstern Saalfeld | 164 |
| VEB Maxhütte Unterwellenborn | 163 |
| | 987 |

### 3. Anteile der männlichen und weiblichen Befragten

| | |
|---|---|
| Männer | 684 = 69,3 % |
| Frauen | 302 = 30,6 % |
| ohne Angaben | 1 = 0,1 % |
| | 987 |

### 4. Gliederung nach der Tätigkeit

| | |
|---|---|
| Arbeiter | 796 = 80,6 % |
| Angestellte | 95 = 9,5 % |
| Angehörige der Intelligenz | 32 = 3,3 % |
| Lehrlinge | 32 = 3,3 % |
| Angaben wie: Rentner, Hausfrauen usw. | 32 = 3,3 % |
| | 987 |

### 5. Anteile der Altersgruppen

| | |
|---|---|
| - 24 Jahre | 132 = 13,4 % |
| 25 - 29 Jahre | 188 = 19,0 % |
| 30 - 39 Jahre | 277 = 28,1 % |
| 40 - 49 Jahre | 118 = 17,0 % |
| 50 - 59 Jahre | 132 = 13,4 % |
| 60 Jahre und älter | 86 = 8,7 % |
| ohne Angaben | 4 = 0,4 % |
| | 987 |

## Teil III  Kurzanalyse

**Frage 1:** Sagen Sie uns bitte, ob Sie die für Ihren Wahlbezirk zuständigen Abgeordneten der Volkskammer, des Bezirkstages kennen?

(Bei dieser Frage konnten - entsprechend der Fragestellung - auch die ersten beiden Antwortmöglichkeiten zusammen angekreuzt werden.)

|  | Bezirke % | Betriebe % |
|---|---|---|
| - ich kenne den Abgeordneten der Volkskammer | 34,7 | 45,4 |
| - ich kenne den Abgeordneten des Bezirkstages | 37,2 | 31,2 |
| - ich kenne keinen Abgeordneten | 45,7 | 43,5 |

Vergleicht man das vorliegende Resultat aus den Bezirken mit den Ergebnissen einer Umfrage aus dem Jahre 1965, die in Vorbereitung der Wahlen zu den Gemeinderäten und Kreistagen in sieben Bezirken durchgeführt wurde, so ergibt sich, daß der Bekanntheitsgrad der Abgeordneten etwas größer geworden ist

|  | 1965 | 1967 |
|---|---|---|
| - ich kenne den Abgeordneten der Volkskammer | 32,5 | 34,7 |
| - ich kenne den Abgeordneten des Bezirkstages | 30,2 | 37,2 |

Besonders bei den Frauen ist die Zahl derjenigen, die keinen Abgeordneten kennen, beträchtlich (Bezirke 59,8 % Betriebe 47,7 %)

In den Altersgruppen ist die Unkenntnis vor allem bei den jüngeren Befragten (bis 29 Jahre) und bei den älteren Menschen (über 60 Jahre) groß.

**Frage 2:** Was meinen Sie, wie löst der Volksvertreter, dessen Arbeit als Abgeordneter Sie am besten kennen, seine Aufgaben?

|  | Bezirke % | Betriebe % |
|---|---|---|
| - sehr gut | 6,6 | 5,0 |
| - gut | 26,6 | 19,7 |
| - befriedigend | 10,5 | 15,0 |
| - schlecht | 1,8 | 3,6 |
| - ich kann es nicht beurteilen | 52,7 | 53,8 |
| - ohne Angaben | 1,8 | 2,9 |

Bemerkenswert ist der hohe Prozentsatz, der die Arbeit der Volksvertreter nicht beurteilen kann oder will.
Besonders augenfällig ist das in der Altersgruppe bis 24 Jahre (70,5 %).
Mit zunehmendem Alter steigt auch das Urteilsvermögen der Befragten.

**Frage 3:** Beschränkt sich Ihrer Meinung nach die Arbeit eines Abgeordneten im wesentlichen darauf, an Beratungen über wichtige Gesetze und Beschlüsse seiner Volksvertretung teilzunehmen und darüber abzustimmen?

|  | Bezirke % | Betriebe % |
|---|---|---|
| - ja | 28,2 | 31,0 |
| - nein | 42,7 | 32,5 |
| - ich kann es nicht beurteilen | 26,4 | 32,5 |
| - ohne Angaben | 2,7 | 4,0 |

Auch an diesen Zahlen wird deutlich, daß über den Inhalt der Arbeit der Abgeordneten bei der überwiegenden Mehrheit der Bevölkerung unklare Vorstellungen bestehen. (Antwortvorgaben "ja" und "ich kann es nicht beurteilen").

Der Frauenanteil ist wiederum besonders hoch, in den Betrieben beträgt er insgesamt 72,2 Prozent.

**Frage 4:** In der Zeitung, im Fernsehen und Rundfunk wird des öfteren über die Arbeit der Volkskammer berichtet. Halten Sie diese Berichterstattung für interessant?

|  | Bezirke % | Betriebe % |
|---|---|---|
| – immer | 24,0 | 18,7 |
| – meistens | 48,0 | 41,2 |
| – selten | 19,6 | 25,8 |
| – nie | 1,7 | 4,4 |
| – mich interessieren solche Probleme nicht | 5,6 | 8,5 |
| – ohne Angaben | 1,1 | 1,4 |

**Frage 5:** Die Arbeit der Volkskammer ist vielseitig. Über welche Seite ihrer Tätigkeit möchten Sie mehr informiert werden?

|  | Bezirke % | Betriebe % |
|---|---|---|
| - über die Sitzungen der Volkskammer | 7,6 | 7,7 |
| - über die Tätigkeit der einzelnen Volkskammerausschüsse | 18,2 | 13,8 |
| - über die Vorbereitung von Gesetzen | 37,7 | 34,8 |
| - über die Rechte und Pflichten der Volkskammerabgeordneten | 15,9 | 17,6 |
| - mir genügt die bisherige Berichterstattung | 34,3 | 33,3 |

Die Ergebnisse zu dieser Frage 5 zeigen, daß etwa zwei Drittel aller Befragten die Berichterstattung über die Arbeit der Volkskammer mit Interesse verfolgen.

Das Bedürfnis, mehr über die Arbeit der Volkskammer zu erfahren, konzentriert sich eindeutig auf solche Probleme, die nicht oder nur teilweise in der Öffentlichkeit behandelt werden.

Bemerkenswert ist, daß der Wunsch, mehr über die Vorbereitung von Gesetzen zu erfahren, besonders bei den Jugendlichen bis 24 Jahren stark ausgeprägt ist.
(Bezirke 48,6 % - Betriebe 43,9 %)

Frage 6: Was meinen Sie, wem gegenüber ist der Abgeordnete in seiner Tätigkeit verantwortlich?

|  | Bezirke % | Betriebe % |
|---|---|---|
| - der Regierung der DDR | 16,8 | 16,3 |
| - seinem Gewissen | 13,5 | 13,4 |
| - seiner Partei oder Massenorganisation | 13,4 | 11,7 |
| - der Nationalen Front | 6,3 | 4,5 |
| - seinen Wählern | 73,9 | 69,2 |
| - ich weiß es nicht | 5,0 | 7,9 |

Die vorliegenden Zahlen beweisen, daß fast dreiviertel aller Befragten sich über die Verantwortlichkeit der Abgeordneten klar ist.
Ein Vergleich mit den Einzelergebnissen zur Frage 1 (Bekanntheitsgrad der Abgeordneten) ergibt, daß bei den Befragten, die ihren Abgeordneten nicht kennen, auch der Prozentsatz am höchsten ist, der bei dieser Frage "ich weiß es nicht" angekreuzt hat
(rund 13 Prozent)

Frage 7: Nehmen wir an, Sie haben eine Angelegenheit, mit der Sie nicht allein fertig werden. Würden Sie sich damit vertrauensvoll an Ihren Abgeordneten wenden?

|  | Bezirke % | Betriebe % |
|---|---|---|
| - ja | 68,6 | 56,6 |
| - nein | 27,4 | 38,8 |
| - ohne Angaben | 4,0 | 4,6 |

Die Ergebnisse zeigen, daß die Abgeordneten beim größten Teil der Befragten (fast zwei Drittel) Vertrauen genießen.

Das deckt sich mit den Ergebnissen der Frage 15 (Betrachtet man die Abgeordneten als Interessenvertreter der Bürger der DDR: Bezirke 68,7 %  Betriebe 56,4 %)

Frage 8: Kennen Sie den Vorsitzenden des Rates
Ihres Bezirks?

|  | Bezirke % | Betriebe % |
|---|---|---|
| - ja | 61,5 | 53,8 |
| - nein | 35,7 | 41,8 |
| - ohne Angaben | 2,8 | 4,4 |

Wenn er Ihnen bekannt ist, woher kennen Sie ihn?

|  | | |
|---|---|---|
| - durch Veröffentlichung in der Zeitung und im Funk | 47,8 | 38,1 |
| - durch sein Auftreten in Versammlungen und bei anderen Gelegenheiten | 17,7 | 18,9 |

Wenn Sie sich an seinen Namen erinnern, würden Sie ihn bitte aufschreiben

|  | | |
|---|---|---|
| - richtiger Name | 30,0 | 22,7 |
| - falscher Name | 14,5 | 11,0 |
| - ohne Angaben | 55,5 | 66,3 |

Bei dieser Frage sollte festgestellt werden, wie weit der Name des jeweiligen Bezirksratsvorsitzenden in der Bevölkerung bekannt ist.
Es ergibt sich, daß die überwiegende Mehrheit nicht weiß, wie der Vorsitzende des Rates im jeweiligen Bezirk heißt. Von den Befragten, die einen unrichtigen Namen aufschrieben, meinten die meisten, der 1. Sekretär der Bezirksleitung sei der Vorsitzende des Rates.

**Frage 9:** Es ist in der DDR üblich, daß Abgeordnete vor ihren Wählern Rechenschaft ablegen. Wissen Sie, ob in Ihrem Wohnbereich bzw. in Ihrer Gemeinde im letzten Jahr eine Rechenschaftslegung durchgeführt wurde?

|  | Bezirke % | Betriebe % |
|---|---|---|
| - ja | 50,5 | 43,5 |
| - nein | 10,4 | 13,0 |
| - ich weiß es nicht | 37,8 | 41,7 |
| - ohne Angaben | 1,3 | 1,8 |

Bei der Untersuchung, wo die Bevölkerung am meisten über die Durchführung von Rechenschaftslegungen informiert ist, ergeben sich zwischen den einzelnen Bezirken erhebliche Differenzen.

Mit "ja" antworteten z.B.

| im Bezirk Frankfurt/Oder | 43,9 % |
|---|---|
| im Bezirk Gera | 59,8 % |

**Frage 1o:** Wissen Sie, ob Ihr Abgeordneter regelmäßig
Sprechstunden durchführt?

|  | Bezirke % | Betriebe % |
|---|---|---|
| – ja | 35,9 | 37,9 |
| – nein | 56,8 | 53,2 |
| – ohne Angaben | 7,3 | 8,9 |

Nur etwas mehr als einem Drittel der Befragten ist bekannt,
daß ihr Abgeordneter Sprechstunden durchführt.
Bemerkenswert dabei:
Je kleiner die Gemeinde, umso geringer die Kenntnis über
die Durchführung von Sprechstunden.
Das Bezirksergebnis sagt z.B. aus:

| | |
|---|---|
| in Gemeinden bis 3.000 Einwohnern | 31,1 % |
| in Städten von 3.000-20.000 " | 36,0 % |
| in Städten von 20.000-50.000 " | 38,6 % |
| in Städten über 50.000 " | 43,2 % |

**Frage 11:** Wichtige Gesetze werden vor der Beschlußfassung in der Volkskammer zur öffentlichen Diskussion gestellt.
Glauben Sie, daß solche Diskussionen Auswirkungen auf die endgültige Abfassung der Gesetze haben?

|  | Bezirke % | Betriebe % |
|---|---|---|
| – ja | 69,8 | 51,7 |
| – nein | 12,0 | 23,8 |
| – ich weiß es nicht | 16,7 | 21,4 |
| – ohne Angaben | 1,5 | 3,1 |

Wie schon das Umfrageergebnis aus den Betrieben zeigt, ist die Meinung, daß sich öffentliche Diskussionen nicht auf eine endgültige Abfassung der Gesetze auswirken, am stärksten in der Arbeiterschaft vertreten.

Auch bei der Umfrage in den Bezirken wurde das bestätigt. Bei der Antwortmöglichkeit "ja" liegt z.B. bei Arbeitern der Prozentsatz um rund 22 niedriger als bei Angehörigen der Intelligenz.

**Frage 12:** Verfolgen Sie politische Ereignisse?

|  | Bezirke % | Betriebe % |
|---|---|---|
| - mit großem Interesse | 42,6 | 41,0 |
| - mit mittlerem Interesse | 42,0 | 36,5 |
| - mit schwachem Interesse | 9,0 | 11,4 |
| - so gut wie gar nicht | 6,2 | 9,9 |
| - ohne Angaben | 0,2 | 1,2 |

Nach einer vor kurzem durchgeführten Umfrage des westdeutschen EMNID-Instituts (1966) zu diesem Thema ergab sich folgendes Bild über das politische Interesse des Bundesbürgers:

- ziemliches Interesse    30 %
- schwaches Interesse    33 %
- kein Interesse    36 %

Frage 13: Am 2o. Februar 1967 wurde von der Volkskammer der
DDR das Gesetz über die Staatsbürgerschaft der
Deutschen Demokratischen Republik verabschiedet.
Ist dieses Gesetz ein Ausdruck der Souveränität
der DDR und erhöht es das Ansehen der Bürger der
DDR in der Welt?

|  | Bezirke % | Betriebe % |
|---|---|---|
| - ja | 69,6 | 56,8 |
| - nein | 5,9 | 11,7 |
| - ich kann es nicht beurteilen | 23,4 | 28,4 |
| - ohne Angaben | 1,1 | 3,1 |

Die nähere Untersuchung des Ergebnisses bei der Antwortvorgabe "ich kann es nicht beurteilen" zeigt, daß
ein Drittel aller Frauen (in den Betrieben liegt dieser
Prozentsatz noch höher) diese Vorgabe angekreuzt haben.
Beachtenswert ist auch die Tatsache, daß in den Betrieben
die Befragten bis 24 Jahre zu 38,6 % kein Urteil zum
Gesetz über die Staatsbürgerschaft der DDR haben.

Frage 14: Jeder Mensch hat mal schlechte Laune und da wird
dann auf alles mögliche geschimpft:
Auf die Zeiten, auf die Arbeit, auf das Wetter und
so weiter. Wenn Sie mal so nach Ihren Beobachtungen
gehen: Worauf schimpft man dann eigentlich am meisten?

(Bei dieser Frage wurden keine Antwortmöglichkeiten
vorgegeben. Nach der Gruppierung der Antworten
ergeben sich folgende Anteile.)

| | Bezirke % | Betriebe % |
|---|---|---|
| – mangelnde Warenstreuung, schlechte Qualität der Waren, fehlende Ersatzteile, ungenügende Versorgung | 29,2 | 22,9 |
| – zu hohe Preise, zu niedriger Lebensstandard | 11,9 | 22,0 |
| – mangelhafte Arbeitsorganisation, schlechte Leitungstätigkeit, schlechte Arbeitsbedingungen, schlechte Planung, Kritik an der Arbeit überhaupt | 15,5 | 13,7 |
| – zu niedriger Verdienst, zu niedrige Renten | 15,9 | 13,7 |
| – schlechte Wohnverhältnisse, zu wenig Wohnraum | 6,7 | 4,3 |
| – Kritik an den Reisebeschränkungen nach Westdeutschland und dem westlichen Ausland, an den Einreisebestimmungen in die Grenzgebiete der DDR, Spaltung Deutschlands | 5,4 | 5,0 |
| – schlechte Straßen- und Verkehrsverhältnisse | 3,7 | 4,2 |
| – Bürokratismus, zu großer Verwaltungsapparat, zu viele Angestellte | 2,5 | 4,3 |
| – schlechtes Fernsehprogramm | 2,4 | 4,9 |
| – Kritik an der Politik der Regierung der DDR im allgemeinen und speziell an ihrer Haltung gegenüber Westdeutschland | 2,4 | 3,7 |

## Zu Frage 14

|  | Bezirke % | Betriebe % |
|---|---|---|
| – Kritik an Partei- und Staatsfunktionären | 1,9 | 2,7 |
| – unterschiedliches Kindergeld und unterschiedliche Löhne zwischen Arbeitern und Angestellten, bzw. Intelligenz | 1,5 | 3,6 |
| – Unwillen über die Politik der westdeutschen Regierung und des USA-Imperialismus, über den USA-Krieg in Vietnam | 0,9 | 0,7 |
| – zu wenig Urlaub (Speziell Grundurlaub) | 0,7 | 4,4 |
| – fehlende Kindergarten- und Krippenplätze | 0,7 | 0,5 |
| – Kritik an der Arbeitszeit, Sonn- und Feiertagsarbeit, Schichtarbeit | 0,6 | 3,1 |
| – Kritik an anderen Erscheinungen | 22,5 | 12,2 |
| – keine Beantwortung der Frage | 21,0 | 22,7 |

**Frage 15:** Wenn in Ihrem Bekanntenkreis oder unter Ihren Arbeitskollegen einmal über Abgeordnete in der DDR gesprochen wird, betrachtet man diese Abgeordneten als Interessenvertreter der Bürger der DDR?

|  | Bezirke % | Betriebe % |
|---|---|---|
| – ja | 68,7 | 56,4 |
| – nein | 5,9 | 13,9 |
| – ich weiß es nicht | 22,0 | 23,9 |
| – ohne Angaben | 3,4 | 5,8 |

Ein Vergleich mit der Frage 12 (verfolgen Sie politische Ereignisse?) ergibt:

Diejenigen, die politische Ereignisse mit großem Interesse verfolgen, sehen zu rund 75 % in den Abgeordneten ihre Interessenvertreter;
von denjenigen, die sich sehr wenig für Politik interessieren, sehen nur rund 25 % in den Abgeordneten die Vertreter ihrer Interessen.

**Frage 16:** Kennen Sie die wichtigsten Vorhaben des
Perspektivplanes in Ihrem Bezirk?

|  | Bezirke % | Betriebe % |
|---|---|---|
| – ja | 53,0 | 44,1 |
| – nein | 44,2 | 52,5 |
| – ohne Angaben | 2,8 | 3,4 |

Die Analyse der Bezirke zeigt, daß die Information der
Bevölkerung über die Perspektivpläne in den einzelnen
Bezirken erhebliche Unterschiede aufweist.
Im Bezirk Suhl geben 7o Prozent an, den Perspektivplan
zu kennen.
In den Bezirken Magdeburg und Erfurt sind es dagegen
nur 42,9 Prozent bzw. 43,5 Prozent aller Befragten.

**Frage 17:** Wären Sie bereit, bei der Lösung der staatlichen und gesellschaftlichen Aufgaben künftig mitzuarbeiten bzw. weiter mitzuarbeiten?

|  | Bezirke % | Betriebe % |
|---|---|---|
| - ich wäre bereit, mitzuarbeiten | 15,7 | 18,9 |
| - ich würde weiter mitarbeiten | 25,2 | 22,1 |
| - ich würde größere Verantwortung übernehmen | 2,7 | 3,7 |
| - ich würde mitarbeiten, aber in kleinerem Rahmen | 34,3 | 34,1 |
| - ich würde nicht mitarbeiten | 18,9 | 16,8 |

Ein Vergleich zu den Ergebnissen der Umfrage anläßlich der Wahlen zu den Gemeindevertretungen und Kreistagen 1965 zeigt, daß sich kaum Veränderungen ergeben haben:

|  | 1965 % | 1967 % |
|---|---|---|
| - ich bin bereit, mitzuarbeiten | 15,5 | 15,7 |
| - ich wäre bereit, weiter mitzuarbeiten | 24,5 | 25,2 |
| - ich würde größere Verantwortung übernehmen | 2,4 | 2,7 |
| - ich würde mitarbeiten, aber in kleinerem Rahmen | 30,0 | 34,3 |
| - ich würde nicht mitarbeiten | 20,0 | 18,9 |

# Dokument VIII

Bericht über eine Umfrage zu einigen Problemen der nationalen Sicherheit (27. 1. 1968)

# INSTITUT FÜR MEINUNGSFORSCHUNG
## IN DER DEUTSCHEN DEMOKRATISCHEN REPUBLIK

### 108 BERLIN 8, POSTSCHLIESSFACH 95, AG 220 II

Entsprechend Grundsatzentscheidung des Leiters der Staatlichen Zentralverwaltung für Statistik der DDR stellt diese Befragung keine Berichterstattung gemäß § 1 der Verordnung über das Berichtswesen vom 2. Oktober 1958 (GBl. I/1958, S. 774) dar.
Die Beantwortung ist freiwillig.

## Umfrage
### zu Problemen der nationalen Sicherheit

Verehrter Bürger!

Um die Meinung der Bürger der Deutschen Demokratischen Republik zu einigen Fragen der nationalen Sicherheit kennenzulernen, wendet sich das

*Institut für Meinungsforschung*

mit der Bitte an Sie, den vorliegenden Fragebogen auszufüllen. Ihren Namen haben wir durch eine Stichprobenauswahl aus der Einwohnermeldekartei ermittelt. Er ist für uns genauso zufällig wie die Namen der anderen Personen, die befragt werden.

Die Befragung ist anonym. Uns interessiert bei der Beantwortung weder Ihr Name noch ihre Adresse, sondern nur Ihre Meinung. Deshalb ist es auch nicht möglich, Rückfrage bei Ihnen zu halten, wenn einzelne Fragen nur unvollständig oder nicht beantwortet werden.

Sie brauchen bei den meisten Fragen nur eine der vorgegebenen Antwortmöglichkeiten anzukreuzen. Die hinter den Fragen stehenden Zahlen sind für die Auswertung bestimmt und für Sie ohne Bedeutung.

Schicken Sie uns bitte den ausgefüllten Fragebogen spätestens 3 Tage nach Erhalt im beiliegenden Freiumschlag zurück.

Wir danken Ihnen herzlich für Ihre Bemühungen.

                                                    Direktion
                                     des Instituts für Meinungsforschung

Institut für Meinungsforschung  
beim ZK der SED

Streng vertraulich!  
==================  
Berlin, den 27. Januar 1968

Bericht über eine Umfrage zu einigen Problemen der nationalen Sicherheit.  
================================================================

Basis: Die Umfrage wurde in den Bezirken
Schwerin, Neubrandenburg, Potsdam, Cottbus, Halle, Erfurt, Leipzig und Karl-Marx-Stadt
auf drei Ebenen durchgeführt:

### I. Querschnittsbefragung der Bevölkerung

Die Namen der zu befragenden Bürger wurden durch eine Stichprobe aus der Einwohnermeldekartei ermittelt.

### II. Umfrage unter Wehrpflichtigen, die im Frühjahr 1968 zum Wehrdienst eingezogen werden

Die Namen der zu befragenden Wehrpflichtigen wurden durch eine Stichprobe aus den Unterlagen der Wehrkreiskommandos der NVA ermittelt.

### III. Umfrage unter Reservisten, die im Herbst 1967 ihren Wehrdienst beendet haben

Die Namen der zu befragenden Reservisten wurden durch eine Stichprobe aus den Unterlagen der Wehrkreiskommandos der NVA ermittelt.

Insgesamt konnten 2.898 Fragebogen ausgewertet werden.

Methode: Schriftliche Befragung.

Die Übergabe der Fragebogen erfolgte durch die ehrenamtlichen Mitarbeiter der Interviewergruppen bei den Kreisleitungen. Die ausgefüllten Fragebogen wurden auf dem Postweg an das Institut für Meinungsforschung zurückgeschickt. Jedem Fragebogen war ein von uns frankierter Briefumschlag beigegeben.

Zeitraum der Befragung: 15.11.1967 - 6.1.1968

bestätigt durch

**Verteiler:**  
Ormig-Platten  
an Büro Lamberz

Karl Maron  
Leiter des Instituts

## Inhaltsverzeichnis

| | | Seiten |
|---|---|---|
| Teil I | Zusammengefaßte Gesamteinschätzung | 2 - 7 |
| Teil II | Kurzanalyse | 8 - 22 |
| Teil III | Statistische Angaben | 23 - 27 |
| Teil IV | Einzelergebnisse der Umfrage, Bevölkerungsquerschnitt nach Bezirken, Geschlecht, Alter, Tätigkeit, Größe des Wohnortes | |
| | Einzelergebnisse der Umfrage unter Wehrpflichtigen nach Bezirken, Schulbildung, Tätigkeit, Größe des Wohnortes | |
| | Einzelergebnisse der Umfrage unter Reservisten nach Bezirken, Dienstgrad, Schulbildung, Tätigkeit, Größe des Wohnortes | |

Diese Teile werden, weil sehr umfangreich, nicht automatisch mitgeliefert. Sie können von interressierten Bezugsberechtigten ganz oder teilweise vom Institut angefordert werden.

Teil I: Zusammengefaßte Gesamteinschätzung
================================================

Bemerkenswert sind zunächst die Unterschiede im Rücklauf der ausgegebenen Fragebogen bei den drei Ebenen der Befragten.

Er betrug

a) bei der Querschnittsbefragung der Bevölkerung
   (davon 48,2 % Frauen): 56,0 %

b) bei den Wehrpflichtigen, die im Frühjahr 1968 zum Wehrdienst eingezogen werden (nur Männer): 54,2 %

c) bei den Reservisten, die im Herbst 1967 ihren Wehrdienst beendet haben (nur Männer): 46,2 %

Bei allen befragten Gruppen waren die ersten 11 Fragen gleichlautend.
Dadurch ist es möglich, Vergleiche zwischen den befragten Gruppen in ihrer Haltung zu den einzelnen Fragen anzustellen.
Die restlichen Fragen waren auf die jeweiligen Gruppen zugeschnitten.

Gleichzeitig wurden Fragen aufgenommen, die bereits in früheren Fragebogen enthalten waren, so daß sich Möglichkeiten ergaben, die Entwicklung bestimmter Meinungen festzustellen.

Insbesondere lassen sich drei Feststellungen treffen:

**1. Die Verteidigungsbereitschaft der Bevölkerung ist weiter gewachsen.**

Das läßt sich an den Ergebnissen von drei Fragen erkennen

a) in der Haltung zur Wehrpflicht;
wir fragten, ob die Wehrpflicht zur Erhaltung des Friedens und zum Schutz der DDR notwendig ist.
Die Befragten antworteten:

|  | Bevölkerung % | Wehrpflichtige % | Reservisten % |
|---|---|---|---|
| - sie ist notwendig | 93,5 | 84,9 | 91,0 |
| - sie ist nicht notwendig | 5,4 | 14,1 | 8,4 |
| - ohne Angaben | 1,1 | 1,0 | 0,6 |

Eine frühere unter Wehrpflichtigen und Reservisten durchgeführte Umfrage ergab (1966) folgende Resultate

|  |  | Wehrpflichtige % | Reservisten % |
|---|---|---|---|
| - sie ist notwendig | - - | 79,8 | 87,7 |
| - sie ist nicht notwendig | - - | 15,0 | 8,8 |
| - ohne Angaben | - - | 5,2 | 3,5 |

b) In der Einschätzung der Verteidigungsbereitschaft der Bevölkerung:
Frage 8 erkundigte sich danach, wie der Befragte - ausgehend von seinem Bekanntenkreis - die Verteidigungsbereitschaft bei den Bürgern der DDR einschätzt. Das Ergebnis zeigt, daß die Einschätzung in allen drei Gruppen gleich ist

|  | Bevölkerung % | Wehrpflichtige % | Reservisten % |
|---|---|---|---|
| - Verteidigungsbereitschaft ist bei den meisten Bürgern vorhanden | 79,9 | 81,4 | 81,2 |

c) in der Haltung zu evtl. notwendig werdenden Maßnahmen des Luftschutzes und der Zivilverteidigung:

Der Befragte sollte sagen, ob er bereit wäre - falls es gefordert würde - an vorbeugenden Schutzmaßnahmen gegen Kriegseinwirkungen teilzunehmen (Frage 7).
Die Antworten waren eindeutig

|  | Bevölkerung % | Wehrpflichtige % | Reservisten % |
|---|---|---|---|
| - ja | 78,0 | 82,4 | 80,1 |
| - nein | 15,4 | 15,0 | 16,4 |
| - ohne Angaben | 6,6 | 2,6 | 3,5 |

Hier muß allerdings gesagt werden, daß die Befragten zumeist keine Vorstellungen von der Art der Maßnahmen haben können. Trotzdem ist die hohe Bereitschaft zur Teilnahme an der Durchführung von solchen Maßnahmen bemerkenswert.

## 2. Die Haltung gegenüber Westdeutschland ist widerspruchsvoll.

Zunächst muß festgestellt werden, daß unsere Bevölkerung das Streben der Bonner Regierung nach Atomwaffen richtig einzuschätzen weiß

- 88,5 % erklärten, daß dadurch der Frieden in Europa gefährdet wird.
  Bei einer früheren Umfrage (1966) waren es 85,2 % gewesen.

Auch bei der Frage 3 "Wenn Sie die Politik der westdeutschen Regierung betrachten, halten Sie es dann für erforderlich, die Verteidigungsbereitschaft der DDR zu erhöhen?" gab es in allen Gruppen eine ziemlich klare Entscheidung

|  | Bevölkerung % | Wehrpflichtige % | Reservisten % |
|---|---|---|---|
| - ja | 73,6 | 69,8 | 76,0 |
| - nein | 20,8 | 27,6 | 22,0 |
| - ohne Angaben | 5,6 | 2,6 | 2,0 |

Die genannten Ergebnisse stehen jedoch in Widerspruch zum Resultat der Frage 5 "Angenommen, die DDR würde von der Bundesrepublik militärisch angegriffen. Würden Sie in diesem Falle als Soldat auf die Angehörigen der Bundeswehr schießen?" Die Befragten antworteten:

|  | Bevölkerung % | Wehrpflichtige % | Reservisten % |
|---|---|---|---|
| - ich würde schießen | 32,2 | 35,6 | 59,0 |
| - ich würde nicht schießen | 19,8 | 23,0 | 9,3 |
| - ich weiß es nicht | 40,4 | 40,3 | 30,3 |
| - ohne Angaben | 7,6 | 1,1 | 1,4 |

Eine frühere Befragung unter Wehrpflichtigen und Reservisten (1966) erbrachte ähnliche Resultate:

|  | Wehrpflichtige % | Reservisten % |
|---|---|---|
| - ich würde schießen | 38,8 | 55,3 |
| - ich würde nicht schießen | 25,6 | 12,5 |
| - ich weiß es nicht | 34,2 | 30,2 |
| - ohne Angaben | 1,4 | 2,0 |

Offensichtlich ergibt sich aus diesen Zahlen (und einige Bemerkungen auf den Fragebogen unterstreichen das), daß in der Bevölkerung das Feindbild nicht klar genug ist, daß noch gewisse Illusionen (das sind auch Deutsche) vorhanden sind, daß die Vorstellung besteht, Angehörige der Bundeswehr seien nicht automatisch gleichzusetzen mit der Bonner Regierung oder westdeutschen Imperialisten. Wie das Ergebnis beweist, sind diese Vorstellungen auch bei einem beträchtlichen Teil der Reservisten vorhanden.

## 3. Von der eindeutigen militärischen Überlegenheit des sozialistischen Lagers ist ein wesentlicher Teil der Befragten nicht überzeugt.

Geht man bei diesem Problem von der Frage 14 "Was meinen Sie, wird es möglich sein, einen neuen Weltkrieg zu verhindern?" aus - sie wurde nur an den Bevölkerungsquerschnitt gestellt - so scheint das Resultat für sich zu sprechen:

|  | Bevölkerung % |
|---|---|
| - ja | 90,1 |
| - nein | 3,9 |
| - ohne Angaben | 6,0 |

Diese Zahlen bestätigen auch das Ergebnis einer Umfrage im Jahre 1966, bei dem 90,8 % der Meinung waren, daß ein neuer Weltkrieg verhindert werden kann.

Es ist jedoch anzunehmen, daß einem großen Teil der Befragten das militärische Gleichgewicht der beiden Lager als wichtigsten Grund für die Verhinderung eines neuen Weltkrieges ansehen. Das geht u.E. aus den Antworten auf die Frage 4 hervor. Die Frage lautete: "Nehmen wir an, es käme zu einem Krieg zwischen den beiden Weltsystemen. Wer würde Ihrer Meinung nach in einem solchen Krieg siegen?"

|  | Bevölkerung % | Wehrpflichtige % | Reservisten % |
|---|---|---|---|
| - das sozialistische Lager | 50,2 | 32,1 | 43,4 |
| - das imperialistische Lager | 0,4 | 0,5 | 0,5 |
| - es würde keinen Sieger geben | 44,4 | 64,9 | 53,8 |
| - ohne Angaben | 5,0 | 2,5 | 2,3 |

Unterstrichen werden diese Ergebnisse auch durch das Resultat der Frage 11 " Sind Sie überzeugt, daß im Falle eines militärischen Angriffs auf die DDR die Armeen der Warschauer Vertragsstaaten in der Lage sind, diesem Angriff erfolgreich zu begegnen?"

|  | Bevöl-kerung | Wehrpflich-tige | Reservisten |
|---|---|---|---|
|  | % | % | % |
| - ja | 62,9 | 53,4 | 63,8 |
| - nein | 1,3 | 3,0 | 3,4 |
| - ich kann es nicht beurteilen | 34,4 | 42,6 | 32,1 |
| - ohne Angaben | 1,4 | 1,0 | 0,7 |

Hier gibt vor allem der große Anteil derjenigen zu denken, der sich mit der Antwort "ich kann es nicht beurteilen" begnügt (besonders bei Wehrpflichtigen).

Teil II: Kurzanalyse

**Frage 1:** Wie Ihnen bekannt ist, werden junge Bürger zur Ableistung ihrer Wehrpflicht in die Nationale Volksarmee einberufen. Glauben Sie, daß die Wehrpflicht zur Erhaltung des Friedens und zum Schutz der DDR notwendig ist?

|  | Bevölkerungs-querschnitt % | Wehrpflichtige % | Reservisten % |
|---|---|---|---|
| - sie ist notwendig | 93,5 | 84,9 | 91,0 |
| - sie ist nicht notwendig | 5,4 | 14,1 | 8,4 |
| - ohne Angaben | 1,1 | 1,0 | 0,6 |

Die Wehrpflicht wird immer mehr als Notwendigkeit empfunden. Im Vergleich zur Umfrage 1966 ist ein Anstieg zu erkennen.

| Umfrage 1966 | Wehrpflichtige % | Reservisten % |
|---|---|---|
| - notwendig | 79,8 | 87,7 |
| - nicht notwendig | 15,0 | 8,8 |
| - ohne Angaben | 5,2 | 3,5 |

Aus dem Ergebnis geht hervor, daß nur der Anteil der Ablehner gleichgeblieben ist.

Wichtige Aufschlüsse für die zunehmende Bejahung der Wehrpflicht in der Bevölkerung gibt auch die Frage 13 (Wenn junge Bürger ihren Dienst in der NVA geleistet haben, was brachte er Ihrer Meinung nach diesen jungen Menschen?)

**Frage 2:** Haben Ihrer Meinung nach die israelische Aggression und die daraus von Bonner Politikern und Militärs getroffenen Maßnahmen zu einer Erhöhung der Kriegsgefahr in Europa geführt?

|  | Bevölkerungs-querschnitt % | Wehrpflichtige % | Reservisten % |
|---|---|---|---|
| - ja | 64,8 | 58,6 | 70,0 |
| - nein | 7,7 | 13,2 | 9,2 |
| - ich kann es nicht beurteilen | 25,9 | 28,0 | 20,1 |
| - ohne Angaben | 1,6 | 0,2 | 0,7 |

**Frage 3:** Wenn Sie die Politik der westdeutschen Regierung betrachten, halten Sie es dann für erforderlich, die Verteidigungsbereitschaft der DDR zu erhöhen?

|  | Bevölkerungs-querschnitt % | Wehrpflichtige % | Reservisten % |
|---|---|---|---|
| - ja | 73,6 | 69,8 | 76,0 |
| - nein | 20,8 | 27,6 | 22,0 |
| - ohne Angaben | 5,6 | 2,6 | 2,0 |

Frage 4: Nehmen wir an, es käme zu einem Krieg zwischen den beiden Weltsystemen. Wer würde Ihrer Meinung nach in einem solchen Krieg siegen?

|  | Bevölkerungs-querschnitt % | Wehrpflichtige % | Reservisten % |
|---|---|---|---|
| - das sozialistische Lager | 50,2 | 32,1 | 43,4 |
| - das imperialistische Lager | 0,4 | 0,5 | 0,5 |
| - es würde keinen Sieger geben | 44,4 | 64,9 | 53,8 |
| - ohne Angaben | 5,0 | 2,5 | 2,3 |

Bei einer Umfrage im Jahre 1966 wurde einem Bevölkerungsquerschnitt die gleiche Frage gestellt.

Die Ergebnisse lauteten:

- das sozialistische Lager    38,3 %
- das imperialistische Lager    0,4 %
- kein Sieger    49,2 %
- ich weiß es nicht und ohne Angaben    12,1 %

**Frage 5:** Angenommen, die Deutsche Demokratische Republik würde von der Bundesrepublik militärisch angegriffen. Würden Sie in diesem Falle als Soldat auf die Angehörigen der Bundeswehr schießen?

|  | Bevölkerungs-querschnitt % | Wehrpflichtige % | Reservisten % |
|---|---|---|---|
| - ich würde schießen | 32,2 | 35,6 | 59,0 |
| - ich würde nicht schießen | 19,8 | 23,0 | 9,3 |
| - ich weiß es nicht | 40,4 | 40,3 | 30,3 |
| - ohne Angaben | 7,6 | 1,1 | 1,4 |

**Frage 6:** Halten Sie die Vorbereitung und Durchführung von Maßnahmen des Luftschutzes und der Zivilverteidigung für sinnvoll und notwendig?

|  | Bevölkerungs-querschnitt % | Wehrpflichtige % | Reservisten % |
|---|---|---|---|
| - ja | 81,6 | 76,3 | 77,4 |
| - nein | 15,3 | 21,1 | 20,1 |
| - ohne Angaben | 3,1 | 2,6 | 2,5 |

Frage 7: Falls es gefordert würde, wären Sie bereit, an vorbeugenden Schutzmaßnahmen gegen Kriegseinwirkungen teilzunehmen?

|  | Bevölkerungs-querschnitt % | Wehrpflichtige % | Reservisten % |
|---|---|---|---|
| - ja | 78,0 | 82,4 | 80,1 |
| - nein | 15,4 | 15,0 | 16,4 |
| - ohne Angaben | 6,6 | 2,6 | 3,5 |

Frage 8: Wenn in Ihrem Bekanntenkreis oder unter Ihren Arbeitskollegen einmal über die Bereitschaft zur Verteidigung der DDR gesprochen wird, was meinen Sie, wie wird man die Verteidigungsbereitschaft einschätzen?

|  | Bevölkerungs-querschnitt % | Wehrpflichtige % | Reservisten % |
|---|---|---|---|
| - die Verteidigungsbereitschaft ist bei den meisten Bürgern vorhanden | 24,4 | 25,8 | 21,9 |
| - die Verteidigungsbereitschaft ist bei vielen unserer Bürger vorhanden | 55,5 | 55,6 | 59,3 |
| - die Verteidigungsbereitschaft ist bei wenigen Bürgern vorhanden | 15,2 | 17,4 | 16,7 |
| - ohne Angaben | 4,9 | 1,2 | 2,1 |

Frage 9: In einer Diskussion sprach man über die Möglichkeit einer
militärischen Aktion Westdeutschlands gegen die DDR. Dabei
wurden zwei Meinungen geäußert:
1. Meinung:
Im Falle eines westdeutschen militärischen Angriffs auf die
DDR wird die Sowjetarmee bestimmt an der Seite der Nationalen Volksarmee die DDR wirksam schützen.
2. Meinung:
Ich glaube nicht, daß die sowjetische Armee eingreifen
würde, da es sich dabei um eine innerdeutsche Auseinandersetzung handelt.
Welche dieser beiden Meinungen kommt Ihrer Auffassung am
nächsten?

| | Bevölkerungsquerschnitt % | Wehrpflichtige % | Reservisten % |
|---|---|---|---|
| - die erste Meinung | 88,9 | 88,7 | 92,4 |
| - die zweite Meinung | 8,6 | 9,7 | 7,0 |
| - ohne Angaben | 2,5 | 1,6 | 0,6 |

Das vorliegende Ergebnis beweist, daß das Vertrauen der Bevölkerung
in die Bündnistreue der Sowjetunion außerordentlich groß ist.
Von einigen Befragten, die sich für die zweite Meinung entschieden,
wurde zur Begründung ihrer Ansicht die Situation in Vietnam angeführt.

**Frage 10:** Die Nationale Volksarmee der DDR ist im Rahmen des Warschauer Paktes mit den Armeen anderer sozialistischer Länder in enger Waffenbrüderschaft verbunden. Was meinen Sie: Ist dieses Bündnis notwendig, um den Frieden in Europa zu sichern?

|  | Bevölkerungs-querschnitt % | Wehrpflichtige % | Reservisten % |
|---|---|---|---|
| - ja | 92,3 | 92,1 | 94,7 |
| - nein | 4,9 | 6,5 | 4,4 |
| - ohne Angaben | 2,8 | 1,4 | 0,9 |

Ein Vergleich mit einer Umfrage im Jahre 1966 ergibt folgendes Bild:

|  | Wehrpflichtige % | Reservisten % |
|---|---|---|
| - ja | 86,8 | 91,2 |
| - nein | 6,5 | 4,8 |
| - ohne Angaben | 6,7 | 4,0 |

**Frage 11:** Sind Sie überzeugt, daß im Falle eines militärischen Angriffs auf die DDR die Armeen der Warschauer Vertragsstaaten in der Lage sind, diesem Angriff erfolgreich zu begegnen?

|  | Bevölkerungsquerschnitt % | Wehrpflichtige % | Reservisten % |
|---|---|---|---|
| - ja | 62,9 | 53,4 | 63,8 |
| - nein | 1,3 | 3,0 | 3,4 |
| - ich kann es nicht beurteilen | 34,4 | 42,6 | 32,1 |
| - ohne Angaben | 1,4 | 1,0 | 0,7 |

**Frage 12:** In der DDR gibt es eine Reihe von Möglichkeiten der vormilitärischen Ausbildung und der Wehrerziehung. Sind Sie der Meinung, daß diese Möglichkeiten für die Vorbereitung auf den Wehrdienst ausreichend sind?

|  | Bevölkerungs-querschnitt % | Wehrpflichtige % | Reservisten % |
|---|---|---|---|
| - ja | 46,7 | 66,1 | 53,3 |
| - nein | 16,8 | 31,2 | 40,1 |
| - ich kann es nicht beurteilen | 34,3 | - | - |
| - ohne Angaben | 2,2 | 2,7 | 6,6 |

Bei Wehrpflichtigen und Reservisten wurde die Antwortmöglichkeit "ich kann es nicht beurteilen" nicht vorgegeben.

Hier ist besonders bemerkenswert, daß die Reservisten, die die Erfordernisse des Wehrdienstes einzuschätzen vermögen, zu 40 Prozent der Meinung sind, die vorhandenen Möglichkeiten der vormilitärischen Ausbildung reichten nicht aus.

Frage: Sie haben vor einigen Monaten Ihre Dienstzeit in der Nationalen Volksarmee beendet.
Wenn Sie diese Zeit einmal einschätzen, was brachte sie Ihnen persönlich?
(Die Frage wurde in dieser Form nur an Reservisten gestellt.)

%

- ich bin ordnungsliebender und pflichtbewußter geworden   64,9
- ich konnte meine technischen Kenntnisse bereichern   62,2
- mein politisches Wissen hat sich erweitert   67,1
- ich habe das Leben im Kollektiv schätzen gelernt   74,3
- mein Selbstbewußtsein ist gestärkt worden   74,5

Was brachte Ihnen der Dienst in der Nationalen Volksarmee außerdem? (Diese Zusatzfrage wurde als offene Frage gestellt. Nach der Gruppierung ergab sich die folgende Verteilung.)

- Treue zur DDR, Treue zum sozialistischen Staat, positive Einstellung zur NVA, Staatsbewußtsein usw.   4,7
- Menschenkenntnis im positiven Sinne gebraucht   3,4
- Qualifikationsnachweise der verschiedensten Art   3,3
- Charaktereigenschaften wie Kameradschaftlichkeit, gestiegenes Verantwortungsbewußtsein, selbständiges Denken, reifer geworden usw.   3,1
- körperliche Ertüchtigung   1,4
- Einsicht in die Stärke des sozialistischen Lagers   0,6
- Eintritt in die SED, FDJ usw.   0,4
- andere positive Bemerkungen   0,9

|   |   |
|---|---|
| - wenig Geld, gesundheitliche Schäden, persönliche Verluste | 7,2 |
| - nur Nachteile | 2,2 |
| - große Enttäuschung über die NVA, NVA anders kennengelernt, als man uns das immer erzählt, die NVA kennengelernt, wie sie wirklich ist | 1,3 |
| - Menschenkenntnis im negativen Sinne gebraucht, Vorgesetzte als Unmenschen kennengelernt, Offiziere als Herrenmenschen | 1,2 |
| - Wehrdienst als Zeitverlust | 1,0 |
| - es wird sich wenig um die persönlichen Belange der Soldaten gekümmert | 0,2 |
| - andere negative Bemerkungen | 1,1 |

Frage 13: Wenn junge Bürger ihren Dienst in der Nationalen Volksarmee geleistet haben, was brachte er Ihrer Meinung nach diesen jungen Menschen?
(Die Frage wurde in dieser Form nur an den Bevölkerungsquerschnitt gestellt.)

|  | % |
|---|---|
| - Verbesserung der Ordnung und Disziplin | 86,0 |
| - Bereicherung ihrer technischen Kenntnisse | 81,7 |
| - Bereicherung ihres politischen Wissens | 77,6 |
| - Verbesserung ihres kollektiven Verhaltens | 78,1 |
| - Stärkung ihres Selbstbewußtseins | 75,1 |

Was meinen Sie, was brachte der Dienst in der Nationalen Volksarmee diesen jungen Menschen außerdem?
(Diese Zusatzfrage wurde als offene Frage gestellt. Nach der Gruppierung ergab sich die folgende Verteilung.)

| | |
|---|---|
| - Vertrauen und Liebe zur DDR, Staats-, Klassen- und Nationalbewußtsein, politische Klarheit | 11,7 |
| - Charaktereigenschaften wie Kameradschaft, Freundschaft, Achtung vor dem Menschen, Zuverlässigkeit, Selbständigkeit, gutes Verhalten im sozialistischen Leben, bessere Einstellung zur Arbeit | 7,2 |
| - Körperertüchtigung | 2,9 |
| - Wille nach Frieden, Achtung anderer Staaten und Völker | 1,4 |
| - Erkenntnis des wahren Charakters der NVA und daß sie gut ausgerüstet ist | 0,8 |
| - Pflichtbewußtsein | 0,2 |
| - sonstige positive Bemerkungen | 1,5 |

|   | % |
|---|---|
| - Verdienstausfall | 1,6 |
| - verlorene Zeit | 0,5 |
| - Abneigung gegen Militärdienst, gegen Wehrpflicht | 0,5 |
| - schlechte Vorgesetzte kennengelernt | 0,5 |
| - sonstige negative Bemerkungen | 1,2 |

Frage 14: Was meinen Sie, wird es möglich sein, einen neuen
Weltkrieg zu verhindern?

(Diese Frage wurde nur an den Bevölkerungsquerschnitt
gestellt)

- ja                  90,1 %
- nein                3,9 %
- ohne Angaben        6,0 %


Frage 15: In letzter Zeit wird von der Regierung Westdeutschlands immer häufiger die Forderung nach Verfügungsgewalt über Atomwaffen erhoben. Sind Sie der Meinung

(diese Frage wurde nur an den Bevölkerungsquerschnitt
gestellt)

- daß dadurch der Frieden in Europa
  gefährdet wird?                       88,5 %
- daß dadurch der Frieden in Europa
  gesichert wird?                       3,2 %
- ohne Angaben                          8,3 %

**Frage:** Sehen Sie in der GST-Ausbildung einen Nutzen für die Dienstzeit in der Nationalen Volksarmee?

|  | Wehrpflichtige % | Reservisten % |
|---|---|---|
| - ja | 86,7 | 83,3 |
| - nein | 11,8 | 12,9 |
| - ohne Angaben | 1,5 | 3,8 |

**Frage:** Haben Sie schon in irgendeiner Form an vormilitärischer Ausbildung teilgenommen?

|  | Wehrpflichtige % | Reservisten % |
|---|---|---|
| - in der Schule | 41,3 | 25,2 |
| - in der GST | 43,1 | 35,5 |
| - in der FDJ | 12,0 | 15,9 |
| - im Rahmen des Kampfsportes | 7,4 | 7,6 |
| - ich habe an keiner Form der vormilitärischen Ausbildung teilgenommen | 23,0 | 37,0 |

Teil III Statistische Angaben

## I. Querschnittsbefragung der Bevölkerung

### 1. Gesamtübersicht

Anzahl der ausgegebenen Fragebogen     1.098
Anzahl der auswertbaren Fragebogen     1.012

### 2. Übersicht über die einzelnen Bezirke

| | auswertbare Fragebogen |
|---|---|
| Schwerin | 75 |
| Neubrandenburg | 67 |
| Potsdam | 124 |
| Cottbus | 77 |
| Halle | 176 |
| Erfurt | 121 |
| Leipzig | 146 |
| Karl-Marx-Stadt | 226 |
| | 1012 |

### 3. Anteile der männlichen und weiblichen Befragten

| | | |
|---|---|---|
| Männer | 518 | = 51,2 % |
| Frauen | 488 | = 48,2 % |
| ohne Angaben | 6 | = 0,6 % |
| | 1012 | |

## 4. Anteile der Altersgruppen

| | | |
|---|---|---|
| bis 24 Jahre | 118 | = 11,7 % |
| 25 - 29 Jahre | 110 | = 1o,9 % |
| 3o - 39 Jahre | 231 | = 22,8 % |
| 4o - 49 Jahre | 223 | = 22,0 % |
| 5o - 59 Jahre | 188 | = 18,6 % |
| 6o Jahre und älter | 137 | = 13,5 % |
| ohne Angaben | 5 | = 0,5 % |
| | 1012 | |

## 5. Gliederung nach der Tätigkeit

| | | |
|---|---|---|
| Arbeiter | 332 | = 32,8 % |
| Angestellte | 231 | = 22,8 % |
| Intelligenz | 62 | = 6,1 % |
| Handwerker und Gewerbetreibende | 34 | = 3,4 % |
| Genossenschaftsbauern bzw. i.d. Landwirtschaft Beschäftigte | 84 | = 8,3 % |
| Rentner | 89 | = 8,8 % |
| Lehrlinge u. Studenten | 34 | = 3,4 % |
| Hausfrauen | 123 | = 12,2 % |
| ohne Beruf | 16 | = 1,6 % |
| ohne Angaben | 7 | = 0,6 % |
| | 1012 | |

## II. Befragung unter Wehrpflichtigen

### 1. Gesamtübersicht

Anzahl der ausgegebenen Fragebogen     1934
Anzahl der auswertbaren Fragebogen     1026

### 2. Übersicht über die einzelnen Bezirke

auswertbare Fragebogen

| | |
|---|---|
| Schwerin | 57 |
| Neubrandenburg | 79 |
| Potsdam | 119 |
| Cottbus | 92 |
| Halle | 182 |
| Erfurt | 126 |
| Leipzig | 136 |
| Karl-Marx-Stadt | 235 |
| | 1026 |

### 3. Gliederung nach der Schulbildung

| | |
|---|---|
| Grundschule ohne Abschluß der 8. Klasse | 121 = 11,8 % |
| Grundschule mit Abschluß der 8. Klasse | 343 = 33,4 % |
| zehn Klassen ohne Abschluß | 22 = 2,1 % |
| zehn Klassen mit Abschluß | 486 = 47,4 % |
| zwölf Klassen (Abitur) | 49 = 4,8 % |
| ohne Angaben | 5 = 0,5 % |
| | 1026 |

### 4. Gliederung nach der Tätigkeit

| | |
|---|---|
| Arbeiter | 528 = 51,4 % |
| Angestellte | 58 = 5,7 % |
| Handwerker | 97 = 9,5 % |
| Studenten | 26 = 2,5 % |
| Lehrlinge | 254 = 24,7 % |
| Genossenschaftsbauern bzw. i.d. Landwirtschaft Beschäftigte | 58 = 5,7 % |
| ohne Angaben | 5 = 0,5 % |
| | 1026 |

## III. Befragung unter Reservisten

### 1. Gesamtübersicht
Anzahl der ausgegebenen Fragebogen      1914
Anzahl der auswertbaren Fragebogen      860

### 2. Übersicht über die einzelnen Bezirke

| | auswertbare Fragebogen |
|---|---|
| Schwerin | 59 |
| Neubrandenburg | 64 |
| Potsdam | 100 |
| Cottbus | 74 |
| Halle | 150 |
| Erfurt | 111 |
| Leipzig | 108 |
| Karl-Marx-Stadt | 194 |
| | 860 |

### 3. Gliederung nach dem letzten Dienstgrad

| | | |
|---|---|---|
| Soldaten | 659 = | 76,6 % |
| Unteroffiziere | 172 = | 20,0 % |
| ohne Angaben | 29 = | 3,4 % |
| | 860 | |

### 4. Gliederung nach der Schulbildung

| | | |
|---|---|---|
| Grundschule ohne Abschluß der 8. Klasse | 88 = | 10,2 % |
| Grundschule mit Abschluß der 8. Klasse | 294 = | 34,2 % |
| zehn Klassen ohne Abschluß | 33 = | 3,8 % |
| zehn Klassen mit Abschluß | 398 = | 46,3 % |
| zwölf Klassen (Abitur) | 39 = | 4,5 % |
| ohne Angaben | 8 = | 1,0 % |
| | 860 | |

**5. Gliederung nach der Tätigkeit**

| | | |
|---|---:|---|
| Arbeiter | 592 = | 68,8 % |
| Angestellte | 73 = | 8,5 % |
| Intelligenz | 23 = | 2,7 % |
| Handwerker | 1o1 = | 11,7 % |
| Studenten | 11 = | 1,3 % |
| Lehrlinge | 10 = | 1,2 % |
| Genossenschaftsbauern bzw. in der Landwirtschaft Beschäftigte | 46 = | 5,3 % |
| ohne Angaben | 4 = | 0,5 % |
| | 860 | |

Dokument IX

Bericht über eine Umfrage zum Entwurf
der Verfassung (28. 2. 1968)

Institut für Meinungsforschung
beim ZK der SED

Streng vertraulich !

Berlin, den 28.2.1968

## Bericht über eine Umfrage zum Entwurf der Verfassung

Basis: Die Umfrage wurde in den folgenden 12 Betrieben durchgeführt
1. VEB Transformatorenwerk "Karl Liebknecht", Berlin
2. VEB Berliner Bremsenwerk
3. VEB Bergmann Borsig, Berlin
4. VEB IFA-Automobilwerke, Ludwigsfelde
5. VEB Stahl- und Walzwerk Brandenburg
6. VEB Lokomotivbau "Karl Marx" Babelsberg
7. VEB Schwermaschinenbau "Karl Liebknecht" Magdeburg
8. VEB Traktorenwerke Schönebeck
9. VEB Bergbau- und Hüttenkombinat Calbe
10. VEB Chemiewerk Coswig
11. VEB Stickstoffwerke Piesteritz
12. VEB Elektrochemisches Kombinat Bitterfeld

Die Fragebogen wurden in jedem Betrieb in geschlossenen Produktionsbereichen mit unterschiedlichem Niveau an die dort Beschäftigten übergeben.

In die Auswertung wurden 1.969 Fragebogen einbezogen.

Methode: Schriftliche Befragung
Mitglieder der Betriebsparteiorganisation übergaben die Fragebogen an die Werktätigen und sammelten sie nach dem Ausfüllen mit versiegelten Urnen ein.

Zeitraum der
Befragung: 8.2. - 15.2.1968

bestätigt durch

Kurt Rückmann
stellv. Leiter des Instituts

Inhaltsverzeichnis

                                            Seite

Teil I    Zusammenfassende Einschätzung    2 - 6

Teil II   Kurzanalyse                      7 - 15

Teil III  Statistische Angaben             16 - 17

Teil IV   Einzelergebnisse aus Betrieben

## Teil I: Zusammenfassende Einschätzung

Bei der Analyse der vorliegenden Umfrageergebnisse sind besonders vier Probleme beachtenswert:

1. Die Umfrage wurde in der ersten Februarhälfte durchgeführt, sie begann 8 Tage nach der Veröffentlichung des Verfassungsentwurfes. Daraus ist vor allem zu erklären, daß sich nur jeder Vierte bis zum Befragungszeitpunkt mit dem Entwurf gründlich vertraut gemacht hatte (26,0 %). Die inzwischen vorliegenden Zwischenergebnisse aus der Territorialumfrage, die am 4.3. abgeschlossen wird, zeigen, daß sich der Anteil derjenigen, die sich gründlich mit dem Verfassungsentwurf beschäftigt haben, stark erhöht hat (40 %). Der Teil der Bevölkerung, der den Entwurf noch nicht gelesen hat, ist von rund 10 % auf 2,3 % zurückgegangen.

Der frühe Zeitpunkt der Umfrage hat zweifellos auch alle Antworten auf die Fragen beeinflußt, die nach einer Wertung des gesamten Entwurfes oder einzelner Artikel verlangten. Das wird besonders deutlich bei Frage Nr. 2. Hier fragten wir: "Würden Sie diesem Entwurf im großen und ganzen zustimmen?" Die Ergebnisse lauteten:

- ja                          64,9 %
- nein                         3,9 %
- ich kann es noch
  nicht beurteilen            31,2 %

Fast ein Drittel aller Befragten gaben danach an, sich noch kein Urteil zum Verfassungsentwurf bilden zu können.

Bei den Fragen 4 und 5, die sich danach erkundigten, ob es Unklarheiten bzw. Bedenken bei einzelnen Artikeln gibt, konnte jeder Vierte noch keine Antwort geben.
Auch bei der Frage 8 (Brauchen wir eine sozialistische Verfassung oder hätte die von 1949 noch ausgereicht) machte es sich bemerkbar, daß die Umfrage durchgeführt wurde, als die Diskussion zum Entwurf eben erst begonnen hatte. Jeder Fünfte wollte oder konnte sich noch kein Urteil zu dieser Frage erlauben.

2. Läßt man den Teil der Befragten außer acht, der sich zum Zeitpunkt der Umfrage noch kein Urteil erlauben wollte, so ist die Zustimmung zum Verfassungsentwurf insgesamt beim überwältigenden Teil der Befragten vorhanden.
Die Untersuchung, welche Artikel als besonders bedeutsam empfunden werden (siehe Frage 3) erbrachte folgende Rangordnung:

    1. Artikel 30 (Recht auf Arbeit/)            68,2 %
    2. Artikel 2 (Alle politische Macht)       51,9 %
    3. Artikel 19 (Gleichberechtigung)         44,9 %
    4. Artikel 1 (DDR-sozialistischer Staat)    44,0 %
    5. Artikel 43 u. 44 (Gewerkschaften)      28,0 %

Daß Artikel 30 eine hervorragende Rolle spielt, zeigt sich auch in den Antworten auf die Frage 11 (Diskussionsfrage zum Artikel 30). Hier waren 86,5 % aller Befragten der Ansicht, daß es in der DDR mehr soziale Sicherheit gibt als in Westdeutschland. Frühere Untersuchungen zum gleichen Problem (allerdings waren damals die Fragen anders formuliert) erbrachten gleiche Ergebnisse.

Bei den Fragen 4 und 5 sollten die Befragten zusätzlich aufschreiben, welche Artikel ihnen unklar sind, bzw. bei welchen Artikeln sie Bedenken haben.
Etwa 30 - 40 Artikel wurden bei diesen Fragen mehrere Male aufgeschrieben. Die Quoten waren jedoch bei den meisten so gering, daß die Umrechnung in Prozentwerte keine Aussagekraft hat.
Auf rund 10 Artikel konzentrierten sich die meisten Stimmen.

Eine besondere Rolle spielt offensichtlich der Artikel 31 (Oberschulpflicht und die Pflicht, einen Beruf zu erlernen.) Obwohl 88,2 % diesem Artikel zustimmten (siehe Frage 13) gab es bei diesem Artikel die meisten Unklarheiten oder Bedenken.

Folgende Reihenfolge ergab sich bei der Auszählung der Artikel, die den Befragten unklar sind oder gegen die sie Bedenken einwenden (absolute Zahlen):

| | |
|---|---|
| Artikel 31 | 54 |
| Artikel 28 | 43 |
| Artikel 30 | 40 |
| Artikel 23 | 33 |
| Artikel 27 | 28 |
| Artikel 36 | 26 |
| Artikel 8 | 20 |
| Artikel 2 | 17 |
| Artikel 14 | 17 |
| Artikel 15 | 16 |

Beachtenswert scheint uns weiter das Ergebnis zur Frage 14, die sich nach der Zustimmung zu den Artikeln 9 - 15 (Eigentum) erkundigte.
Immerhin waren 21,2 % der Befragten der Meinung, nur mit Einschränkungen diesen Artikeln zustimmen zu können.

3. Die Umfrageergebnisse beweisen, daß sich die Befragten nicht nur auf bloße Zustimmungserklärungen zum Verfassungsentwurf beschränken, sondern gewillt sind, die neue Verfassung auch mit Leben zu erfüllen. Es wurde u.a. danach gefragt, ob die Befragten bereit sind, künftig bei der Lösung staatlicher und gesellschaftlicher Aufgaben mitzuarbeiten bzw. weiter mitzuarbeiten (Frage 15).

Ein Vergleich mit früheren Umfragen zeigt, daß es bei diesem Problem eine positive Entwicklung gibt

|  | 1967 % | 1968 % |
|---|---|---|
| - ich wäre bereit mitzuarbeiten | 15,7 | 23,8 |
| - ich würde weiter mitarbeiten | 25,2 | 24,9 |
| - ich würde größere Verantwortung übernehmen | 2,7 | 5,1 |
| - ich würde mitarbeiten, aber in kleinerem Rahmen | 34,3 | 33,2 |
| - ich würde nicht mitarbeiten | 18,9 | 7,4 |
| - ohne Angaben | --- | 5,6 |

Die Zwischenergebnisse aus der Territorialumfrage zeigen die gleiche Tendenz.

Da sich hier u.E. Reserven zur weiteren Einbeziehung der Bevölkerung in das gesellschaftliche Leben erschließen, sollte bei einer nächsten Umfrage erforscht werden, auf welchen Gebieten die Befragten am liebsten mitarbeiten würden.

4. Von großer Wichtigkeit sind zweifellos die Ergebnisse zu den Fragen 9 (Artikel 8, Weg zur Vereinigung) und 10 (Was sehen Sie als Ihr Vaterland an?)

Die Ergebnisse zu Frage 9 sagen eindeutig aus, daß die überwiegende Mehrheit der Bevölkerung (80,4 %) unsere Ansichten zur Frage der Vereinigung der beiden deutschen Staaten teilt. Das wird auch durch Ergebnisse aus anderen Umfragen unterstrichen. Bei einer Umfrage im Jahre 1967 wurde danach gefragt, welcher Gesellschaftsordnung in ganz Deutschland die Zukunft gehört. Damals antworteten 79,9 %, daß in ganz Deutschland der Sozialismus siegen wird. Es ist anzunehmen, daß eine wichtige Ursache für die Zustimmung zum Artikel 8 im Wissen der Bevölkerung um die Gesetzmäßigkeit der gesellschaftlichen Entwicklung, und im Wissen um die Überlegenheit und Vorzüge des sozialistischen Systems zu sehen ist.

Unter diesem Aspekt muß u.E. auch das Ergebnis zur Frage 10 (Vaterland) gesehen werden. Zunächst scheint es befremdend, daß rund 60 % der Meinung sind, ganz Deutschland sei ihr Vaterland. Und sicherlich ist ein Teil dieser 60 Prozent in den alten Illusionen vom "ganzen deutschen Vaterland", gleichgültig auf welcher Basis, gefangen. (Das ist vor allem für Berlin anzunehmen, wo rund 70 Prozent der Meinung waren, ganz Deutschland sei ihr Vaterland.) Doch ein beträchtlicher Teil - und das geht auch aus schriftlichen Bemerkungen zu dieser Frage hervor - sieht das Deutschland der Zukunft, vereinigt auf der Grundlage der Demokratie und des Sozialismus, als das künftige Vaterland an.

Trotzdem muß aus dem Ergebnis zur Frage 10 der Schluß gezogen werden,
- daß das Wissen um die historische Mission der DDR - Vorbild für das künftige Deutschland - nicht klar genug in der Bevölkerung ausgeprägt ist,
- daß der Begriff Vaterland genauerer Erläuterung bedarf,
- daß es notwendig ist, in der Agitation mehr und eindringlicher zu erklären, warum für die Bürger unseres Landes nur die DDR das Vaterland sein kann.

Wir würden vorschlagen, bei künftigen Umfragen dieses Problem und damit zusammenhängende Fragen detaillierter zu erforschen.

## Teil II: Kurzanalyse

**Frage 1:** Vor einigen Tagen wurde der Entwurf einer neuen Verfassung veröffentlicht. Haben Sie sich schon mit dem Verfassungsentwurf vertrautgemacht?

%

- ich habe ihn bereits gründlich gelesen und mich mit den Problemen vertrautgemacht    26,0
- ich habe ihn gelesen, ohne mich bereits gründlich mit den Problemen vertraut zu machen    39,0
- ich habe ihn nur überflogen    24,8
- ich habe ihn noch nicht gelesen    9,2
- ohne Angaben    1,0

**Frage 2:** Würden Sie diesem Entwurf im großen und ganzen zustimmen?

%

- ja    64,9
- nein    3,9
- ich kann es noch nicht beurteilen    31,2

**Frage 3:** Würden Sie uns bitte sagen, welche der nachstehend aufgeführten Artikel des Verfassungsentwurfs Sie als besonders bedeutsam empfinden?

%

- Artikel 1
  Die Deutsche Demokratische Republik
  ist ein sozialistischer Staat deutscher
  Nation ...                                                44,0

- Artikel 2
  Alle politische Macht in der Deutschen
  Demokratischen Republik wird von den
  Werktätigen ausgeübt ...                                  51,9

- Artikel 19 (Abs. 2)
  über die Gleichberechtigung und Förderung
  der Frau                                                  44,9

- Artikel 3o
  Jeder Bürger der Deutschen Demokratischen
  Republik hat das Recht auf Arbeit, das
  Recht auf einen Arbeitsplatz und dessen
  freie Wahl entsprechend den Gesetzen, den
  gesellschaftlichen Erfordernissen und der
  persönlichen Qualifikation ...                            68,2

- Artikel 43 und 44
  über die Gewerkschaften und ihre Rechte                   28,0

**Zu Frage 3:** Wenn es Artikel im Verfassungsentwurf gibt, die wir nicht aufgeführt haben und die Sie persönlich als bedeutsam empfinden, würden Sie uns diese bitte nennen:

|  | absolute Zahlen |
|---|---|
| Artikel 31 | 36 |
| Artikel 8 | 26 |
| Artikel 37 | 20 |
| Artikel 6 | 17 |
| Artikel 23 | 15 |
| Artikel 32 | 13 |
| Artikel 26 | 13 |
| Artikel 12 | 11 |
| Artikel 22 | 10 |
| Artikel 34 | 10 |
| Artikel 36 | 10 |

**Frage 4:** Gibt es im Verfassungsentwurf einzelne Artikel, die Ihnen unklar sind?

|  | % |
|---|---|
| - ja | 19,1 |
| - nein | 57,0 |
| - ohne Angaben | 23,9 |

Wenn ja - können Sie uns bitte sagen, welche Artikel Sie meinen?

|  | absolute Zahlen |
|---|---|
| Artikel 30 | 19 |
| Artikel 31 | 15 |
| Artikel 23 | 12 |
| Artikel 32 | 11 |
| Artikel 36 | 10 |
| Artikel 28 | 10 |
| Artikel 14 | 9 |
| Artikel 15 | 9 |
| Artikel 2 | 7 |
| Artikel 8 | 7 |
| Artikel 27 | 7 |

**Frage 5:** Gibt es im Verfassungsentwurf einzelne Artikel, gegen die Sie Bedenken haben?

|  | % |
|---|---|
| – ja | 19,5 |
| – nein | 54,7 |
| – ohne Angaben | 25,8 |

Wenn ja – können Sie uns bitte sagen, welche Artikel Sie meinen?

|  | absolute Zahlen |
|---|---|
| Artikel 31 | 39 |
| Artikel 23 | 21 |
| Artikel 27 | 21 |
| Artikel 30 | 21 |
| Artikel 28 | 33 |
| Artikel 36 | 16 |
| Artikel 8 | 13 |
| Artikel 38 | 12 |
| Artikel 43 | 11 |
| Artikel 11 | 10 |
| Artikel 22 | 10 |
| Artikel 24 | 10 |
| Artikel 2 | 10 |

**Frage 6:** Der Entwurf der Verfassung ist ja nun der Bevölkerung zur Diskussion unterbreitet. Glauben Sie, daß diese Diskussionen Auswirkungen auf die endgültige Abfassung der Verfassung haben werden?

|   | % |
|---|---|
| - ja | 44,9 |
| - nein | 26,7 |
| - ich kann es nicht beurteilen | 28,4 |

**Frage 7:** Nehmen wir an, Sie hätten einen Vorschlag zur Änderung eines Artikels des Verfassungsentwurfes. Würden Sie diesen Vorschlag der Kommission zur Ausarbeitung der Verfassung unterbreiten?

|   | % |
|---|---|
| - ja | 55,9 |
| - nein | 13,5 |
| - ich weiß es nicht | 22,0 |
| - ohne Angaben | 8,6 |

**Frage 8:** Brauchen wir Ihrer Meinung nach eine sozialistische Verfassung für die DDR oder hätte die Verfassung von 1949 noch ausgereicht?

|   | % |
|---|---|
| - wir brauchen eine sozialistische Verfassung | 69,2 |
| - die Verfassung von 1949 hätte noch ausgereicht | 10,6 |
| - ich kann das nicht beurteilen | 20,2 |

**Frage 9:** Im Artikel 8 des Verfassungsentwurfs wird folgendes gesagt:

> Die Deutsche Demokratische Republik und ihre Bürger erstreben darüber hinaus die Überwindung der vom Imperialismus der deutschen Nation aufgezwungene Spaltung Deutschlands, die schrittweise Annäherung der beiden deutschen Staaten bis zu ihrer Vereinigung auf der Grundlage der Demokratie und des Sozialismus.

Entspricht das auch Ihren Vorstellungen?

|   | % |
|---|---|
| - ja | 80,4 |
| - nein | 11,2 |
| - ohne Angaben | 8,4 |

**Frage 10:** Wenn in Ihrem Bekanntenkreis oder unter Ihren Arbeitskollegen einmal darüber gesprochen wird, was Sie als Ihr Vaterland ansehen, die Deutsche Demokratische Republik oder ganz Deutschland, welche Meinung überwiegt dann?

|   | % |
|---|---|
| - die Deutsche Demokratische Republik ist mein Vaterland | 37,2 |
| - ganz Deutschland ist mein Vaterland | 59,9 |
| - ohne Angaben | 2,9 |

**Frage 11:** Zwei Kollegen unterhalten sich über den Entwurf der Verfassung. Dabei geht es in diesem Gespräch besonders um den Artikel 3o, in dem das Recht auf Arbeit gewährleistet wird.

- Kollege A sagt:

  Im Verfassungsentwurf wird uns das Recht auf Arbeit, auf einen Arbeitsplatz entsprechend unseren Fähigkeiten garantiert. Das empfinde ich als gut, dadurch ist meine soziale Sicherheit gewährleistet.
- Kollege B sagt:

  In der westdeutschen Verfassung ist das Recht auf Arbeit zwar nicht enthalten, aber den meisten Bürgern Westdeutschlands geht es doch auch recht gut.

Was sagen Sie?

|  | % |
|---|---|
| - in der DDR gibt es mehr soziale Sicherheit | 86,5 |
| - in Westdeutschland gibt es mehr soziale Sicherheit | 0,6 |
| - die soziale Sicherheit ist in beiden deutschen Staaten gegeben | 10,8 |
| - ohne Angaben | 2,1 |

**Frage 12:** Wenn Sie Ihre wirtschaftlichen Verhältnisse überdenken, zu welcher Einschätzung würden Sie kommen?

Sie sind

|  | % |
|---|---|
| - sehr gut | 3,9 |
| - gut | 47,6 |
| - teils, teils | 37,7 |
| - nicht so gut | 7,4 |
| - schlecht | 2,1 |
| - ohne Angaben | 1,3 |

**Frage 13:** Im Artikel 31 des Verfassungsentwurfs heißt es:

Es besteht allgemeine Oberschulpflicht. Die zehnklassige allgemeinbildende polytechnische Oberschule ist die für alle Kinder verbindliche Schule. Alle Jugendlichen haben die Pflicht, einen Beruf zu erlernen.

Stimmen Sie dem zu?

|   | % |
|---|---|
| - ja | 88,2 |
| - nein | 9,3 |
| - ohne Angaben | 2,5 |

**Frage 14:** In den Artikeln 9 bis 15 des Verfassungsentwurfs werden Fragen des Eigentums behandelt. Würden Sie diesen Artikeln Ihre Zustimmung geben?

|   | % |
|---|---|
| - ja | 48,0 |
| - mit Einschränkungen | 21,2 |
| - nein | 2,4 |
| - das kann ich noch nicht beurteilen | 28,4 |

**Frage 15:** Im Verfassungsentwurf ist das Recht jedes Bürgers auf Mitbestimmung und Mitgestaltung enthalten. Wären Sie bereit, bei der Lösung der staatlichen und gesellschaftlichen Aufgaben künftig mitzuarbeiten bzw. weiter mitzuarbeiten?

|   | % |
|---|---|
| - ich wäre bereit, mitzuarbeiten | 23,8 |
| - ich würde weiter mitarbeiten | 24,9 |
| - ich würde größere Verantwortung übernehmen | 5,1 |
| - ich würde mitarbeiten, aber in kleinerem Rahmen | 33,2 |
| - ich würde nicht mitarbeiten | 7,4 |
| - ohne Angaben | 5,6 |

Teil III: Statistische Angaben
===================================

1) **Gesamtübersicht**

    Anzahl der ausgegebenen Fragebogen      2374
    Anzahl der auswertbaren Fragebogen      1969 = 82,9 %

2) **Übersicht über die einzelnen Betriebe**

| | ausgegebene Fragebogen | auswertbare Fragebogen | % |
|---|---|---|---|
| VEB Transformatorenwerk "Karl Liebknecht" Berlin | 190 | 137 = | 72,1 % |
| VEB Berliner Bremsenwerk | 196 | 162 = | 82,7 % |
| VEB Bergmann Borsig Berlin | 200 | 154 = | 77,0 % |
| VEB IFA-Automobilwerke Ludwigsfelde | 200 | 146 = | 73,0 % |
| VEB Stahl- und Walzwerk Brandenburg | 199 | 190 = | 95,5 % |
| VEB Lokomotivbau "Karl Marx" Babelsberg | 190 | 175 = | 92,1 % |
| VEB Schwermaschinenbau "Karl Liebknecht" Magdeburg | 200 | 180 = | 90,0 % |
| VEB Traktorenwerke Schönebeck | 2oo | 172 = | 86,0 % |
| VEB Bergbau- und Hüttenkombinat Calbe | 200 | 163 = | 81,5 % |
| VEB Chemiewerk Coswig | 200 | 174 = | 87,0 % |
| VEB Stickstoffwerke Piesteritz | 199 | 171 = | 85,9 % |
| VEB Elektrochemisches Kombinat Bitterfeld | 200 | 145 = | 72,1 % |
| | 2.374 | 1.969 | |

3) **Anteile der männlichen und weiblichen Befragten**

    Männer      1.587 = 80,6 %
    Frauen      38o = 19,3 %
    ohne Angaben      2 = 0,1 %
                          1.969

### 4) Anteile der Altersgruppen

| | |
|---|---|
| unter 20 Jahre | 159 = 8,1 % |
| 20 - 29 Jahre | 556 = 28,2 % |
| 30 - 39 Jahre | 577 = 29,3 % |
| 40 - 49 Jahre | 334 = 17,0 % |
| 50 - 59 Jahre | 230 = 11,7 % |
| 60 Jahre und älter | 109 = 5,5 % |
| ohne Angaben | 4 = 0,2 % |
| | 1.969 |

### 5) Gliederung nach der Tätigkeit

| | |
|---|---|
| Arbeiter | 1.213 = 61,6 % |
| Angestellte | 356 = 18,1 % |
| Intelligenz | 308 = 15,6 % |
| Lehrlinge | 92 = 4,7 % |
| | 1.969 |

# Dokument X

Bericht über den 2. Teil einer Umfrage zum Entwurf der Verfassung (Territorialumfrage)
(19. 3. 1968)

Institut für Meinungsforschung  
beim ZK der SED

**Streng vertraulich !**

Berlin, den 19.3.1968

Bericht über den 2. Teil einer Umfrage zum Entwurf der Verfassung (Territorialumfrage)
========================================================================

Basis: Die Umfrage wurde in den Bezirken Potsdam, Magdeburg, Halle und Neubrandenburg durchgeführt. Die Namen der befragten Bürger wurden durch eine Stichprobe aus der Einwohnermeldekartei ermittelt. Es wurden 1.005 Fragebogen ausgewertet.

Methode: Schriftliche Befragung. Die Übergabe der Fragebogen erfolgte durch ehrenamtliche Mitarbeiter der Interviewergruppen bei den Kreisleitungen. Die ausgefüllten Fragebogen wurden auf dem Postwege an das Institut für Meinungsforschung zurückgeschickt.

Zeitraum der Ausgabe der Fragebogen: 14.2. - 4.3.1968

bestätigt durch

Karl Maron  
Leiter des Instituts

**Verteiler:**  
Ormigplatten mit 1/D an Büro Lamberz

Inhaltsverzeichnis:

| | | Seite |
|---|---|---|
| Teil I: | Zusammengefaßte Einschätzung | 2 – 6 |
| Teil II: | Kurzanalyse | 7 – 15 |
| Teil III: | Statistische Angaben | 16 |
| Teil IV: | Einzelergebnisse der Umfrage nach Bezirken Geschlecht Alter Tätigkeit Größe des Wohnortes | |

Diese Teile werden, weil sehr umfangreich, nicht automatisch mitgeliefert.

Sie können von interessierten Bezugsberechtigten ganz oder teilweise vom Institut angefordert werden.

## Teil I: Zusammengefaßte Einschätzung

Bei der Bewertung der vorliegenden Umfrageergebnisse kann man sich auf folgende Punkte konzentrieren:

1. Die Umfrage wurde in der zweiten Hälfte des Februar und Anfang März durchgeführt. Sie begann, nachdem jeder Haushalt die Verfassungsbroschüre zugestellt erhalten hatte. Das Ende der Umfrage fiel zeitlich mit der Durchführung der Bürgervertreterkonferenzen in den Kreisen zusammen. Die Menge der Großveranstaltungen und Aussprachen, die ausführliche Beantwortung von Fragen in Presse, Funk und Fernsehen im Umfragezeitraum haben zweifellos dazu beigetragen, daß sich ein großer Teil der Befragten mit dem Verfassungsentwurf insgesamt oder Teilen des Entwurfs vertrautgemacht hat. Dadurch ist auch die Meinung der Befragten zum Entwurf ausgeprägter und sicherer als beim ersten Teil der Umfrage geworden. Das wird deutlich, wenn die Antworten auf die Fragen näher untersucht werden, die eine Wertung des gesamten Entwurfes oder einzelner Artikel verlangten. Frage 2 erkundigte sich z.B. danach, ob die Befragten dem Entwurf im großen und ganzen zustimmen.
Die Ergebnisse lauteten:

- ja                              85,0 %
- nein                            0,5 %
- ich kann es noch
  nicht beurteilen                14,5 %

Bei der ersten Informationsumfrage, Anfang Februar in Betrieben durchgeführt, wollte noch ein Drittel aller Befragten kein Urteil zum Entwurf abgeben.
Ähnliche Ergebnisse wie zur Frage 2 erbrachten auch die Antworten auf Frage 8 (brauchen wir eine sozialistische Verfassung oder hätte die Verfassung von 1949 noch ausgereicht.) Es gab folgende Antwortverteilung

- wir brauchen eine sozialistische
  Verfassung                                83,0 %
- die Verfassung von 1949 hätte noch
  ausgereicht                                3,0 %
- ich kann das nicht beurteilen             14,0 %

Bei der erwähnten ersten Betriebsumfrage wollte noch jeder Fünfte kein Urteil zu dieser Frage abgeben.

Zusammenfassend läßt sich zu diesem Punkt feststellen, daß sich die große Mehrheit der Bevölkerung nicht nur intensiv mit dem Verfassungsentwurf beschäftigt hat sondern ihm auch zustimmt.

2. Die Fragen, die eine Einschätzung einzelner Artikel forderten, gliedern sich in drei Gruppen

   a) Es wurden fünf Artikel z.T. im Wortlaut angeführt und danach gefragt, welchen dieser Artikel der Befragte als besonders bedeutsam empfindet. (Frage 3).
   Aus den Antworten ergab sich nachstehende Reihenfolge:

   1. Artikel 30 (Recht auf Arbeit)              71 %
   2. Artikel  2 (Alle politische Macht ...)     66 %
   3. Artikel 19 (Gleichberechtigung)            60 %
   4. Artikel  1 (DDR - sozialistischer Staat)   54 %
   5. Artikel 43 und 44 (Gewerkschaften)         34 %

Bemerkenswert bei den Artikeln 43 und 44 ist der große Unterschied zwischen Arbeitern und Angehörigen der Intelligenz. Während 41,7 % der befragten Arbeiter die verfassungsrechtliche Fixierung der Rolle der Gewerkschaften als bedeutsam empfinden, sind es bei den Angehörigen der Intelligenz nur 17,9 %.

   b) Einige Fragen beschäftigten sich mit einzelnen Artikeln. Sie erkundigten sich danach, ob die Befragten diesen Artikeln zustimmen oder nicht.
   Die Ergebnisse zeigten folgendes positive Bild:

   <u>Artikel 8</u> (Weg zur Vereinigung)
   - ja                    92 %
   - nein                   3 %
   - ohne Angaben           5 %

   <u>Artikel 31</u> (Oberschulpflicht) usw.
   - ja                    95 %
   - nein                   4 %
   - ohne Angaben           1 %

   <u>Artikel 9 - 15</u> (Eigentum)
   - ja                                   65 %
   - mit Einschränkungen                  11 %
   - nein                                  1 %
   - das kann ich noch
     nicht beurteilen                    23 %

Was die Einschränkungen bei den Artikeln 9 - 15 betrifft, so konzentrieren sie sich vor allem auf den Artikel 11 und 14, wie aus Bemerkungen zu anderen Fragen hervorgeht.
(Bei Handwerkern und Gewerbetreibenden gab es mit 32,1 % den höchsten Prozentsatz, der die Antwortvorgabe "mit Einschränkungen" ankreuzte.)
Nach Zustimmung oder Ablehnung zu diesen Artikeln wird deshalb in einer weiteren Umfrage, die gegenwärtig durchgeführt wird, gefragt.

c) Die Fragen 4 und 5 erkundigen sich danach, ob die Befragten Unklarheiten bzw. Bedenken bei einzelnen Artikeln haben und welche Artikel das sind.
11 % aller Befragten geben an, daß ihnen einzelne Artikel unklar sind (davon nannten 8 % auch die Artikel).
8 Prozent meldeten Bedenken gegen einzelne Artikel an (7 % nannten diese Artikel).
Die Artikel, die am meisten genannt wurden, sind:

| Unklar | Bedenken |
|---|---|
| Artikel 30 = 1,4 % | Artikel 38 = 1,4 % |
| Artikel 38 = 1,0 % | Artikel 31 = 1,3 % |
| Artikel 14 = 0,6 % | Artikel 30 = 0,8 % |
| Artikel 31 = 0,5 % | Artikel 23 = 0,7 % |
| Artikel 28 = 0,4 % | Artikel 28 = 0,6 % |
| Artikel 23 = 0,4 % | Artikel 36 = 0,5 % |

3. Aus den Umfrageergebnissen geht hervor, daß die Zustimmung zum Verfassungsentwurf mit der wachsenden Bereitschaft zur Mitarbeit gepaar ist. Frage 15 wollte z.B. wissen, ob die Befragten bereit sind, künftig bei der Lösung staatlicher und gesellschaftlicher Aufgaben mitzuarbeiten bzw. weiter mitzuarbeiten.

Diese Frage war bereits wiederholt bei früheren Gelegenheiten gestellt worden. Die jetzt vorliegenden Ergebnisse zeigen, daß es in dieser Frage eine posivite Entwicklung gibt:

|  | 1967 | 1968 |
|---|---|---|
| - ich wäre bereit mitzuarbeiten | 15,7 % | 21 % |
| - ich würde weiter mitarbeiten | 25,2 % | 28 % |
| - ich würde größere Verantwortung übernehmen | 2,7 % | 4 % |
| - ich würde mitarbeiten, aber in kleinerem Rahmen | 34,3 % | 34 % |
| - ich würde nicht mitarbeiten | 18,9 % | 6 % |
| - ohne Angaben | --- | 7 % |

Die nähere Untersuchung der demographischen Gruppen in ihrem Verhalten zu dieser Frage gibt einige interessante Hinweise:

- So würden z.B. 19,4 % der Angehörigen der Intelligenz größere Verantwortung übernehmen (Arbeiter nur zu 3,1 %)
- 42,2 % aller Jugendlichen unter 20 Jahren wären bereit mitzuarbeiten (ein gleiches Ergebnis findet sich in der Rubrik Lehrlinge/Studenten)
- Der Wunsch, in kleinerem Rahmen mitzuarbeiten, ist besonders bei Hausfrauen ausgeprägt. Fast 50 % von ihnen kreuzten diese Antwortvorgabe an.

4. Besondere Beachtung verdienen zweifellos die Ergebnisse zur Frage 10 (Was sehen Sie als Ihr Vaterland an?)

Obwohl die überwältigende Mehrheit der Bevölkerung (92 %) unsere Ansichten über den Weg zur Vereinigung der beiden deutschen Staaten teilt und der entsprechenden Formulierung im Verfassungsentwurf zustimmt (siehe Frage 9) ist der Prozentsatz der Befragten, der ganz Deutschland als sein Vaterland betrachtet, relativ hoch (42 Prozent). Das ist vor allem bei Handwerkern und Gewerbetreibenden (64,3 % nennen ganz Deutschland ihr Vaterland) und in der Landbevölkerung (51,6 %) ausgeprägt.

Aus diesen Ergebnissen kann man schlußfolgern

- daß das Wissen um die historische Mission der DDR – Vorbild für das künftige Deutschland – nicht klar genug in der Bevölkerung ausgeprägt ist,

- daß der Begriff Vaterland genauerer Erläuterung bedarf,

- daß es notwendig ist, in der Agitation mehr und eindringlicher zu erklären, warum für die Bürger unseres Landes nur die DDR das Vaterland sein kann.

## Teil II: Kurzanalyse

**Frage 1:** Vor einigen Tagen wurde der Entwurf einer neuen Verfassung veröffentlicht. Haben Sie sich schon mit dem Verfassungsentwurf vertrautgemacht?

|  | % |
|---|---|
| - ich habe ihn bereits gründlich gelesen und mich mit den Problemen vertrautgemacht | 40 % |
| - ich habe ihn gelesen, ohne mich bereits gründlich mit den Problemen vertraut zu machen | 40 % |
| - ich habe ihn nur überflogen | 16 % |
| - ich habe ihn noch nicht gelesen | 3 % |
| - ohne Angaben | 1 % |

Bemerkenswert sind die Resultate zur ersten Antwortvorgabe in den demographischen Gruppen:
Gründlich vertrautgemacht haben sich laut Fragebogen z.B.

| | |
|---|---|
| Männer | 47 % |
| Frauen | 33 % |
| Altersgruppe bis 29 Jahre | 35 % |
| Altersgruppe von 40 - 49 Jahre | 45 % |
| Arbeiter | 35 % |
| Angestellte | 50 % |
| Angehörige der Intelligenz | 64 % |
| Bauern | 31 % |

**Frage 2:** Würden Sie diesem Entwurf im großen und ganzen zustimmen?

- ja — 85 %
- nein — 0,5 %
- ich kann es noch nicht beurteilen — 14,5 %

Die Bezirke mit der höchsten und niedrigsten Zustimmungsrate sind:

- Neubrandenburg — 91 %
- Potsdam — 80 %

**Frage 3:** Würden Sie uns bitte sagen, welche der nachstehend aufgeführten Artikel des Verfassungsentwurfs Sie als besonders bedeutsam empfinden?

- **Artikel 1**
  Die Deutsche Demokratische Republik ist ein sozialistischer Staat deutscher Nation ... — 54 %
- **Artikel 2**
  Alle politische Macht in der Deutschen Demokratischen Republik wird von den Werktätigen ausgeübt ... — 66 %
- **Artikel 19 (Abs. 2)**
  Über die Gleichberechtigung und Förderung der Frau — 60 %
- **Artikel 30**
  Jeder Bürger der Deutschen Demokratischen Republik hat das Recht auf Arbeit, das Recht auf einen Arbeitsplatz und dessen freie Wahl entsprechend den Gesetzen, den gesellschaftlichen Erfordernissen und der persönlichen Qualifikation ... — 71 %
- **Artikel 43 und 44**
  Über die Gewerkschaften und ihre Rechte — 34 %

Zusätzlich wurde folgende o f f e n e Frage gestellt:
"Wenn es Artikel im Verfassungsentwurf gibt, die wir nicht aufgeführt haben und die Sie als besonders bedeutsam empfinden, würden Sie uns diese bitte nennen?"

Die nachstehend aufgeführten Artikel wurden am meisten genannt:

| Artikel | % |
|---|---|
| Artikel 31 | 2,7 % |
| Artikel 37 | 1,8 % |
| Artikel 8 | 1,5 % |
| Artikel 6 | 1,5 % |
| Artikel 34 | 1,5 % |

__Frage 4:__ Gibt es im Verfassungsentwurf einzelne Artikel,
die Ihnen unklar sind?

- ja                                  11 %
- nein                              75 %
- ohne Angaben             14 %

Zusätzlich wurde folgende o f f e n e Frage gestellt:
"Wenn ja - können Sie uns bitte sagen, welche Artikel sie meinen?"

Acht von elf Prozent der Befragten, die mit "ja" geantwortet
hatten, nannten 37 Artikel. Davon wurden folgende Artikel
am häufigsten genannt:

| | |
|---|---|
| Artikel 30 | 1,4 % |
| Artikel 38 | 1,0 % |
| Artikel 14 | 0,6 % |
| Artikel 31 | 0,5 % |
| Artikel 28 | 0,4 % |
| Artikel 23 | 0,4 % |

__Frage 5:__ Gibt es im Verfassungsentwurf einzelne Artikel, gegen
die Sie Bedenken haben?

- ja                                  8 %
- nein                              76,%
- ohne Angaben             16 %

Zusätzlich wurde folgende Frage gestellt:
"Wenn ja - können Sie uns bitte sagen, welche Artikel
Sie meinen?"

Sieben von acht Prozent der Befragten, die mit "ja" geantwortet hatten, nannten 27 Artikel.
Davon wurden folgende Artikel am häufigsten genannt:

| | |
|---|---|
| Artikel 34 | 1,4 % |
| Artikel 31 | 1,3 % |
| Artikel 23 | 0,7 % |
| Artikel 30 | 0,8 % |
| Artikel 28 | 0,6 % |
| Artikel 36 | 0,5 % |

**Frage 6:** Der Entwurf der Verfassung ist ja nun der Bevölkerung zur Diskussion unterbreitet. Glauben Sie, daß diese Diskussionen Auswirkungen auf die endgültige Abfassung der Verfassung haben werden?

- ja                          55 %
- nein                        17 %
- ich kann es nicht beurteilen   28 %


**Frage 7:** Nehmen wir an, Sie hätten einen Vorschlag zur Änderung eines Artikels des Verfassungsentwurfes. Würden Sie diesen Vorschlag der Kommission zur Ausarbeitung der Verfassung unterbreiten?

- ja                 60 %
- nein               8 %
- ich weiß es nicht  25 %
- ohne Angaben       7 %

**Frage 8:** Brauchen wir Ihrer Meinung nach eine s o z i a l i s t i -
s c h e  Verfassung für die DDR oder hätte die
Verfassung von 1949 noch ausgereicht?

- wir brauchen eine sozialistische Verfassung        83 %
- die Verfassung von 1949 hätte noch ausgereicht      3 %
- ich kann das nicht beurteilen                      14 %

Bei dieser Frage zeigt sich in den Altersgruppen eine
auffallende Tendenz:

Je älter die Befragten sind, umso geringer wird der Prozentsatz,
der eine sozialistische Verfassung für notwendig hält.
So meinen z.B. 88,9 % aller Befragten unter 20 Jahren, wir
brauchen eine sozialistische Verfassung.
Bei der Altersgruppe "60 Jahre und älter", sind es dagegen
nur 76,2 %.
Bei der Gruppe Rentner sind es sogar nur 69,7 %

Bei den Bezirken gibt es die größten Unterschiede zwischen
Neubrandenburg (91,4 %) und Magdeburg (79,7 %)

**Frage 9:** Im Artikel 8 des Verfassungsentwurfs wird folgendes
gesagt:
Die Deutsche Demokratische Republik und ihre Bürger erstreben darüber hinaus die Überwindung der vom Imperialismus der deutschen Nation aufgezwungenen Spaltung Deutschlands, die schrittweise Annäherung der beiden deutschen
Staaten bis zu ihrer Vereinigung auf der Grundlage der
Demokratie und des Sozialismus.
Entspricht das auch Ihren Vorstellungen?

- ja               92 %
- nein              3 %
- ohne Angaben      5 %

**Frage 10:** Wenn in Ihrem Bekanntenkreis oder unter Ihren Arbeitskollegen einmal darüber gesprochen wird, was Sie als Ihr Vaterland ansehen, die Deutsche Demokratische Republik oder ganz Deutschland, **welche Meinung überwiegt dann?**

- die Deutsche Demokratische Republik ist mein Vaterland     55 %
- ganz Deutschland ist mein Vaterland     42 %
- ohne Angaben     3 %

Auch bei dieser Frage gibt es in den Altersgruppen die Tendenz: Je älter die Befragten, umso häufiger die Meinung, ganz Deutschland sei ihr Vaterland.
Die Befragten unter 20 Jahren waren zu 66,7 % der Ansicht, die DDR sei ihr Vaterland.
Die Befragten "60 Jahre und älter" jedoch nur zu 51,3 %.

Bemerkenswert ist auch die Untersuchung nach Ortsgrößen. Während in den kleineren Gemeinden (von 3.000 - 50.000 Einwohner) rund 57 % die DDR als ihr Vaterland ansehen, sind es in den größeren Städten nur 45,9 %.

In den Bezirken ergaben sich folgende Prozentwerte

| | |
|---|---|
| Potsdam | 49,2 % |
| Magdeburg | 49,2 % |
| Halle | 58,3 % |
| Neubrandenburg | 66,5 % |

__Frage 11:__ Zwei Kollegen unterhalten sich über den Entwurf der Verfassung. Dabei geht es in diesem Gespräch besonders um den Artikel 30, in dem das Recht auf Arbeit gewährleistet wird.

- Kollege A sagt:

Im Verfassungsentwurf wird uns das Recht auf Arbeit auf einen Arbeitsplatz entsprechend unseren Fähigkeiten garantiert. Das empfinde ich als gut, dadurch ist meine soziale Sicherheit gewährleistet.

- Kollege B sagt:

In der westdeutschen Verfassung ist das Recht auf Arbeit zwar nicht enthalten, aber den meisten Bürgern Westdeutschlands geht es doch auch recht gut.

Was sagen Sie?

- in der DDR gibt es mehr soziale Sicherheit     93 %
- in Westdeutschland gibt es mehr soziale Sicherheit     0,2 %     0,2 %
- die soziale Sicherheit ist in beiden deutschen Staaten gegeben     5 %
- ohne Angaben     1,8 %

Eine Betriebsumfrage, Anfang 1967 durchgeführt, bei der diese Frage - allerdings anders formuliert - gestellt wurde, erbrachte folgende Ergebnisse

- DDR     90,0 %
- Westdeutschland     4,1 %
- ich weiß es nicht und ohne Angaben     5,9 %

**Frage 12:** Wenn Sie Ihre wirtschaftlichen Verhältnisse überdenken, zu welcher Einschätzung würden Sie kommen?

Sie sind
- sehr gut          7 %
- gut              58 %
- teils, teils     28 %
- nicht so gut      5 %
- schlecht          1 %
- ohne Angaben      1 %

Die gleiche Frage wurde Anfang 1967 bei einer Betriebsumfrage gestellt.
Vergleicht man dabei, wie Arbeiter vor einem Jahr und jetzt geantwortet haben, so ergibt sich folgendes interessante Bild:

|                | 1967   | 1968   |
|---             |---     |---     |
| - sehr gut     | 1,5 %  | 7,5 %  |
| - gut          | 32,7 % | 57,1 % |
| - teils, teils | 50,2 % | 31,1 % |
| - nicht so gut | 10,7 % | 2,8 %  |
| - schlecht     | 2,7 %  | 0,8 %  |
| - ohne Angaben | 2,2 %  | 0,7 %  |

Eine der Hauptursachen für positive Entwicklung dürfte in den inzwischen wirksam gewordenen Maßnahmen des VII. Parteitages zur Verbesserung des Lebensstandards zu sehen sein.

**Frage 13:** Im Artikel 31 des Verfassungsentwurfs heißt es:
Es besteht allgemeine Oberschulpflicht. Die zehnklassige allgemeinbildende polytechnische Oberschule ist die für alle Kinder verbindliche Schule. Alle Jugendlichen haben die Pflicht, einen Beruf zu erlernen.
Stimmen Sie dem zu ?
- ja             95 %
- nein            4 %
- ohne Angaben    1 %

**Frage 14:** In den Artikeln 9 bis 15 des Verfassungsentwurfes werden Fragen des Eigentums behandelt. Würden Sie diesen Artikeln Ihre Zustimmung geben?

- ja                              65 %
- mit Einschränkungen             11 %
- nein                             1 %
- das kann ich noch nicht
  beurteilen                      23 %

**Frage 15:** Im Verfassungsentwurf ist das Recht jedes Bürgers auf Mitbestimmung und Mitgestaltung enthalten. Wären Sie bereit, bei der Lösung der staatlichen und gesellschaftlichen Aufgaben künftig mitzuarbeiten bzw. weiter mitzuarbeiten?

- ich wäre bereit, mitzuarbeiten            21 %
- ich würde weiter mitarbeiten              28 %
- ich würde größere Verantwortung
  übernehmen                                 4 %
- ich würde mitarbeiten, aber in
  kleinerem Rahmen                          34 %
- ich würde nicht mitarbeiten                6 %
- ohne Angaben                               7 %

## Teil III: Statistische Angaben

**1. Gesamtübersicht**

|  |  | % |
|---|---|---|
| Anzahl der ausgegebenen Fragebogen | 1.713 | |
| Anzahl der auswertbaren Fragebogen | 1.005 | =58,7 |

**2. Übersicht über die einzelnen Bezirke**

auswertbare Fragebogen

| Potsdam | 269 |
|---|---|
| Magdeburg | 274 |
| Halle | 273 |
| Neubrandenburg | 189 |
| | 1.005 |

**3. Anteile der männlichen und weiblichen Befragten**

| Männer | 504 = 50,1 % |
|---|---|
| Frauen | 501 = 49,9 % |
| | 1.005 |

**4. Anteile der Altersgruppen**

| unter 20 Jahre | 46 = 4,6 % |
|---|---|
| 20 - 29 Jahre | 184 = 18,3 % |
| 30 - 39 Jahre | 246 = 24,5 % |
| 40 - 49 Jahre | 217 = 21,6 % |
| 50 - 59 Jahre | 148 = 14,7 % |
| 60 Jahre und älter | 164 = 16,3 % |
| | 1.005 |

**5. Gliederung nach der Tätigkeit**

| Arbeiter | 259 = 25,8 % |
|---|---|
| Angestellte | 233 = 23,2 % |
| Intelligenz | 70 = 7,0 % |
| Handwerker/Gewerbetreibende | 28 = 2,8 % |
| in der Landwirtschaft Beschäftigte | 130 = 12,9 % |
| Rentner | 103 = 10,2 % |
| Lehrlinge/Studenten | 27 = 2,7 % |
| Hausfrauen | 140 = 13,9 % |
| ohne Beruf | 15 = 1,5 % |
| | 1.005 |

**6. Gliederung nach der Wohnortgröße**

| bis zu 3.000 Einwohnern | 411 = 40,9 % |
|---|---|
| 3.000 - 20.000 Einwohner | 297 = 29,6 % |
| 20.000 - 50.000 Einwohner | 164 = 16,3 % |
| über 50.000 Einwohner | 133 = 13,2 % |
| | 1.005 |

# Dokument XI

2. Umfrage zum Entwurf der Verfassung
(26. 3. 1968)

Institut für Meinungsforschung
beim ZK der SED

Berlin, den 26.3.1968
6 Ex. W.

## 2. Umfrage zum Entwurf der Verfassung

Ergebnisse von 9 Fragen aus 12 Betrieben (2.094 auswertbare Fragebogen)

**Frage 1:** Vor einigen Wochen wurde der Entwurf einer neuen Verfassung veröffentlicht. Haben Sie sich schon mit dem Verfassungsentwurf vertrautgemacht?

|  | % |
|---|---|
| - ich habe ihn bereits gründlich gelesen und mich mit den Problemen vertrautgemacht | 32,0 |
| - ich habe ihn gelesen, ohne mich bereits gründlich mit den Problemen vertraut zu machen | 37,2 |
| - ich habe ihn nur überflogen | 23,1 |
| - ich habe ihn noch nicht gelesen | 6,7 |
| - ohne Angaben | 1,0 |

**Frage 2:** Würden Sie diesem Entwurf im großen und ganzen zustimmen?

|  | % |
|---|---|
| - ja | 70,1 |
| - nein | 3,4 |
| - ich kann es noch nicht beurteilen | 26,5 |

**Frage 8:** Brauchen wir Ihrer Meinung nach eine sozialistische Verfassung für die DDR oder hätte die Verfassung von 1949 noch ausgereicht?

|  | % |
|---|---|
| - wir brauchen eine sozialistische Verfassung | 70,3 |
| - die Verfassung von 1949 hätte noch ausgereicht | 9,8 |
| - ich kann das nicht beurteilen | 19,9 |

Frage 9: Im Artikel 8 des Verfassungsentwurfs wird folgendes gesagt:

Die Deutsche Demokratische Republik und ihre Bürger erstreben darüber hinaus die Überwindung der vom Imperialismus der deutschen Nation aufgezwungenen Spaltung Deutschlands, die schrittweise Annäherung der beiden deutschen Staaten bis zu ihrer Vereinigung auf der Grundlage der Demokratie und des Sozialismus.

Entspricht das auch Ihren Vorstellungen?

|   | % |
|---|---|
| - ja | 82,5 |
| - nein | 8,5 |
| - ohne Angaben | 9,0 |

Frage 11: Zwei Kollegen unterhalten sich über den Entwurf der Verfassung. Dabei geht es in diesem Gespräch besonders um den Artikel 30, in dem das Recht auf Arbeit gewährleistet wird.

- Kollege A sagt:

Im Verfassungsentwurf wird uns das Recht auf Arbeit, auf einen Arbeitsplatz entsprechend unseren Fähigkeiten garantiert. Das empfinde ich als gut, dadurch ist meine soziale Sicherheit gewährleistet.

- Kollege B sagt:

In der westdeutschen Verfassung ist das Recht auf Arbeit zwar nicht enthalten, aber den meisten Bürgern Westdeutschlands geht es doch auch recht gut.

Was meinen Sie?

|   | % |
|---|---|
| - in der DDR gibt es mehr soziale Sicherheit | 84,5 |
| - in Westdeutschland gibt es mehr soziale Sicherheit | 0,4 |
| - die soziale Sicherheit ist in beiden deutschen Staaten gegeben | 13,0 |
| - ohne Angaben | 2,1 |

**Frage 12:** Im Entwurf der neuen Verfassung heißt es, daß die Vereinigung der beiden deutschen Staaten auf der Grundlage der Demokratie und des Sozialismus erstrebt wird.
Die in Westdeutschland herrschenden Kreise sprechen auch von der Vereinigung, allerdings soll sie auf der Grundlage der bei ihnen bestehenden politischen Ordnung erfolgen.

Was entspricht Ihren Vorstellungen?

|   | % |
|---|---|
| - Vereinigung auf der Grundlage der Demokratie und des Sozialismus | 72,1 |
| - Vereinigung auf der Grundlage der in Westdeutschland herrschenden politischen Ordnung | 1,4 |
| - Vereinigung, gleich unter welchen politischen Bedingungen | 21,8 |
| - ohne Angaben | 4,7 |

**Frage 13:** Wenn in Ihrem Bekanntenkreis oder unter Ihren Arbeitskollegen einmal darüber gesprochen wird, was sie als ihr Vaterland ansehen, die Deutsche Demokratische Republik oder ganz Deutschland, welche Meinung überwiegt dann?

|   | % |
|---|---|
| - die deutsche Demokratische Republik ist mein Vaterland | 40,0 |
| - ganz Deutschland ist mein Vaterland | 56,5 |
| - ohne Angaben | 3,5 |

Frage 15: Im Verfassungsentwurf ist das Recht jedes Bürgers auf Mitbestimmung und Mitgestaltung enthalten. Wären Sie bereit, bei der Lösung der staatlichen und gesellschaftlichen Aufgaben künftig mitzuarbeiten bzw. weiter mitzuarbeiten?

|  | % |
|---|---|
| - ich wäre bereit, mitzuarbeiten | 27,5 |
| - ich würde weiter mitarbeiten | 27,1 |
| - ich würde größere Verantwortung übernehmen | 6,4 |
| - ich würde mitarbeiten, aber in kleinerem Rahmen | 27,7 |
| - ich würde nicht mitarbeiten | 6,2 |
| - ohne Angaben | 5,1 |

Frage 16: Sind Sie der Meinung, daß die Errungenschaften der DDR mit allen Mitteln, selbst mit Waffengewalt, verteidigt werden müssen, wenn sie bedroht werden?

|  | % |
|---|---|
| - ja | 50,4 |
| - nein | 16,0 |
| - ich möchte mich dazu nicht äußern | 29,1 |
| - ohne Angaben | 4,5 |

Institut für Meinungsforschung
beim ZK der SED

**Streng vertraulich**

Berlin, den 2.4.1968

Zwischenergebnis der 2. Umfrage zum Verfassungsentwurf

200 Fragebogen aus den Bezirken - 100 Fragebogen aus Berlin
==================================================================

Frage 1: Vor einigen Wochen wurde der Entwurf einer neuen Verfassung veröffentlicht. Haben Sie sich schon mit dem Verfassungsentwurf vertrautgemacht?

|  | Bezirke % | Berlin % |
|---|---|---|
| - ich habe ihn bereits gründlich gelesen und mich mit den Problemen vertrautgemacht | 48,5 | 60 |
| - ich habe ihn gelesen, ohne mich bereits gründlich mit den Problemen vertraut zu machen | 29,0 | 27 |
| - ich habe ihn nur überflogen | 20,0 | 7 |
| - ich habe ihn noch nicht gelesen | 2,0 | 6 |
| - ohne Angaben | 0,5 | - |

Frage 2: Würden Sie diesem Entwurf im großen und ganzen zustimmen?

|  | Bezirke % | Berlin % |
|---|---|---|
| - ja | 84,5 | 81 |
| - nein | 1,5 | 5 |
| - ich kann es noch nicht beurteilen | 14,0 | 14 |

Frage 5: Gibt es im Verfassungsentwurf einzelne Artikel, gegen die Sie Bedenken haben?

|  | Bezirke % | Berlin % |
|---|---|---|
| - ja | 9,5 | 16 |
| - nein | 76,0 | 69 |
| - ohne Angaben | 14,5 | 15 |

Frage 6: Der Entwurf der Verfassung ist ja nun der Bevölkerung zur Diskussion unterbreitet. Glauben Sie, daß diese Diskussionen Auswirkungen auf die endgültige Abfassung der Verfassung haben werden?

|  | Bezirke | Berlin |
|---|---|---|
| - ja | 59,0 | 68 |
| - nein | 15,5 | 13 |
| - ich kann es nicht beurteilen | 25,5 | 19 |

Frage 7: Nehmen wir an, Sie hätten einen Vorschlag zur Änderung eines Artikels des Verfassungsentwurfes. Würden Sie diesen Vorschlag der Kommission zur Ausarbeitung der Verfassung unterbreiten?

|  | Bezirke % | Berlin % |
|---|---|---|
| - ja | 63,5 | 57 |
| - nein | 7,0 | 13 |
| - ich weiß es nicht | 23,5 | 28 |
| - ohne Angaben | 6,0 | 2 |

Frage 8: Brauchen wir Ihrer Meinung nach eine sozialistische Verfassung für die DDR, oder hätte die Verfassung von 1949 noch ausgereicht?

|  | Bezirke % | Berlin % |
|---|---|---|
| - wir brauchen eine sozialistische Verfassung | 86,5 | 70 |
| - die Verfassung von 1949 hätte noch ausgereicht | 2,0 | 8 |
| - ich kann das nicht beurteilen | 11-86,5 | 22 |

Frage 9: Im Artikel 8 des Verfassungsentwurfs wird folgendes gesagt: Die Deutsche Demokratische Republik und ihre Bürger erstreben darüber hinaus die Überwindung der vom Imperialismus der deutschen Nation aufgezwungenen Spaltung Deutschlands, die schrittweise Annäherung der beiden deutschen Staaten bis zu ihrer Vereinigung auf der Grundlage der Demokratie und des Sozialismus.
Entspricht das auch Ihren Vorstellungen?

|  | Bezirke % | Berlin % |
|---|---|---|
| - ja | 94,0 | 80 |
| nein | 3,5 | 13 |
| - ohne Angaben | 2,5 | 7 |

Frage 10: Im Artikel 31 des Verfassungsentwurfs heißt es: Es besteht allgemeine Oberschulpflicht. Die zehnklassige allgemeinbildende polytechnische Oberschule ist die für alle Kinder verbindliche Schule. Alle Jugendlichen haben die Pflicht, einen Beruf zu erlernen.
Stimmen Sie dem zu?

|  | Bezirke % | Berlin % |
|---|---|---|
| - ja | 94,0 | 96 |
| - nein | 4,5 | 3 |
| - ohne Angaben | 1,5 | 1 |

**Frage 11:** Zwei Kollegen unterhalten sich über den Entwurf der Verfassung. Dabei geht es in diesem Gespräch besonders um den Artikel 30, in dem das Recht auf Arbeit gewährleistet wird.

- **Kollege A sagt:**
Im Verfassungsentwurf wird uns das Recht auf Arbeit, auf einen Arbeitsplatz entsprechend unseren Fähigkeiten garantiert. Das empfinde ich als gut, dadurch ist meine soziale Sicherheit gewährleistet.

- **Kollege B sagt:**
In der westdeutschen Verfassung ist das Recht auf Arbeit zwar nicht enthalten, aber den meisten Bürgern Westdeutschlands geht es doch auch recht gut.

Was meinen Sie?

| | Bezirke % | Berlin % |
|---|---|---|
| - in der DDR gibt es mehr soziale Sicherheit | 91,5 | 88 |
| - in Westdeutschland gibt es mehr soziale Sicherheit | 0,5 | 1 |
| - die soziale Sicherheit ist in beiden deutschen Staaten gegeben | 7,0 | 10 |
| - ohne Angaben | 1,0 | 1 |

**Frage 12:** Im Entwurf der neuen Verfassung heißt es, daß die Vereinigung der beiden deutschen Staaten auf der Grundlage der Demokratie und des Sozialismus erstrebt wird.

Die in Westdeutschland herrschenden Kreise sprechen auch von der Vereinigung, allerdings soll sie auf der Grundlage der bei ihnen bestehenden politischen Ordnung erfolgen.

Was entspricht Ihren Vorstellungen?

| | Bezirke % | Berlin % |
|---|---|---|
| - Vereinigung auf der Grundlage der Demokratie und des Sozialismus | 85,0 | 73 |
| - Vereinigung auf der Grundlage der in Westdeutschland herrschenden politischen Ordnung | 0,5 | 1 |
| - Vereinigung, gleich unter welchen politischen Bedingungen | 10,5 | 23 |
| - ohne Angaben | 4,0 | 3 |

**Frage 13:** Wenn in Ihrem Bekanntenkreis oder unter Ihren Arbeitskollegen einmal darüber gesprochen wird, was sie als ihr Vaterland ansehen, die Deutsche Demokratische Republik oder ganz Deutschland, welche Meinung überwiegt dann?

|  | Bezirke % | Berlin % |
|---|---|---|
| - die Deutsche Demokratische Republik ist mein Vaterland | 65,0 | 55 |
| - ganz Deutschland ist mein Vaterland | 33,0 | 42 |
| - ohne Angaben | 2,0 | 3 |

**Frage 14:** Im Artikel 11 (Absatz 1 und 2) des Verfassungsentwurfs heißt es:
"Das persönliche Eigentum der Bürger und das Erbrecht sind gewährleistet. Der Gebrauch des persönlichen Eigentums darf den Interessen der Gesellschaft nicht zuwiderlaufen".

Entsprechen diese Abschnitte des Artikels 11 Ihren Ansichten?

|  | Bezirke % | Berlin % |
|---|---|---|
| - ja | 79,0 | 70 |
| - mit Einschränkungen | 12,0 | 24 |
| - nein | 1,0 | 1 |
| ohne Angaben | 8,0 | 5 |

**Frage 15:** Im Verfassungsentwurf ist das Recht jedes Bürgers auf Mitbestimmung und Mitgestaltung enthalten. Wären Sie bereit, bei der Lösung der staatlichen und gesellschaftlichen Aufgaben künftig mitzuarbeiten bzw. weiter mitzuarbeiten?

|  | Bezirke % | Berlin % |
|---|---|---|
| - ich wäre bereit, mitzuarbeiten | 26,0 | 17 |
| - ich würde weiter mitarbeiten | 22,0 | 26 |
| - ich würde größere Verantwortung übernehmen | 7,0 | 12 |
| - ich würde mitarbeiten, aber in kleinerem Rahmen | 32,0 | 31 |
| - ich würde nicht mitarbeiten | 3,5 | 9 |
| - ohne Angaben | 9,5 | 5 |

Frage 16: Sind Sie der Meinung, daß die Errungenschaften der DDR mit allen Mitteln, selbst mit Waffengewalt, verteidigt werden müssen, wenn sie bedroht werden?

|  | Bezirke % | Berlin % |
|---|---|---|
| - ja | 62,0 | 58 |
| - nein | 10,0 | 12 |
| - ich möchte mich dazu nicht äußern | 23,0 | 25 |
| - ohne Angaben | 5,0 | 5 |

# Dokument XII

Bericht über eine Umfrage zu einigen ökonomischen und politischen Problemen (25. 11. 1968)

Institut für Meinungsforschung  
beim ZK der SED

**Streng vertraulich !**

Berlin, den 25.11.1968

**Bericht über eine Umfrage zu einigen ökonomischen und politischen Problemen**

Basis: Die Umfrage wurde in den folgenden 5 Betrieben in Karl-Marx-Stadt durchgeführt
- VEB Industriewerke, Karl-Marx-Stadt
- VEB Fettchemie, Karl-Marx-Stadt
- VEB Fritz-Heckert-Werk, Karl-Marx-Stadt
- VEB Zahnschneidemaschinen, Modul Karl-Marx-Stadt
- VEB Buchungsmaschinenwerk, Karl-Marx-Stadt

Die Fragebogen wurden in geschlossenen Produktionsbereichen an alle dort Beschäftigten übergeben. Es wurden 1.283 Fragebogen ausgewertet.

Methode: Schriftliche Befragung
Mitglieder der Betriebsparteiorganisation übergaben die Fragebogen an Werktätigen und sammelten sie nach dem Ausfüllen mit versiegelten Urnen wieder ein.

Zeitraum der
Befragung: 10. - 20. Oktober 1968

bestätigt durch
i.V. K. Riemer

Karl Maron
Leiter des Instituts

Verteiler:
Ormigplatten und 1/D
an Büro Lamberz

## Inhaltsverzeichnis

Seite

**Zusammengefaßte Einschätzung**

| | | |
|---|---|---|
| I. | Fragen zur Information über Stand und Entwicklung des Betriebes | 2 - 7 |
| II. | Zur Einschätzung der Arbeitsbedingungen im Betrieb | 8 - 15 |
| III. | Fragen zur Atmosphäre im Betrieb | 16 - 19 |
| IV. | Zu einigen politischen Problemen | 20 - 22 |
| V. | Zur politischen Information | 23 - 26 |
| VI. | Zur persönlichen Aktivität | 27 - 29 |
| VII. | Zu kulturellen Problemen | 30 - 33 |
| VIII. | Statistische Angaben | 34 - |

IX. Aufgliederung nach Betrieben, Geschlecht, Alter und Tätigkeit.

Dieser Teil wird, weil sehr umfangreich, nicht automatisch mitgeliefert.
Er kann von jedem Berechtigten vom Institut angefordert werden.

## Zusammenfassende Einschätzung

Bei dieser Umfrage kam es darauf an, ein detailliertes Bild von jedem der fünf Betriebe zu erhalten.
Dazu war es notwendig, sowohl Probleme des Betriebsklimas und der Leitungstätigkeit wie auch Probleme politischer und kultureller Natur zu untersuchen.
Die Anzahl der Fragen überstieg deshalb das bei anderen Umfragen übliche Maß. Zur besseren Übersicht sind deshalb im folgenden Bemerkungen, Fragen und Ergebnisse nach den verschiedenen Komplexen geordnet.

### I. Fragen zur Information über Stand und Entwicklung des Betriebes

Die Umfrage unterstreicht die Forderung des 9. Plenums, die sachkundige Urteils- und Entscheidungsfähigkeit der Werktätigen und ihrer gesellschaftlichen Organisationen zu erhöhen, indem ihnen die notwendigen Informationen, die fachlichen Kenntnisse und die politisch-ideologischen Qualitäten vermittelt werden.

a) Die Ergebnisse zu Fragen der Information zeigen, daß der Information der Belegschaften über solch wichtige Fragen wie Perspektivplan, Rationalisierungsmaßnahmen, Kosten, Qualität und Technologie nicht die genügende Aufmerksamkeit geschenkt wird. Das trifft besonders auf den VEB Zahnschneidemaschinen Modul zu. Hier sind z.B. über den Perspektivplan 80 % nur teilweise oder gar nicht informiert, über Rationalisierungsmaßnahmen 81,2 %.
Die Untersuchung nach demographischen Gruppen bestätigt die Feststellung früherer Umfragen, daß Männer stärker informiert sind als Frauen, daß Angehörige der Intelligenz offensichtlich weit mehr Informationen erhalten als Arbeiter. Es ergibt sich folgendes Bild:

|  | männlich | weiblich | Intelligenz | Arbeiter |
|---|---|---|---|---|
| Perspektivplan | 26,0 % | 18,5 % | 31,3 % | 21,2 % |
| Rationalisierungsmaßnahmen | 34,2 % | 25,0 % | 48,3 % | 28,0 % |

Bemerkenswert ist auch, daß von allen Altersgruppen die der
Jugendlichen bis 24 Jahre am geringsten informiert ist.

b) Die Bereitschaft zur Mitarbeit und die schöpferischen Ideen
vor allem der Arbeiter werden nur unzureichend genutzt.
Das wird besonders dort deutlich, wo wir uns danach erkundigen,
ob der Befragte an der Ausarbeitung von Rationalisierungsmaßnahmen
beteiligt war oder ist und ob die Vorschläge der Arbeiter dabei
genügend berücksichtigt wurden.
So haben in vier Betrieben weit über 80 % der Befragten nicht an
der Ausarbeitung von Rationalisierungsmaßnahmen teilgenommen.
An der "Spitze" liegt dabei das Buchungsmaschinenwerk mit 85,9 %.
Die Meinungen der Arbeiter wurden in solchen Betrieben wie
Modul (55,2), Buchungsmaschinenwerk (54,8) und Industriwerke (48,6)
am wenigsten berücksichtigt.
Beachtung verdient bei dieser Frage die Tatsache, daß 61,4 % aller
befragten Arbeiter der Ansicht waren, daß ihre Meinungen nicht
genügend beachtet wurden. (Bei Angehörigen der Intelligenz waren
es dagegen nur 28,1 %).

c) Die Einschätzung der Qualität der Erzeugnisse des Betriebes wurde
im Ergebnis zu der Frage: Würden Sie die Erzeugnisse aus Ihrem
Betrieb ohne Bedenken kaufen?" sichtbar.

Bei der Antwortvorgabe "alle Erzeugnisse" lagen unter dem
Durchschnitt (23,5 %):

    - VEB Industriewerke    13,7 %
    - VEB Modul    14,0 %
    - VEB Fettchemie    20,7 %.

**Frage:** Jeder Betrieb hat einen Perspektivplan. Ist Ihnen bekannt, wie sich Ihr gesamter Betrieb in den nächsten Jahren entwickeln wird?

|   | % |
|---|---|
| - ja | 23,8 |
| - teilweise | 58,2 |
| - nein | 16,2 |
| - dafür interessiere ich mich nicht | 1,2 |
| - ohne Angaben | 0,6 |

**Frage:** Haben Sie die Möglichkeit, sich über die Entwicklung Ihres Betriebes ausreichend zu informieren?

|   | % |
|---|---|
| - ja | 62,0 |
| - nein | 34,3 |
| - ohne Angaben | 3,7 |

**Frage:** In Ihrem Betrieb ist gewiß des öfteren über die sozialistische Rationalisierung gesprochen worden. Sind Sie über die Maßnahmen, die in Ihrem Arbeitsbereich vorgesehen sind, informiert?

|   | % |
|---|---|
| - ich bin gründlich informiert | 31,3 |
| - ich bin nur unzureichend informiert | 53,2 |
| - ich bin nicht informiert | 13,3 |
| - ohne Angaben | 2,2 |

**Frage:** Haben Sie an der Ausarbeitung dieser Maßnahmen teilgenommen?

|  | % |
|---|---|
| - ja | 16,3 |
| - nein | 79,8 |
| - ohne Angaben | 3,9 |

**Frage:** Wurden Ihrer Ansicht nach die Meinungen der Arbeiter dabei genügend beachtet?

|  | % |
|---|---|
| - ja | 28,6 |
| - nein | 49,8 |
| - ohne Angaben | 21,6 |

**Frage:** Nehmen Sie an der Verwirklichung von Rationalisierungsmaßnahmen teil?

|  | % |
|---|---|
| - ja | 41,7 |
| - nein | 50,4 |
| - ohne Angaben | 7,9 |

**Frage:** Was meinen Sie, entsprechen die Erzeugnisse, an denen Sie mitarbeiten, bei den Kosten, in der Qualität und in der Technologie dem Welthöchststand?

### - bei den Kosten

| | % |
|---|---|
| - ja | 17,8 |
| - nein | 37,5 |
| - das ist mir nicht bekannt | 38,8 |
| - ohne Angaben | 5,9 |

### - in der Qualität

| | % |
|---|---|
| - ja | 40,5 |
| - nein | 29,5 |
| - das ist mir nicht bekannt | 23,8 |
| - ohne Angaben | 6,2 |

### - in der Technologie

| | % |
|---|---|
| - ja | 12,3 |
| - nein | 44,5 |
| - das ist mir nicht bekannt | 36,6 |
| - ohne Angaben | 6,6 |

Frage: Sicherlich werden Erzeugnisse Ihres Betriebes in andere Länder exportiert. Werden Sie laufend darüber informiert, ob diese Erzeugnisse devisenrentabel sind?

|  | % |
|---|---|
| – ja | 32,5 |
| – nein | 63,1 |
| – ohne Angaben | 4,4 |

Frage: Würden Sie Erzeugnisse aus Ihrem Betrieb ohne Bedenken kaufen?

|  | % |
|---|---|
| – alle Erzeugnisse | 23,5 |
| – einige Erzeugnisse | 66,8 |
| – keine | 6,2 |
| – ohne Angaben | 3,5 |

## II. Zur Einschätzung der Arbeitsbedingungen im Betrieb.

a) Die Einschätzung der Arbeitsbedingungen in den 5 Karl-Marx-Städter Betrieben entspricht der Feststellung des 9. Plenums, daß die Werktätigen höhere Anforderungen an die Leitungstätigkeit der Betriebsleitungen stellen. 50,7 % aller Befragten waren mit den Arbeitsbedingungen zufrieden, 44,9 % dagegen nicht. Das gleicht im wesentlichen den Ergebnissen, die in vorangegangenen Umfragen auch aus anderen Betrieben in den verschiedenen Bezirken der DDR ermittelt wurden. Erstmalig aber wurde bei dieser Frage um eine Begründung für Zufriedenheit bzw. Unzufriedenheit gebeten. Bei den "Zufriedenen" machten nur wenige von dieser Möglichkeit Gebrauch (rund 10 %).

Anders verhielten sich die "Unzufriedenen". Von den 44,9 % schrieben 38 % auf, was sie zu bemängeln hatten. Rund 30 % beschäftigten sich mit Problemen der Leitungstätigkeit (Mängel in der Arbeitsorganisation, Planmäßigkeit des Einsatzes der Technik, der Arbeit mit den Menschen). Nur 2,2 % übten Kritik an der Entlohnung. Damit wird bestätigt, was frühere Untersuchungen bereits erkennen ließen: Die Unzufriedenheit mit den Arbeitsbedingungen hat eine Reihe von positiven Momenten. Hier kommt die Forderung zum Ausdruck, daß Routine, alte Gewohnheiten und Mittelmaß schneller überwunden werden.

Die meisten und härtesten Kritiken zu den verschiedenen Problemen der Leitungstätigkeit wurden geübt

- im VEB Industriewerk      37,4 %
- im VEB Modul              35,1 %

b) Von Bedeutung für die Entwicklung der Arbeitsfreude ist die Atmosphäre im Arbeitskollektiv. Die vorliegenden Ergebnisse beweisen, daß sich die überwiegende Mehrheit (62,9 % der Befragten) in ihrem Arbeitskollektiv wohlfühlt.

(Nur 2,9 % beantworteten diese Frage mit "nein".) Auch die Fragen nach dem Verhältnis der Mitglieder ihres Arbeitskollektivs untereinander, des Kollektivs zu den Vorgesetzten (62,7 %) und der Vorgesetzten zum Kollektiv (59,1 %) weisen etwa die gleichen Werte aus.

Zu denken gibt es allerdings, wenn im VEB Modul 16 % aller Befragten das Verhältnis des Vorgesetzten zum Kollektiv als "schlecht" einschätzen (Durchschnitt 7,8 %).

c) Auf die offene Frage, was an den sozialen Einrichtungen im Betrieb verbessert werden müßte, antworteten fast die Hälfte der Befragten.
Dabei wurden für den einzelnen Betrieb bestimmte Schwerpunkte sichtbar.
So kritisierten z.B. im VEB Modul 34,4 % und im
VEB Buchungsmaschinenwerk 28,1 % das Mittagessen,
im VEB Fettchemie 22,8 % die sanitären Einrichtungen und
12,6 % die medizinische Betreuung.

**Frage:** Ganz allgemein gesprochen, sind Sie mit den Arbeitsbedingungen in Ihrem Betrieb zufrieden?

|  | % |
|---|---|
| - ja | 50,7 |
| - nein | 44,9 |
| - ohne Angaben | 4,4 |

**Frage:** Ganz allgemein gesprochen, sind Sie mit den Arbeitsbedingungen in Ihrem Betrieb zufrieden?

Bei dieser Frage wurde zusätzlich gebeten, die geäußerte Meinung zu erläutern. Nach der Gruppierung gab es bei der Beantwortung mit "ja" folgende Begründungen.

%

- <u>Leitungstätigkeit</u>
  Arbeit mit den Menschen, gutes Verhältnis zum
  Vorgesetzten und umgekehrt, Achtung des Menschen
  Perspektive, Qualifizierung     1,8

- <u>Arbeitsorganisation</u>
  guter Arbeitsablauf     1,4

- <u>gute soziale und kulturelle Betreuung</u>
  Verkehrsverhältnisse     1,6

- <u>persönlicher Arbeitsplatz</u>
  interessante Tätigkeit, Eigenverantwortung     2,6

- <u>gutes Arbeitskollektiv</u>
  bzw. Arbeitsatmosphäre     3,3

**Frage:** Ganz allgemein gesprochen, sind Sie mit den Arbeitsbedingungen in Ihrem Betrieb zufrieden?

Bei der Antwort "nein" gab es folgende Begründungen.

%

- **Arbeitsorganisation**
  wenig Zeit für perspektiv. Vorhaben, zu viel Nebenarbeiten, schlechter Arbeitsablauf, zu wenig Zeit für die Lösung mancher Aufgaben, schlechter Arbeitsfluß, Nichtausnutzung der Technik — 11,8

- **Leitungstätigkeit**
  zu viel Probleme auf einmal, Auflagen ohne Kenntnis der konkreten Situation, zu viel geistige Routinearbeit, zu lange Bearbeitung von Verbesserungsvorschlägen — 5,5

- **Kritik an der Entlohnung**
  geringer Lohn, Unterschiede, Normenarbeit — 2,2

- **Kritik an sozialen Einrichtungen**
  Werkessen, Kinderkrippen, Getränkeausgabe in 2. und 3. Schicht — 3,6

- **veraltete Technik**
  ungenügende Lagerverhältnisse, beengte Arbeitsräume — 9,8

- **Kritik an persönl. Arbeitsbedingungen**
  keine klare Perspektive, kein selbständiges Arbeiten, keine Entwicklungsmöglichkeiten — 2,0

- **Arbeit mit den Menschen** — 1,6

- **sonstige Bemerkungen**
  Ordnung und Sauberkeit — 1,3

In den Betrieben beantwortete der nachstehend aufgeführte Prozentsatz der Befragten die offene Frage nicht.

%

- Frage nicht beantwortet — 56,7

**Frage:** Fühlen Sie sich in Ihrem Arbeitskollektiv wohl?

|  | % |
|---|---|
| – ja | 62,9 |
| – teils, teils | 33,7 |
| – nein | 2,9 |
| – ohne Angaben | 0,5 |

**Frage:** Wenn Sie an das Verhältnis der Mitglieder Ihres Arbeitskollektivs untereinander denken, an das Verhältnis zu den Vorgesetzten und umgekehrt, wie würden Sie das einschätzen?

|  | sehr gut % | gut % | teils, teils % | schlecht % | ohne Angabe % |
|---|---|---|---|---|---|
| Arbeitskollegen untereinander | 15,8 | 52,8 | 27,7 | 2,8 | 0,9 |
| Kollektiv zum Vorgesetzten | 10,5 | 52,2 | 32,0 | 3,5 | 1,8 |
| Vorgesetzter zum Kollektiv | 12,8 | 46,3 | 30,2 | 7,8 | 2,9 |

**Frage:** Finden Sie Ihre Arbeit interessant oder eintönig?

|  | % |
|---|---|
| – sie ist immer interessant | 27,2 |
| – sie ist meistens interessant | 52,8 |
| – sie ist meistens eintönig | 14,4 |
| – sie ist immer eintönig | 3,2 |
| – ohne Angaben | 2,4 |

**Frage:** Erfolgt eine Versorgung mit Speisen und Getränken am Arbeitsplatz?

|   | % |
|---|---|
| – ja | 37,1 |
| – nicht immer | 12,2 |
| – nein | 48,2 |
| – ohne Angaben | 2,5 |

**Frage:** Wie schätzen Sie die Versorgung mit Speisen und Getränken in der 2. und 3. Schicht ein?

|  | sehr gut % | gut % | teils, teils % | schlecht % | das kann ich nicht beurt. % | ohne Angaben % |
|---|---|---|---|---|---|---|
| – 2. Schicht | 3,3 | 15,2 | 13,4 | 6,8 | 39,3 | 22,0 |
| – 3. Schicht | 3,2 | 4,3 | 3,8 | 11,5 | 42,7 | 34,5 |

**Frage:** Wenn Sie Ihre persönlichen wirtschaftlichen Verhältnisse überdenken, zu welcher Auffassung würden Sie kommen? Sie sind

|   | % |
|---|---|
| – sehr gut | 3,0 |
| – gut | 47,2 |
| – teils, teils | 35,4 |
| – nicht so gut | 9,0 |
| – schlecht | 2,4 |
| – ohne Angaben | 3,0 |

**Frage:** Was müßte Ihrer Meinung nach in sozialer Hinsicht in Ihrem Betrieb verbessert werden?

Nach der Gruppierung der Antworten auf diese Frage ergeben sich folgende Anteile:

|  | % |
|---|---|
| - Qualität des Mittagessens | 19,3 |
| - Hygiene und sanitäre Einrichtungen | 8,7 |
| - Arbeitsplatzversorgung und allgemeine Versorgung mit Speisen und Getränken, auch im Schichtbetrieb | 7,6 |
| - medizinische Betreuung verbessern, vorbeugende Kuren | 6,0 |
| - sonstige soziale Probleme wie Kindergarten, Kinderkrippen, Kultur, Wohnungen, Nahverkehr, Überstunden | 5,7 |
| - Verbesserung der Versorgung mit Urlaubsplätzen, Ferienheimen usw. | 5,2 |
| - Verbesserung des Arbeitsplatzes | 4,1 |
| - Treueurlaub, vor allem für Produktionsarbeiter | 2,1 |
| - Frage nicht beantwortet | 56,9 |

## III. Fragen zur Atmosphäre im Betrieb

a) Ein wichtiges Kriterium für das Vertrauensverhältnis zwischen Leitung und Belegschaft, für die Herausbildung des Bewußtseins, Arbeiter und kollektiver Miteigentümer der Produktionsmittel zu sein, besteht darin, wie Kritiken und Hinweise der Arbeiter von der Leitung beachtet werden.
Es ist daher ein ernstes Signal, wenn 51,6 % aller Befragten die Ansicht vertreten, sie würden weder Kritiken noch Abänderungsvorschläge unterbreiten, wenn sie mit irgendwelchen betrieblichen Angelegenheiten nicht einverstanden wären, weil sich ihrer Meinung nach doch nichts ändere. Am stärksten ausgeprägt ist diese Meinung bei Arbeitern (58,4 %), am geringsten bei Angehörigen der Intelligenz (33 %).
Untersucht man die einzelnen Betriebe auf diese Frage hin, dann haben folgende Betriebe die negativsten Werte:

- VEB Modul                     66,3 %
- VEB Buchungsmaschinenwerke    52,0 %
- VEB Industriewerke            50,7 %

b) In engem Zusammenhang damit steht das Ergebnis zur Frage, ob sich die Befragten an ein Mitglied unserer Partei wenden würden, wenn sie mit einem bestimmten politischen Problem nicht allein fertig werden.
Das Ergebnis läßt zweifellos Rückschlüsse auf das Vertrauensverhältnis zwischen Werktätigen und der Betriebsparteiorganisation zu. In dieser Hinsicht sind die 67 %, die auf diese Frage mit "ja" antworteten, ein deutlicher Ausdruck dafür, daß die Parteimitglieder bei den meisten Werktätigen Vertrauen genießen.
In den Betrieben jedoch, wo die Leitungstätigkeit am stärksten kritisiert wird, ist es auch um das Vertrauensverhältnis zur Parteiorganisation nicht zum besten bestellt. So würde sich z.B. im VEB Modul nur jeder 2. an ein Mitglied der SED wenden, wenn er mit einem politischen Problem nicht fertig wird.

c) Ernste Versäumnisse sind offensichtlich in der Propagierung des Mehrschichten-Systems vorhanden. Die vorliegenden Umfrageergebnisse sagen aus, daß nur 14,1 % ihre Bereitschaft erklärten, im Mehrschichtensystem zu arbeiten, während 78,2 % das ablehnten.

Außer dem VEB Fettchemie - ein Betrieb mit hohem Frauenanteil - erreichte die Ablehnungsquote die 80 %-Grenze.

Im VEB Buchungsmaschinenwerk waren es sogar 85,5 %, die nicht im Mehrschichtsystem arbeiten würden.

Frage: Angenommen, Sie wären mit irgendeiner betrieblichen Angelegenheit nicht einverstanden. Würden Sie das kritisieren und einen Änderungsvorschlag unterbreiten?

|   | % |
|---|---|
| – ja, weil ich sicher bin, daß mein Hinweis gründlich geprüft wird | 40,8 |
| – nein, weil sich doch nichts verändert | 51,6 |
| – ohne Angaben | 7,6 |

Frage: Sicherlich werden in Ihrem Betrieb auch Vorbereitungen getroffen, um die Auslastung der modernen Technik in der 2. und 3. Schicht zu gewährleisten. Wären Sie bereit, im Dreischichtsystem zu arbeiten?

|   | % |
|---|---|
| – ja | 14,1 |
| – nein | 78,2 |
| – ohne Angaben | 7,7 |

Frage: Jeder macht sich während und auch nach der Arbeitszeit Gedanken über Verbesserungen in seinem Arbeitsbereich. Wie ist das eigentlich bei Ihnen, woher erhalten Sie vor allem Anregungen zu solchen Überlegungen?

|   | % |
|---|---|
| – durch Erfahrungen und Beobachtungen in meinem Arbeitsbereich | 68,3 |
| – durch die Vorgesetzten (Meister, Abteilungsleiter usw.) | 20,8 |
| – durch Fachbücher und Fachzeitschriften | 22,5 |
| – durch die Brigade bzw. Arbeitskollektiv | 24,6 |
| – durch die Tagespresse, Fernsehen und Rundfunk | 28,9 |
| – durch die Betriebszeitung | 13,7 |
| – durch die Parteiorganisation | 12,0 |
| – durch andere gesellschaftliche Organisationen | 6,3 |

**Frage:** Nehmen wir an, Sie würden mit einem bestimmten politischen Problem nicht allein fertig, hätten sich jedoch gern darüber Klarheit verschafft. Würden Sie sich in einem solchen Fall an ein Mitglied der SED wenden?

|  | % |
|---|---|
| - ja | 66,8 |
| - nein | 26,5 |
| - ohne Angaben | 6,7 |

**Frage:** Es gibt in Ihrem Betrieb die vielfältigsten Veranstaltungen der Partei und der Massenorganisationen. Wenn Sie sich Menge und Inhalt ansehen, was würden Sie vorschlagen?

|  | % |
|---|---|
| - es müßten mehr Veranstaltungen durchgeführt werden | 17,4 |
| - die Zahl der Veranstaltungen ist richtig, jedoch müßte oftmals der Inhalt verbessert werden | 27,5 |
| - die Zahl der Veranstaltungen müßte geringer, dafür der Inhalt besser werden | 24,6 |
| - von mir aus brauchte es überhaupt keine Veranstaltungen geben | 7,3 |
| - das kann ich nicht beurteilen, weil ich keine Veranstaltungen besuche | 16,6 |
| - ohne Angaben | 6,6 |

## IV. Zu einigen politischen Problemen

a) Die Umfrageergebnisse weisen aus, daß sich die Überzeugung vom Sieg des Sozialismus weiter gefestigt hat. Ein Vergleich mit früheren Umfragen bestätigt diese Feststellung.

Welcher Gesellschaftsordnung gehört Ihrer Meinung nach die Zukunft?:

|  | 1965 | 1967 (vor d.VII.Parteitg.) | 1968 |
|---|---|---|---|
| - Sozialismus | 78,0 % | 79,9 % | 84,2 % |
| - Kapitalismus | 3,2 % | 3,8 % | 2,7 % |
| - ohne Angaben | 18,8 % | 16,3 % | 13,1 % |

Neben der Frage nach der Zukunft der Gesellschaftsordnung wurde auch ermittelt, wie die Gegenwart der Gesellschaftsordnung in beiden deutschen Staaten eingeschätzt wird.
Auch hier wird deutlich sichtbar, daß die Parteinahme für die sozialistische Ordnung bei fast drei Viertel aller Befragten klar ausgebildet ist. Trotzdem ist bemerkenswert, daß fast 25 % meinten, dieses Problem nicht beurteilen zu können oder keine Antwort gaben.

b) Die Antworten auf die Frage: "Halten Sie die Auffassung für zutreffend, daß die westdeutsche Regierung eine Politik der Revanche und der Kriegsvorbereitung betreibt?" zeigen erneut, daß bei einem beträchtlichen Teil der Bevölkerung immer noch Illusionen über die Politik des Gegners bestehen:
53,4 % antworteten auf diese Frage mit "nein" oder mit "ich weiß es nicht" oder gaben keine Antwort.
Interessant ist hierbei: je jünger die Befragten, umso weniger glauben sie an die aggressive Politik der westdeutschen Regierung.

- Altersgruppe bis 24 Jahre        63,0 %
- Altersgruppe 25 - 29 Jahre       60,9 %
- Altersgruppe über 60 Jahre       35,7 %

Auch bei Arbeitern ist der Prozentsatz, der nicht an die Aggressivität der Bonner Regierung glaubt, mit 58,6 % verhältnismäßig hoch (im Vergleich zu Angehörigen der Intelligenz 43,8 %)

**Frage:** Wenn Sie die gesellschaftlichen Verhältnisse in beiden deutschen Staaten vergleichen, welchen gesellschaftlichen Verhältnissen würden Sie den Vorzug geben?

|  | % |
|---|---|
| - den gesellschaftlichen Verhältnissen in der DDR | 72,6 |
| - den gesellschaftlichen Verhältnissen in der Bundesrepublik | 2,8 |
| - das kann ich nicht beurteilen | 20,3 |
| - ohne Angaben | 4,3 |

**Frage:** Welcher Gesellschaftsordnung gehört Ihrer Meinung nach die Zukunft?

|  | % |
|---|---|
| - der sozialistischen Gesellschaftsordnung | 84,2 |
| - der kapitalistischen Gesellschaftsordnung | 2,7 |
| - ohne Angaben | 13,1 |

**Frage:** Bisher konnte der Frieden in Europa erhalten werden. Was war Ihrer Meinung nach die Ursache dafür?

|  | % |
|---|---|
| - die Stärke der sozialistischen Länder | 56,5 |
| - die Stärke der kapitalistischen Länder | 0,5 |
| - weil beide Seiten gleich stark sind | 32,5 |
| - ich kann das nicht beurteilen | 8,3 |
| - ohne Angaben | 2,2 |

**Frage:** Halten Sie die Auffassung für zutreffend, daß die westdeutsche Regierung eine Politik der Revanche und der Kriegsvorbereitung betreibt?

|   | % |
|---|---|
| - ja | 46,6 |
| - nein | 23,7 |
| - ich weiß es nicht | 24,8 |
| - ohne Angaben | 4,9 |

## V. Zur politischen Information

a) Die Umfrageergebnisse unterstreichen erneut, daß die Bevölkerung an Informationen über politische Ereignisse stark interessiert ist. Der Prozentsatz, der sich "so gut wie gar nicht" für politische Ereignisse interessiert, ist minimal (Knapp 4 %).
Die Massenmedien, übereinstimmend als die wichtigsten Informationsquellen bezeichnet, gewinnen in diesem Zusammenhang zunehmende Bedeutung. Aus dem Urteil der Befragten über Presse, Funk und Fernsehen wird sichtbar, daß das große Interesse für politische Ereignisse das Verlangen nach schneller und gründlicher Information fördert. Es ist deshalb kein Zufall, daß die Frage, ob unsere Massenmedien über aktuelle Ereignisse schnell und gründlich informieren, weit weniger mit einem vorbehaltlosen "ja" beantwortet wurde (30,6 und 28,9 %) als die Frage nach der Wahrheit der Information (44,0 %).
Bemerkenswert ist bei der Frage nach der Wahrheit der Information:
Mit "ja" antworteten
- Arbeiter        38,2 %
- Intelligenz     53,6 %

b) Bei der Umsetzung der erhaltenen Information spielt das Arbeitskollektiv die wesentlichste Rolle. Bereits im Juni hatten wir festgestellt, daß 52 % der Meinung waren, im Arbeitskollektiv diskutiere es sich am interessantesten über politische Fragen. Das vorliegende Ergebnis (51,8 %) unterstreicht diese Feststellung. Damit wird vor allem die Wichtigkeit der politischen Arbeit der Mitglieder unserer Partei, der Funktionäre (Meister, Brigadiere, Gewerkschaftsvertrauensmänner) im Arbeitskollektiv betont.
Interessanterweise ist in den Betrieben mit hohem Frauenanteil (Fettchemie und Buchungsmaschinenwerk) der Anteil, der die Diskussion im Arbeitskollektiv am interessantesten findet, wesentlich niedriger als in den anderen Betrieben.

**Frage:** Verfolgen Sie politische Ereignisse?

|  | % |
|---|---|
| – mit großem Interesse | 48,6 |
| – mit mittlerem Interesse | 38,2 |
| – mit schwachem Interesse | 7,7 |
| – so gut wie gar nicht | 3,9 |
| – ohne Angaben | 1,6 |

**Frage:** Welche politischen Fragen interessieren Sie am meisten?

|  | % |
|---|---|
| – internationale Politik | 73,0 |
| – Wirtschaftspolitik | 32,7 |
| – Rechtswesen | 14,5 |
| – Jugendpolitik | 15,6 |
| – Militärpolitik | 15,0 |
| – Kommunalpolitik | 8,4 |
| – Kulturpolitik | 20,5 |
| – Sozialpolitik | 32,2 |
| – Bildungswesen | 26,5 |

**Frage:** Was ist für Sie die wichtigste Quelle, um sich über politische Fragen zu informieren?

|  | % |
|---|---|
| – Versammlungen im Betrieb | 24,3 |
| – Versammlungen im Wohngebiet | 2,9 |
| – Zeitungen und Zeitschriften | 53,5 |
| – Fernsehen | 69,4 |
| – Rundfunk | 50,8 |
| – Gespräche mit dem Ehepartner | 18,8 |
| – Gespräche mit Freunden und Bekannten | 26,0 |

**Frage:** Wenn Sie sich über politische Fragen unterhalten, wo diskutiert man Ihrer Meinung nach am interessantesten über die Politik?

|  | % |
|---|---|
| – in der Familie | 27,8 |
| – im Freundeskreis | 29,9 |
| – im Arbeitskollektiv | 51,8 |
| – in Versammlungen der Partei und anderen gesellschaftlichen Organisationen | 18,2 |

**Frage:** Glauben Sie, daß Rundfunk, Fernsehen und die Zeitungen der DDR Sie über die aktuellen Ereignisse schnell, gründlich und wahrheitsgemäß informieren?

**- schnell**

|  | % |
|---|---|
| - im allgemeinen ja | 30,6 |
| - teilweise | 52,3 |
| - im allgemeinen nein | 10,5 |
| - ohne Angaben | 6,6 |

**- gründlich**

|  | % |
|---|---|
| - im allgemeinen ja | 28,9 |
| - teilweise | 50,9 |
| - im allgemeinen nein | 9,4 |
| - ohne Angaben | 10,8 |

**- wahrheitsgemäß**

|  | % |
|---|---|
| - im allgemeinen ja | 44,0 |
| - teilweise | 41,8 |
| - im alllgemeinen nein | 5,8 |
| - ohne Angaben | 8,4 |

## VI. Zur persönlichen Aktivität

a) Die überwiegende Mehrheit - das wurde wiederum bestätigt - ist bereit, ihren Beitrag bei der Lösung der staatlichen und gesellschaftlichen Aufgaben zu leisten. (80,1 %).
Es muß allerdings vermerkt werden, daß im Vergleich zum Frühjahr - während der Diskussion zum Entwurf unserer neuen sozialistischen Verfassung - ein leichter Rückgang zu verzeichnen ist. Vermutlich liegt das daran, daß die vorhandene Bereitschaft nicht zielstrebig genutzt wurde. Wenn man etwas näher untersucht, aus welchen Gruppen jene 10 % der Befragten kommen, die jede Mitarbeit ablehnen, so ergibt sich folgendes Bild:
Der höchste Anteil liegt bei den weiblichen Befragten (12,4 %), bei den Arbeitern (12,6 %) und in der Altersgruppe bis 24 Jahre (12,8 ) sowie in der Gruppe 50 - 59 Jahre (13,8 %), während es bei den Angehörigen der Intelligenz nur 5,1 % sind.

b) Ein scheinbar widerspruchsvolles Ergebnis verdient besondere Aufmerksamkeit:
80,1 % hatten ihre Bereitschaft zur Mitarbeit erklärt.
Eine andere Frage hatte sich danach erkundigt, wie man sich der Politik gegenüber verhalten solle: Anderen die Politik überlassen oder selbst politisch tätig sein. Zunächst scheint es tatsächlich zu überraschen, daß nur 45,1 % die Ansicht vertraten, man müsse selbst aktiv politisch tätig sein. Doch sicherlich sind viele Werktätige noch in dem Glauben befangen, daß ihre aktive Mitarbeit auf den verschiedensten Gebieten nichts mit "großer Politik" zu tun habe. Das wird an den 39,5 % deutlich, die "im übrigen die Politik anderen überlassen wollen". Die Mehrzahl von ihnen hat sich gleichzeitig für eine Mitarbeit bei der Lösung von staatlichen und gesellschaftlichen Aufgaben ausgesprochen.

c) Wichtig erscheint auch das Ergebnis zur Frage nach der Ausübung einer ehrenamtlichen Tätigkeit während der Arbeitszeit:
Drei von fünf Funktionären benötigen wöchentlich von einer bzw. bis zu mehr als drei Stunden Arbeitszeit für ihre ehrenamtlichen Funktionen.
Den geringsten Arbeitszeitausfall gibt es im VEB Buchungsmaschinenwerk. In den anderen 4 Betrieben ist der Ausfall etwa gleich hoch.

Gleichzeitig wird auch aus den Ergebnissen zu dieser Frage ersichtlich, daß sich viele ehrenamtliche Funktionen auf Angestellte und Angehörige der Intelligenz konzentrieren. Nur 25,8 % der Angestellten und 24,2 % der Angehörigen der Intelligenz üben keine solche Funktionen aus.
Bei den Arbeitern jedoch sind es mehr als 40 %

**Frage:** Wie Sie wissen, kann man sich der Politik gegenüber verschieden verhalten. Welche Möglichkeit würden Sie für sich als die richtige betrachten?

| | % |
|---|---|
| - überhaupt nicht mit Politik beschäftigen | 7,7 |
| - zur Kenntnis nehmen, was in der Politik geschieht, aber im übrigen anderen die Politik überlassen | 39,5 |
| - selbst aktiv politisch tätig sein | 45,1 |
| - ohne Angaben | 7,7 |

**Frage:** In der Verfassung der DDR ist das Recht jedes Bürgers auf Mitbestimmung und Mitgestaltung enthalten. Wären Sie bereit, an der Lösung der staatlichen und gesellschaftlichen Aufgaben künftig mitzuarbeiten?

| | % |
|---|---|
| - ich wäre bereit mitzuarbeiten | 22,5 |
| - ich würde weiter mitarbeiten | 21,8 |
| - ich würde größere Verantwortung übernehmen | 5,5 |
| - ich würde mitarbeiten, aber in kleinerem Rahmen | 31,1 |
| - ich würde nicht mitarbeiten | 10,0 |
| - ohne Angaben | 9,1 |

**Frage:** Falls Sie eine ehrenamtliche Funktion ausüben, würden Sie uns bitte sagen, wieviel Stunden Sie dafür wöchentlich an Arbeitszeit verwenden?

| | % |
|---|---|
| - keine, denn ich erledige alles nach der Arbeitszeit | 18,9 |
| - bis zu einer Stunde | 16,5 |
| - bis zu zwei Stunden | 10,3 |
| - bis zu drei Stunden | 4,3 |
| - mehr als drei Stunden | 4,9 |
| - ich übe keine ehrenamtliche Funktion aus | 35,5 |
| - ohne Angaben | 9,6 |

## VII. Zu kulturellen Problemen

a) Die zunehmende Freizeit vergrößert die Möglichkeiten, kulturelle Bedürfnisse besser zu befriedigen und die Freizeit sinnvoller zu gestalten. Die Rangfolge der persönlichen Interessen auf kulturellem Gebiet - so wie sie mit dieser und anderen Umfragen ermittelt wurde - sieht nach dem Fernsehen (62,1 %) den Theaterbesuch (42,7 %) und das Lesen von Büchern (40,1 %).
Sie beweist, daß die Beschäftigung mit der Kultur zu einer Massenerscheinung geworden ist. Untersucht man jedoch nur die literarischen Interessen, so ist nicht zu übersehen, wie notwendig es ist, die kulturellen Prozesse planmäßig zu lenken, bestimmte Bedürfnisse zu wecken aber auch höchste Anforderungen an die Massenwirksamkeit eines Kunstwerkes zu stellen. Folgende Tendenz wurde sichtbar:

- Nach wie vor besteht großes Interesse für die sogenannte Spannungsliteratur (Abenteuer- und Kriminalromane 47,7 %)
- Nur 7,7 % der Befragten würden sich jedoch hauptsächlich für Romane über Probleme und Konflikte beim sozialistischen Aufbau interessieren.

b) Die Ergebnisse der Fragen zum Fernsehspiel "Zeit ist Glück" bestätigen, daß dieses Kunstwerk ein echter Beitrag zur Ausprägung des sozialistischen Menschenbildes gewesen ist.

- Es hatte Massenwirksamkeit. Obwohl "Zeit ist Glück" kurzfristig in den Spielplan aufgenommen und faktisch einen Tag vor der Sendung von den Massenmedien angekündigt wurde, haben 37,4 % das Fernsehspiel gesehen. Wenn man davon ausgeht, daß etwa 80 % der Bewohner von Großstädten Fernsehempfangsmöglichkeiten haben, dann würde "Zeit ist Glück", fast von jedem zweiten gesehen. Vier von fünf Zuschauern hat dieses Fernsehspiel gefallen.

- Ein großer Teil der Zuschauer identifizierte sich mit den Haupthelden. Sie fanden sie nicht nur einfach sympathisch, sondern sahen in ihnen die Revolutionäre unserer Tage. Das wird u.a. dadurch unterstrichen, daß rund 60 % aller Zuschauer die Frage bejahen, ob Meister Falk ein Beispiel für die Arbeiterpersönlichkeit der Zukunft darstelle.

**Frage:** Es gibt viele Möglichkeiten, den persönlichen Interessen auf kulturellem Gebiet nachzugehen. Wir nennen Ihnen einige. Würden Sie uns bitte sagen, welche Sie besonders bevorzugen?

|  | % |
|---|---|
| - Theaterbesuch (Schauspiel, Oper, Operette usw. | 42,7 |
| - Kinobesuch | 32,5 |
| - Fernsehen | 62,1 |
| - Rundfunk hören | 39,0 |
| - Besuch von Museen | 13,6 |
| - Bücher lesen | 40,1 |
| - Besuch von Unterhaltungsveranstaltungen | 30,3 |
| - Besuch von Kunstausstellungen | 11,2 |

**Frage:** Wenn Sie sich in Ihrer Freizeit ein Buch zur Hand nehmen, in welcher der nachstehend genannten Richtungen liegt Ihr hauptsächliches Interesse?

|  | % |
|---|---|
| - Abenteuer- und Kriminalromane | 47,7 |
| - Frauen- und Liebesromane | 15,5 |
| - Romane über Probleme und Konflikte beim sozialistischen Aufbau | 7,7 |
| - Romane über den antifaschistischen Widerstandskampf | 19,0 |
| - historische Romane | 34,9 |
| - Zukunftsromane | 26,7 |
| - Reiseerlebnisse | 40,6 |
| - Klassiker der deutschen und internationalen Literatur | 15,0 |
| - Märchen und Jugendbücher | 3,9 |
| - Fachbücher | 25,3 |
| - Bücher über Politik und Geschichte | 9,0 |
| - Gedichte | 2,4 |
| - Bildbände | 18,0 |

**Frage:** Vor kurzem wurde der Fernsehfilm "Zeit ist Glück" gesendet. Hat dieser Fernsehfilm Ihre Zustimmung gefunden?

|  | % |
|---|---|
| - ja | 29,7 |
| - nein | 7,7 |
| - ich habe ihn nicht gesehen | 57,8 |
| - ohne Angaben | 4,8 |

**Frage:** Welche der Hauptpersonen aus diesem Fernsehfilm waren Ihnen besonders sympathisch?

|  | % |
|---|---|
| - die junge Wissenschaftlerin Bolzin | 18,2 |
| - Meister Falk | 24,2 |
| - Direktor Rambach | 1,2 |
| - der Wissenschaftler Dr. Schellenbaum | 0,9 |
| - der Minister | 4,2 |
| - die einzelnen Mitglieder der Brigade | 16,8 |

Berücksichtigt man bei der Beantwortung dieser Frage, daß nur 37 % der Befragten (Summe der "ja" - und "nein" - Antworten bei Frage 21) diesen Fernsehfilm gesehen haben und deshalb auch nur dieser Teil der Befragten eine Einschätzung geben kann, dann ergibt sich nach entsprechender Umrechnung die folgende Antwortverteilung

(Befragte, die den Fernsehfilm gesehen haben - 100%)

|  | % |
|---|---|
| - die junge Wissenschaftlerin Bolzin | 48,7 |
| - Meister Falk | 64,7 |
| - Direktor Rambach | 3,2 |
| - der Wissenschaftler Dr. Schellenbaum | 2,4 |
| - der Minister | 11,2 |
| - die einzelnen Mitglieder der Brigade | 44,9 |

**Frage:** Stellt Ihrer Meinung nach der Meister Falk ein Beispiel für die Arbeiterpersönlichkeit der Zukunft dar?

|   | % |
|---|---|
| - ja | 22,2 |
| - teilweise | 9,8 |
| - nein | 2,0 |
| - ich weiß es nicht | 7,1 |
| - ohne Angaben | 58,9 |

Die gleiche Umrechnung bei der vorhergehenden Frage ergibt die folgende Antwortverteilung.

|   | % |
|---|---|
| - ja | 59,4 |
| - teilweise | 26,2 |
| - nein | 5,3 |

Teil VIII: Statistische Angaben

1. **Gesamtübersicht**
   Anzahl der ausgegebenen Fragebogen     1.493 = 100 %
   Anzahl der auswertbaren Fragebogen     1.283 = 85,9 %

2. **Übersicht über die einzelnen Betriebe**

                                                auswertbare
                                                Fragebogen

   VEB Industriewerke Karl-Marx-Stadt     290 = 96,7 %
   VEB Fettchemie Karl-Marx-Stadt     262 = 88,2 %
   VEB Fritz-Heckert-Werk Karl-Marx-Stadt     260 = 87,8 %
   VEB Zahnschneidemaschinen Modul     196 = 65,3 %
   VEB Buchungsmaschinenwerk Karl-Marx-Stadt     275 = 91,7 %
                                                        1.283

3. **Anteile der männlichen und weiblichen Befragten**

   Männer     897 = 69,9 %
   Frauen     370 = 28,8 %
   ohne Angaben     16 = 1,3 %
                   1.283

4. **Anteile der Altersgruppen**

   bis 24 Jahre     175 = 13,6 %
   25 - 29 Jahre     243 = 18,9 %
   30 - 39 Jahre     367 = 28,6 %
   40 - 49 Jahre     236 = 18,4 %
   50 - 59 Jahre     149 = 11,6 %
   60 Jahre und älter     92 = 7,2 %
   ohne Angaben     21 = 1,7 %
                   1.283

5. **Gliederung nach der Tätigkeit**

   Arbeiter     760 = 59,2 %
   Angestellte     315 = 24,6 %
   Intelligenz     188 = 14,7 %
   Lehrlinge     8 = 0,6 %
   ohne Angaben     12 = 0,9 %
                   1.283

# Dokument XIII

Bericht über eine Betriebs- und Territorialumfrage zu einigen internationalen Problemen (13. 10. 1969)

**SED HAUSMITTEILUNG**

| An | von Abteilung | Diktatzeichen | Datum | Erledigungsvermerk |
|---|---|---|---|---|
| Genossen Erich Honecker | W. Lamberz | 16/La/Kr. | 4.7.69 | |

Betr.

Werter Genosse Erich Honecker !

Die Abteilung Internationale Verbindung des ZK und die Leitung des Instituts für Meinungsforschung beim ZK unterbreiten den Vorschlag, beiliegende Umfrage zu einigen internationalen Problemen (Auswertung der internationalen Beratung der kommunistischen und Arbeiterparteien) durchzuführen.

Die Befragung sollte in einigen Betrieben und Kreisstädten der Republik organisiert werden.

Ich bitte um Deine Zustimmung.

Mit sozialistischem Gruß

/W. Lamberz/

1 Anlage

Institut für Meinungsforschung  
   beim ZK der SED

Streng vertraulich!  
==================  
Berlin, den 13.10.1969

Zusammengefaßte Hauptergebnisse einer Betriebs- und einer Territorialumfrage zu einigen internationalen Problemen (Probleme der Moskauer Beratung)

Das Institut für Meinungsforschung führte

    im Juli 1969 eine Betriebsumfrage und  
    im August 1969 eine Territorialumfrage

zu einigen internationalen Problemen durch.

Die Betriebsumfrage wurde in 11 Betrieben der Bezirke

    Berlin        Cottbus  
    Halle         Dresden  
    Erfurt        Karl-Marx-Stadt,

die Territorialumfrage bei einem Bevölkerungsquerschnitt der Bezirke

    Rostock        Leipzig  
    Neubrandenburg  Erfurt  
    Cottbus        Karl-Marx-Stadt  
    Magdeburg

durchgeführt.

|  | Betriebe | Bezirke | gesamt |
|---|---|---|---|
| Anzahl der ausgegebenen Fragebogen | 2181 | 3725 | 5906 |
| Anzahl der auswertbaren Fragebogen | 2038 = 93,4 % | 1971 = 52,9 % | 4009 = 67,9 % |

Zusammengefaßt ergaben beide Umfragen auf den nachfolgend genannten Gebieten die folgenden Ergebnisse.

## 1. Die Einheit der kommunistischen und Arbeiterbewegung

Von den Befragten sehen 61,9 % in den Ergebnissen der Moskauer Beratung einen Erfolg für die Einheit und den Zusammenschluß der kommunistischen und Arbeiterbewegung und der revolutionären Kräfte in der Welt; 29,7 % meinen, das nicht beurteilen zu können.
Daß die auf der Moskauer Beratung zutage getretenen unterschiedlichen Auffassungen offen behandelt wurden, bezeichnen 70,0 % der Befragten als ein Zeichen der Stärke der kommunistischen und Arbeiterbewegung; nur 6,6 % meinen, daß das die Einheit der kommunistischen und Arbeiterbewegung schwächt. Ob die Politik der Mao-Tse-tung-Gruppe eine aktive Unterstützung der aggressiven Politik des Imperialismus und damit eine Gefahr für das sozialistische Weltsystem bildet, beantworteten 72,7 % mit "Ja" und 16,8 % mit "Nein".
Daß die KPdSU und die Sowjetunion die führende und einigende Kraft der revolutionären Weltbewegung sind, bejahren 84,0 %.

## 2. Verteidigung des Sozialismus und des Friedens

86,9 % der Befragten vertraten die Auffassung, daß die Verteidigung des Sozialismus die internationale Pflicht aller Kommunisten ist. Ob "die DDR mit allen Mitteln, selbst mit Waffengewalt, verteidigt werden muß, wenn sie bedroht wird", beantworteten dagegen nur 60,3 % mit "Ja", 10,4 % mit "Nein", während 26,5 % die Antwortvorgabe "ich möchte mich dazu nicht äußern" ankreuzten.
84,3 % sind der Meinung, daß durch die vereinten Bemühungen der sozialistischen Länder, der internationalen Arbeiterklasse und aller anderen Friedenskräfte in der Welt ein neuer Weltkrieg verhindert werden kann.

Als Ursache für die Erhaltung des Friedens in Europa nennen

    56,6 %   die Stärke der sozialistischen Länder,
     0,9 %   die Stärke der kapitalistischen Länder und
    40,1 %   weil beide Seiten gleich stark sind.

81,8 % meinen, daß die völkerrechtliche Anerkennung der DDR durch weitere Staaten für die Erhaltung des Friedens auf deutschem Boden und in Europa notwendig ist.

## 3. Einschätzung des Imperialismus

Ob die Feststellung im Hauptdokument der Moskauer Beratung, daß der Imperialismus nicht vermochte, das allgemeine Kräfteverhältnis durch Gegenstöße zu seinen Gunsten zu verändern, richtig sei, bejahten 65,2 %; mit "Nein" antworteten 5,3 %, während die Antwort "ich weiß es nicht" von 26,5 % gegeben wurde.
Von 72,5 % wird der westdeutsche Imperialismus als der Hauptherd der Kriegsgefahr in Europa bezeichnet, 21,7 % verneinen diese Feststellung.

bestätigt

Karl Maron
Leiter des Instituts

Verteiler:

Ormig-Platten + 1/D
an Büro Lamberz

## Inhaltsverzeichnis

| | | Seite |
|---|---|---|
| Teil I | Kurzanalyse | 2 - 7 |
| Teil II | Statistische Angaben | 8 - 11 |
| Teil III | Angaben über Bezirke, Geschlecht, Alter, Tätigkeit und Schulbildung | |

werden, weil sehr umfangreich, nicht automatisch mitgeliefert.
Sie können von interessierten Bezugsberechtigten angefordert werden.

## Teil I: Kurzanalyse

Um eine vergleichende Zusammenfassung beider Umfragen zu geben, wurden in der Analyse die Ergebnisse der Territorialumfrage mit 52,9 % zurückgegebenen und auswertbaren Fragebogen (T), der Betriebsumfrage mit 93,4 % zurückgegebenen und auswertbaren Fragebogen (B) und die aus beiden Umfragen ermittelten Durchschnittsergebnisse (D) aufgeführt.

**Frage 1:** Vom 5. bis 17. Juni 1969 fand in Moskau eine internationale Beratung der kommunistischen und Arbeiterparteien statt.
Verfolgten Sie die Meldungen über diese Beratung

|  | T % | B % | D % |
|---|---|---|---|
| – mit großem Interesse | 36,1 | 23,7 | 29,8 |
| – mit mittlerem Interesse | 40,3 | 41,0 | 40,7 |
| – mit geringem Interesse | 14,4 | 21,0 | 17,7 |
| – gar nicht | 8,3 | 12,6 | 10,5 |
| – ohne Angaben | 0,9 | 1,7 | 1,3 |

**Frage 2:** Presse, Rundfunk und Fernsehen informierten über den Inhalt und den Verlauf der Weltberatung. Waren Ihrer Meinung nach diese Informationen

|  | T % | B % | D % |
|---|---|---|---|
| – ausreichend | 83,5 | 73,9 | 78,6 |
| – nicht ausreichend | 11,5 | 17,2 | 14,4 |
| – ohne Angaben | 5,0 | 8,9 | 7,0 |

**Frage 3:** Im Hauptdokument der Moskauer Beratung befindet sich die folgende Feststellung: "Die internationale revolutionäre Bewegung setzt ihre Offensive fort, trotz Schwierigkeiten und Mißerfolgen einzelner ihrer Abteilungen. Der Imperialismus vermochte nicht, das allgemeine Kräfteverhältnis durch Gegenstöße zu seinen Gunsten zu verändern". Halten Sie diese Feststellung für richtig?

|  | T % | B % | D % |
|---|---|---|---|
| – ja | 69,7 | 60,9 | 65,2 |
| – nein | 4,5 | 6,9 | 5,7 |
| – ich weiß es nicht | 24,2 | 28,7 | 26,5 |
| – ohne Angaben | 1,6 | 3,5 | 2,6 |

**Frage 4:** Halten Sie die Einschätzung für zutreffend, daß der westdeutsche Imperialismus der Hauptherd der Kriegsgefahr im Herzen Europas ist?

|  | T % | B % | D % |
|---|---|---|---|
| – ja | 79,5 | 65,7 | 72,5 |
| – nein | 16,1 | 27,0 | 21,7 |
| – ohne Angaben | 4,4 | 7,3 | 5,8 |

**Frage 5:** Sehen Sie in den Ergebnissen der Moskauer Beratung einen Erfolg für die Einheit und den Zusammenschluß der kommunistischen und Arbeiterbewegung und der revolutionären Kräfte in der Welt?

|  | T % | B % | D % |
|---|---|---|---|
| – ja | 67,5 | 56,5 | 61,9 |
| – nein | 5,0 | 8,2 | 6,6 |
| – das kann ich nicht beurteilen | 26,2 | 33,0 | 29,7 |
| – ohne Angaben | 1,3 | 2,3 | 1,8 |

**Frage 6:** Glauben Sie, daß die offene Darlegung unterschiedlicher Auffassungen zu einigen grundsätzlichen Fragen die Einheit der kommunistischen und Arbeiterbewegung geschwächt hat, oder ist es ein Zeichen ihrer Stärke, wenn Meinungsverschiedenheiten offen behandelt werden?

|  | T % | B % | D % |
|---|---|---|---|
| – das schwächt die Einheit der kommunistischen und Arbeiterbewegung | 5,0 | 7,9 | 6,6 |
| – das ist ein Zeichen der Stärke der kommunistischen und Arbeiterbewegung | 76,2 | 64,2 | 70,0 |
| – das kann ich nicht beurteilen | 17,7 | 24,6 | 21,2 |
| – ohne Angaben | 1,1 | 3,3 | 2,2 |

**Frage 7:** Sind Sie der Meinung, daß die KPdSU und die Sowjetunion die führende und einigende Kraft der revolutionären Weltbewegung sind?

|  | T % | B % | D % |
|---|---|---|---|
| – ja | 89,5 | 78,6 | 84,0 |
| – nein | 7,5 | 13,9 | 10,7 |
| – ohne Angaben | 3,0 | 7,5 | 5,3 |

**Frage 8:** Glauben Sie, daß die völkerrechtliche Anerkennung der DDR durch weitere Staaten für die Erhaltung des Friedens auf deutschem Boden und in Europa notwendig ist?

|  | T % | B % | D % |
|---|---|---|---|
| – ja | 87,3 | 76,5 | 81,8 |
| – nein | 10,4 | 17,4 | 14,0 |
| – ohne Angaben | 2,3 | 6,1 | 4,2 |

**Frage 9:** In verschiedenen kapitalistischen Ländern entwickelt sich immer stärker die Volksbewegung für die Anerkennung der DDR. Sehen Sie darin eine entscheidende Kraft, die die Regierungen dieser Länder zur völkerrechtlichen Anerkennung der DDR veranlassen wird?

|  | T % | B % | D % |
|---|---|---|---|
| – ja | 73,4 | 62,0 | 67,6 |
| – nein | 7,3 | 13,0 | 10,2 |
| – das kann ich nicht beurteilen | 18,3 | 22,3 | 20,4 |
| – ohne Angaben | 1,0 | 2,7 | 1,8 |

Frage 10: Auf der Beratung in Moskau haben sich die Vertreter verschiedener Bruderparteien mit der Politik der Mao-Tse-tung-Gruppe auseinandergesetzt. Ist Ihrer Meinung nach die Politik der Mao-Tse-tung-Gruppe eine aktive Unterstützung der aggressiven Politik des Imperialismus und damit eine Gefahr für das sozialistische Weltsystem?

|  | T % | B % | D % |
|---|---|---|---|
| - ja | 76,8 | 68,7 | 72,7 |
| - nein | 14,7 | 18,8 | 16,8 |
| - ohne Angaben | 8,5 | 12,5 | 10,5 |

Frage 11: Auf der Beratung wurde betont, daß die Verteidigung des Sozialismus die internationale Pflicht aller Kommunisten ist.
Sind Sie der gleichen Ansicht?

|  | T % | B % | D % |
|---|---|---|---|
| - ja | 90,4 | 83,5 | 86,9 |
| - nein | 6,1 | 9,4 | 7,8 |
| - ohne Angaben | 3,5 | 7,1 | 5,3 |

Frage 12: Es wurde erklärt, daß durch die vereinten Bemühungen der sozialistischen Länder, der internationalen Arbeiterklasse und aller anderen Friedenskräfte in der Welt ein neuer Weltkrieg verhindert werden kann. Wie ist Ihre Meinung dazu?

|  | T % | B % | D % |
|---|---|---|---|
| - ein neuer Weltkrieg kann verhindert werden | 87,2 | 81,5 | 84,3 |
| - ein neuer Weltkrieg kann nicht verhindert werden | 2,0 | 2,6 | 2,3 |
| - das kann ich nicht beurteilen | 10,4 | 14,0 | 12,2 |
| - ohne Angaben | 0,4 | 1,9 | 1,2 |

**Frage 13:** Sind Sie der Meinung, daß die DDR mit allen Mitteln, selbst mit Waffengewalt, verteidigt werden muß, wenn sie bedroht wird?

|  | T % | B % | D % |
|---|---|---|---|
| – ja | 67,3 | 53,4 | 60,3 |
| – nein | 7,8 | 13,0 | 10,4 |
| – ich möchte mich dazu nicht äußern | 22,6 | 30,3 | 26,5 |
| – ohne Angaben | 2,3 | 3,3 | 2,8 |

**Frage 14:** Bisher konnte der Frieden in Europa erhalten werden. Was war Ihrer Meinung nach die Ursache dafür?

|  | T % | B % | D % |
|---|---|---|---|
| – die Stärke der sozialistischen Länder | 64,9 | 48,5 | 56,6 |
| – die Stärke der kapitalistischen Länder | 0,6 | 1,2 | 0,9 |
| – weil beide Seiten gleich stark sind | 32,9 | 47,1 | 40,1 |
| – ohne Angaben | 1,6 | 3,2 | 2,4 |

## Teil II: Statistische Angaben

### 1. Gesamtübersicht

a) <u>Territorialumfrage</u>

| | | |
|---|---|---|
| Anzahl der ausgegebenen Fragebogen | 3.725 = | 100 % |
| Anzahl der zurückgegebenen und auswertbaren Fragebogen | 1.971 = | 52,9 % |

b) <u>Betriebsumfrage</u>

| | | |
|---|---|---|
| Anzahl der ausgegebenen Fragebogen | 2.181 = | 100 % |
| Anzahl der auswertbaren Fragebogen | 2.038 = | 93,4 % |

### 2. Geschlecht

a) <u>Territorialumfrage</u>

| | | |
|---|---|---|
| Männer | 1.006 = | 51,0 % |
| Frauen | 950 = | 48,2 % |
| ohne Angaben | 15 = | 0,8 % |
| | 1.971 | |

b) <u>Betriebsumfrage</u>

| | | |
|---|---|---|
| Männer | 1.304 = | 64,0 % |
| Frauen | 712 = | 34,9 % |
| ohne Angaben | 22 = | 1,1 % |
| | 2.038 | |

### 3. Alter

a) <u>Territorialumfrage</u>

| | | |
|---|---|---|
| bis 24 Jahre | 194 = | 9,8 % |
| 25 - 29 Jahre | 259 = | 13,1 % |
| 30 - 39 Jahre | 576 = | 29,3 % |
| 40 - 49 Jahre | 476 = | 24,2 % |
| 50 - 59 Jahre | 318 = | 16,1 % |
| 60 Jahre und älter | 140 = | 7,1 % |
| ohne Angaben | 8 = | 0,4 % |
| | 1.971 | |

- 9 -

b) **Betriebsumfrage**

| | | | |
|---|---|---|---|
| bis 24 Jahre | 466 | = | 22,9 % |
| 25 - 29 Jahre | 463 | = | 22,7 % |
| 30 - 39 Jahre | 490 | = | 24,0 % |
| 40 - 49 Jahre | 313 | = | 15,4 % |
| 50 - 59 Jahre | 153 | = | 7,5 % |
| 60 Jahre und älter | 121 | = | 5,9 % |
| ohne Angaben | 32 | = | 1,6 % |
| | 2.038 | | |

4. **Tätigkeit**

a) **Territorialumfrage**

| | | | |
|---|---|---|---|
| Arbeiter (auch Facharbeiter) | 766 | = | 38,9 % |
| Angestellte | 450 | = | 22,8 % |
| Angehörige der Intelligenz | 198 | = | 10,0 % |
| in der Landwirtschaft beschäftigt | 145 | = | 7,4 % |
| selbständige Handwerker / Gewerbetreibende | 30 | = | 1,5 % |
| Hausfrauen | 246 | = | 12,5 % |
| Rentner | 80 | = | 4,1 % |
| Studenten / Lehrlinge / Schüler | 26 | = | 1,3 % |
| Sonstige | 21 | = | 1,1 % |
| ohne Angaben | 9 | = | 0,4 % |
| | 1.971 | | |

b) **Betriebsumfrage**

| | | | |
|---|---|---|---|
| Arbeiter | 1.105 | = | 54,2 % |
| Angestellte | 512 | = | 25,1 % |
| Intelligenz | 290 | = | 14,2 % |
| Lehrlinge | 95 | = | 4,7 % |
| ohne Angaben | 36 | = | 1,8 % |
| | 2.038 | | |

## 5. Schulbildung

### a) Territorialumfrage

| | | | |
|---|---:|---|---:|
| Volks- bzw. Grundschule bis zur 8. Klasse | 1.262 | = | 64,0 % |
| bis zur 10. Klasse | 241 | = | 12,2 % |
| Abitur | 38 | = | 1,9 % |
| Fachschule (keine Kurzlehrgänge) mit Abschluß | 319 | = | 16,2 % |
| Hochschule bzw. Universität mit Abschluß | 100 | = | 5,1 % |
| ohne Angaben | 11 | = | 0,6 % |
| | 1.971 | | |

### b) Betriebsumfrage

| | | | |
|---|---:|---|---:|
| Volks- bzw. Grundschule bis zur 8. Klasse | 990 | = | 48,6 % |
| bis zur 10. Klasse | 475 | = | 23,3 % |
| Abitur | 98 | = | 4,8 % |
| Fachschule mit Abschluß | 361 | = | 17,7 % |
| Hochschule bzw. Universität mit Abschluß | 92 | = | 4,5 % |
| ohne Angaben | 22 | = | 1,1 % |
| | 2.038 | | |

### 6 a) Übersicht über die einzelnen Bezirke

| | auswertbare Fragebogen |
|---|---|
| Rostock | 222 |
| Neubrandenburg | 161 |
| Cottbus | 206 |
| Magdeburg | 306 |
| Leipzig | 299 |
| Erfurt | 256 |
| Karl-Marx-Stadt | 521 |
| | 1.971 |

### 6 b) Übersicht über die einzelnen Betriebe

| | auswertbare Fragebogen |
|---|---|
| VEB Fotochemische Werke Berlin-Köpenick | 157 |
| VEB Berliner Werkzeugmaschinenfabrik | 191 |
| VEB Schmierstoffkombinat Zeitz | 180 |
| VEB Starkstromanlagenbau Erfurt | 191 |
| VEB RFT Fernmeldewerk Arnstadt | 180 |
| VEB Werkzeugfabrik Königsee | 190 |
| VEB Robotron Radeberg | 182 |
| VEB Druckmaschinenwerk Planeta, Radebeul | 193 |
| VEB Kraftwerk Lübbenau | 190 |
| VEB Barkas-Werke Karl-Marx-Stadt | 188 |
| VEB Starkstromanlagenbau Karl-Marx-Stadt | 196 |
| | 2.038 |

Dokument XIV

Über die Entwicklung von Meinungen der
DDR-Bürger zu einigen Grundfragen unserer Politik
(Zeitraum 1971–1974)

Werner Lamberz                    Berlin, den 8. Januar 1976

An die Mitglieder und Kandidaten
des Politbüros
_____

Werte Genossen!

Beiliegend übermitteln wir eine Zusammenfassung von
Meinungsumfragen, die im Zeitraum von 1971 - 75
vom Institut für Meinungsforschung zu einigen Grundfragen unserer Politik durchgeführt wurden.

Diese Zusammenfassung gibt einen interessanten Überblick zur Haltung der befragten Bürger unseres Landes
zu wichtigen innen- und außenpolitischen Problemen.

                        Mit sozialistischem Gruß

                        /W. Lamberz/
Anlage

Institut für Meinungsforschung
beim ZK der SED

Über die Entwicklung von Meinungen der DDR-Bürger zu einigen
Grundfragen unserer Politik (Zeitraum 1971 - 1975)
===============================================================

Die erfolgreiche Politik unserer Partei seit dem VIII. Parteitag hat sich auf die Bewußtseinsentwicklung der Bevölkerung deutlich positiv ausgewirkt. Das läßt sich auch an Umfrageergebnissen nachweisen, die seit 1971 in der Gesamtbevölkerung sowie in verschiedenen Gruppen der Bevölkerung gewonnen wurden. Die vorliegende Analyse untersucht die Meinungen zu einigen Grundfragen unserer Politik. Die Fragen wurden in der Formulierung über Jahre hinweg in die verschiedenen Umfragen aufgenommen.

<u>Die Meinung, daß sich das internationale Kräfteverhältnis in den letzten Jahren zugunsten des Sozialismus entwickelt hat, ist noch ausgeprägter geworden.</u>

Die Erkenntnis von der zunehmenden Stärke des Sozialismus, von seiner Überlegenheit, ist eine wichtige Voraussetzung für das bewußtere Handeln des Bürgers.

Seit mehreren Jahren wird folgende Frage in verschiedenen Umfragen aufgenommen.
> "Wie beurteilen Sie insgesamt die Entwicklung des Kräfteverhältnisses zwischen dem sozialistischen Weltsystem und dem kapitalistischen Weltsystem in den letzten Jahren?"

Vergleicht man die Ergebnisse aus repräsentativen Bevölkerungsumfragen, so zeigt sich folgende Entwicklung:

Für die Antwortvorgabe
> "das Kräfteverhältnis entwickelte sich zugunsten des sozialistischen Weltsystems"

entschieden sich
        1971 = 81 Prozent
        1975 = 85 Prozent + 4 Prozent

Diese Aufwärtstendenz ist bei sozialen Gruppen aus den Bevölkerungsumfragen vorhanden, aber auch bei gesondert befragten Gruppen. Die folgende Übersicht macht das deutlich.

|  | soziale Gruppen | | |
|---|---|---|---|
|  | 1971 | 1975 |  |
| Arbeiter | 77 | 83 | + 6 Prozent |
| Angestellte | 87 | 89 | + 2 Prozent |

|  | gesondert befragte Gruppen | | |
|---|---|---|---|
|  | 1971 | 1975 |  |
| Männer von 30 - 45 Jahren | 74 | 80 | + 6 Prozent |
| Wehrpflichtige | 73 | 78 | + 5 Prozent |
| Reservisten | 83 | 87 | + 4 Prozent |

Auch die Untersuchung der Antworten auf die Frage

"Was hat bisher hauptsächlich dazu beigetragen, daß in Europa der Frieden erhalten wurde?"

bestätigt, daß sich die Meinung von der wachsenden Stärke des Sozialismus in der Bevölkerung weiter gefestigt hat.

Für die Antwortvorgabe

"die Stärke der sozialistischen Länder"

entschieden sich

    1971 = 73 Prozent
    1975 = 78 Prozent + 5 Prozent

Nach sozialen Gruppen ergab sich folgendes Bild:

|  | 1971 | 1975 |  |
|---|---|---|---|
| Arbeiter | 67 | 75 | + 8 Prozent |
| Angestellte | 72 | 86 | + 14 Prozent |
| Intelligenz | 77 | 78 | + 1 Prozent |

Dabei kann nicht übersehen werden, daß sich bei einer Befragung von männlichen Werktätigen in der Industrie (Alter 30 - 45 Jahre) nur 60 Prozent für diese Antwortvorgabe entschieden. Das sind zwar ebenfalls 3 Prozent mehr als 1971 (= 57 Prozent), aber die Tatsache, daß es sich bei dieser Altersgruppe um eine der wichtigsten in Großbetrieben handelt, sollte zu denken geben.

Die erwähnte positive Entwicklung der Meinungen zu diesem Thema wird schließlich auch durch die Antworten auf die Frage

> "Was halten Sie von der Feststellung, daß die weitere Entwicklung in der Welt in entscheidendem Maße vom Sozialismus bestimmt wird?"

bestätigt. Hier liegen zwar keine vergleichbaren Ergebnisse über die Jahre 1971 - 1975 vor. Doch Befragungen von <u>Einzelgruppen</u>, die in den Jahren 1974 und 1975 durchgeführt wurden, sagen aus, daß die Überzeugung von der wachsenden Stärke des Sozialismus in allen Teilen der Bevölkerung weiter gewachsen ist.

Für die Antwortvorgabe "sie ist richtig" entschieden sich

| | |
|---|---|
| parteilose Werktätige aus Industriebetrieben | 83 Prozent |
| ingenieurtechnisches Personal aus Betrieben | 82 Prozent |
| mittleres medizinisches Personal | 79 Prozent |

Lediglich in der Bauindustrie wurde diese Vorgabe nur von 66 Prozent der Befragten angekreuzt. Allerdings war hier der Anteil derjenigen, die auf die Antwort "kann ich nicht beurteilen" auswichen, mit 19 Prozent ungewöhnlich hoch.

Auf Fragen, die sich <u>allgemein</u> nach der Überlegenheit des Sozialismus und seiner wachsenden Stärke erkundigen, gibt der Befragte seinen Gesamteindruck wieder. Die Ergebnisse können nichts darüber aussagen, wie der Befragte über konkrete Bereiche der gesellschaftlichen Entwicklung denkt. Angaben über solche konkreten Bereiche können jedoch Auskunft geben, warum eine immer größere Mehrheit die Überlegenheit des Sozialismus in seiner Gesamtheit anerkennt.

Eine von uns seit Jahren gestellte entsprechende Frage wollte wissen, ob der Sozialismus bzw. der Kapitalismus auf militärischem, technischem, wissenschaftlichem, kulturellem, wirtschaftlichem und sozialem Gebiet überlegen ist.

Die Untersuchung der Antwort zu dieser Frage zeigte zunächst, daß sich in der Beurteilung einzelner Gebiete im Zeitraum von 1971 - 1975 kaum Veränderungen vollzogen haben. Von den Befragten (Bevölkerungsumfrage) kreuzten die Vorgabe "sozialistische Länder überlegen" an:

|  | 1971 | 1975 |  |
|---|---|---|---|
| auf militärischem Gebiet | 49 | 50 | Prozent |
| auf technischem Gebiet | 22 | 21 | Prozent |
| auf wissenschaftlichem Gebiet | 43 | 39 | Prozent |
| auf kulturellem Gebiet | 77 | 77 | Prozent |
| auf sozialem Gebiet | 90 | 94 | Prozent |

Eine entscheidende Veränderung vollzog sich jedoch in diesem Zeitraum bei der Beurteilung der wirtschaftlichen Stärke des Sozialismus. Waren 1971 nur 32 Prozent der Befragten der Ansicht, der Sozialismus sei wirtschaftlich überlegen, so stieg diese Zahl 1975 auf 53 Prozent an.

Im gleichen Maße sank die Zahl derjenigen, die der Meinung waren, der Kapitalismus sei wirtschaftlich stärker von 43 (1971) auf 24 Prozent im Jahre 1975.

Diese einschneidende Veränderung der Meinung ist - wie die nachstehenden Zahlen beweisen - nicht auf eine Gruppe beschränkt, sie ist für alle Gruppen charakteristisch:

Die <u>wirtschaftliche</u> Überlegenheit des Sozialismus erkannten an:

|  | 1971 | 1975 | | |
|---|---|---|---|---|
| Arbeiter | 33 | 50 | + 17 | Prozent |
| Angestellte | 32 | 59 | + 27 | Prozent |
| Angehörige der Intelligenz | 27 | 52 | + 25 | Prozent |

Bei den wichtigsten Altersgruppen sah es folgendermaßen aus:

|  | 1971 | 1975 | | |
|---|---|---|---|---|
| 25 - 29 Jahre | 28 | 49 | + 21 | Prozent |
| 30 - 39 Jahre | 29 | 50 | + 21 | Prozent |
| 40 - 49 Jahre | 33 | 54 | + 21 | Prozent |

Nach der Schulbildung untersucht, zeigt sich folgendes Bild:

|  | 1971 | 1975 | | |
|---|---|---|---|---|
| 8. Klasse | 32 | 50 | + 18 | Prozent |
| 10. Klasse | 36 | 56 | + 20 | Prozent |
| Fachschule | 33 | 55 | + 22 | Prozent |
| Hochschule | 27 | 54 | + 27 | Prozent |

Die bemerkenswert veränderte Beurteilung der wirtschaftlichen Entwicklung des Sozialismus ist mit hoher Wahrscheinlichkeit darauf zurückzuführen, daß

1. die Auswirkungen der Wirtschafts- und Sozialpolitik, wie sie der VIII. Parteitag beschlossen hat, für alle Werktätigen spürbar geworden sind

/6

2. den Bürgern auf Grund der Krisenerscheinungen in den kapitalistischen Ländern (Inflation, Produktionsrückgang, Arbeitslosigkeit) die stabile und solide Entwicklung unserer Wirtschaft noch bewußter geworden ist.

Im Gegensatz zur deutlichen Verschiebung des Meinungsbildes auf wirtschaftlichem Gebiet steht die seit 1971 fast unveränderte Beurteilung der anderen Gebiete. Danach gibt es eindeutige Aussagen für die Gebiete "sozial" und "kulturell". Besonders auf sozialem Gebiet war und ist das Urteil einhellig. Der Anteil, der die Meinung vertritt, der Sozialismus sei auf diesem Gebiet überlegen, hat sogar noch eine Steigerung von 90 (1971) auf 94 Prozent (1975) erfahren.

Bei der Beurteilung solcher Gebiete wie Technik und Wissenschaft ist dagegen nach wie vor festzustellen, daß unverändert ein großer Teil der Bevölkerung den Kapitalismus für überlegen hält.
Das ist besonders bei der Antwortvorgabe "auf technischem Gebiet" der Fall.

Die Verteilung der Meinungen sah hier folgendermaßen aus:

|  | 1971 | 1975 |  |
|---|---|---|---|
| Sozialismus überlegen | 22 | 21 | Prozent |
| Kapitalismus überlegen | 36 | 35 | Prozent |
| beide gleich | 24 | 26 | Prozent |

Während die Meinung bei Arbeitern den Durchschnittswerten entspricht, **wird die Ansicht, der Kapitalismus sei auf technischem Gebiet überlegen, am stärksten von Angehörigen der Intelligenz vertreten.**

|  | 1971 | 1975 |  |
|---|---|---|---|
| Sozialismus überlegen | 14 | 16 | Prozent |
| Kapitalismus überlegen | 50 | 48 | Prozent |
| beide gleich | 28 | 28 | Prozent |

In einer Umfrage, die Ende 1975 u.a. bei <u>Mitarbeitern der Akademie der Wissenschaften</u> durchgeführt wurde, war das Urteil noch negativer. Diese Befragten meinten:

| | |
|---|---|
| Sozialismus überlegen | 2 Prozent |
| Kapitalismus überlegen | 76 Prozent |
| beide gleich | 15 Prozent |

Das Urteil über die militärische Stärke ist ebenfalls konstant geblieben. Hier gibt es zwar - wie die nachstehende Tabelle zeigt - ein klares Votum für die Überlegenheit des Sozialismus, aber die Ansicht vom <u>Gleichgewicht der Kräfte vertritt immerhin noch fast jeder Dritte</u> (diese Größenordnung ist etwa in jeder Gruppe zu finden).

| | 1971 | 1975 | |
|---|---|---|---|
| Sozialismus überlegen | 49 | 50 | Prozent |
| Kapitalismus überlegen | 1 | 1 | Prozent |
| beide gleich | 31 | 29 | Prozent |

Insgesamt kann zu den Ergebnissen dieser detaillierten Frage festgestellt werden:

1. Die Wirksamkeit unserer Politik, die erfolgreiche Entwicklung, die eindrucksvollen Siege des Sozialismus haben zweifellos in der Bevölkerung die Gewißheit von der Überlegenheit des Sozialismus beträchtlich verstärkt. Das wird besonders im Urteil über die wirtschaftliche und soziale Entwicklung bei uns sichtbar.

2. Andererseits ist es auf verschiedenen Gebieten kaum oder gar nicht zu Veränderungen im Meinungsbild gekommen. Nach wie vor werden z.B. Technik und Wissenschaft im Kapitalismus stark überschätzt. Es ist sicher erforderlich, in Agitation und Propaganda, durch die Massen-

medien noch überzeugender die Vorzüge des Sozialismus und seine Entwicklung auf allen Gebieten darzulegen. Es erscheint auch notwendig, der Meinung vom "Gleichgewicht der Kräfte" auf militärischem Gebiet energischer entgegenzutreten.

3. Bemerkenswert ist die Tatsache, daß es zwar bei Arbeitern eine deutliche Zunahme der Meinung von der Überlegenheit des Sozialismus gibt, daß andererseits aber andere Gruppen (Angestellte, Intelligenz) immer noch höhere Werte erreichen.
Die Untersuchung der wichtigsten sozialen Gruppen zeigt zugleich, daß Arbeiter am meisten die Antwortvorgabe "ich kann es nicht beurteilen" ankreuzen.

## Die Überzeugung "die DDR ist unser Staat" ist kontinuierlich gewachsen, ebenso wie die Bereitschaft, die DDR allseitig zu stärken und zu verteidigen

Die wachsende Erkenntnis von der Überlegenheit des Sozialismus ist im engen Zusammenhang mit der positiveren Einschätzung der sozialistischen Gegenwart zu sehen, in der die Befragten leben.
Abzulesen ist diese Einschätzung u.a. an den Ergebnissen der Frage:

> "Wenn Sie die gesellschaftlichen Verhältnisse in beiden deutschen Staaten vergleichen, welchen gesellschaftlichen Verhältnissen würden Sie den Vorzug geben?"

Vergleichbare Betriebsumfragen in den Jahren von 1968 - 1973 zeigen diese Entwicklung:

|  | 1968 | 1970 | 1973 |  |
|---|---|---|---|---|
| - den gesellschaftlichen Verhältnissen in der DDR | 65 | 68 | 72 | + 7 Prozent |
| - den gesellschaftlichen Verhältnissen in der BRD | 4 | 7 | 6 | + 2 Prozent |
| - das kann ich nicht beurteilen | 25 | 22 | 16 | - 9 Prozent |

Bemerkenswert ist dabei die Tatsache, daß der Anteil derjenigen, die kein Urteil abgeben wollten oder konnten, um 9 Prozent zurückgegangen ist. Jedoch wichen immerhin noch 20 Prozent der befragten Arbeiter auf diese Antwortmöglichkeit aus.

Bei der Antwortvorgabe "gesellschaftliche Verhältnisse in der DDR" veränderten sich die Werte in den sozialen Gruppen folgendermaßen:

|  | 1968 | 1970 | 1973 |  |
|---|---|---|---|---|
| Arbeiter | 60 | 62 | 65 | + 5 Prozent |
| Angestellte | 79 | 76 | 76 | - 3 Prozent |
| Angehörige der Intelligenz | 74 | 82 | 84 | +10 Prozent |

Ein Ausdruck des sich entwickelnden Staatsbewußtseins ist die zunehmende <u>Bereitschaft</u>, die DDR allseitig zu stärken und zu verteidigen.
Deutlich zeigt sich das an den Ergebnissen zur Frage:

"Sind Sie der Meinung, daß die Errungenschaften der DDR mit allen Mitteln, selbst mit Waffengewalt, verteidigt werden müssen, wenn sie bedroht werden?"

Diese Frage verlangt vom Befragten eine wichtige Entscheidung, sie läßt ihm aber auch mit der Vorgabe "ich möchte mich dazu nicht äußern" die Möglichkeit, dieser Entscheidung auszuweichen.

So entwickelte sich die Meinung zu dieser Frage seit 1968!

|  | 1968 | 1969 | 1970 | 1973 | 1975 |  |
|---|---|---|---|---|---|---|
| - ja | 63 | 67 | 75 | 81 | 83 | + 20 Prozent |
| - nein | 10 | 8 | 6 | 6 | 4 |  |
| - ich möchte mich dazu nicht äußern | 22 | 23 | 14 | 12 | 11 |  |

Zweifellos ist es als außerordentlich positiv zu werten, daß eine immer größer werdende Mehrheit in einer solch entscheidenden Frage klare Stellung bezieht.
Auch Betriebsumfragen aus den vergangenen Jahren zeigen diese interessante positive Entwicklung:

|  | 1968 | 1970 | 1972 | 1975 |  |
|---|---|---|---|---|---|
| - ja | 50 | 49 | 55 | 73 | + 23 Prozent |
| - nein | 16 | 16 | 16 | 8 |  |
| - ich möchte mich dazu nicht äußern | 29 | 27 | 24 | 18 |  |

Alle bisher angeführten Umfrageergebnisse stützen die Tatsache, daß die Bevölkerung in den letzten Jahren zu Grundfragen unserer Politik eine immer klarere Haltung einnimmt.

Zu diesen Grundüberzeugungen gehört auch eine fundierte antiimperialistische Haltung. Daß sie in unserer Bevölkerung vorhanden ist, wird bei jeder Frage deutlich, die nach der Einschätzung des Imperialismus forscht. Das wird auch durch die angeführten Ergebnisse zur Frage nach den gesellschaftlichen Verhältnissen unterstrichen. Während sich jedoch die Ergebnisse zu diesen Grundfragen kontinuierlich positiv entwickelten, machten sich bei Einschätzungen der Entwicklung in der BRD Unsicherheiten und Schwankungen bemerkbar. Besonders deutlich wurde das, seitdem die SPD/FDP-Regierung im Amt ist. Mit dem Regierungswechsel und vor allem dann in der Zeit der Vertragsabschlüsse <u>waren in der Bevölkerung Illusionen über die Bonner Regierung und ihre Politik entstanden</u>, die erst in der Periode 1974/1975 wieder teilweise beseitigt wurden. Wie stark die Illusionen waren, zeigen die Antworten auf die Frage

"Wie beurteilen Sie die jetzige Politik der Regierung der BRD?"

Die Antwortvorgabe "es ist eine Politik der Entspannung und Friedenssicherung, die eine Verständigung mit den sozialistischen Ländern anstrebt", kreuzten an:

| 1971 | 1973 | 1975 | |
|---|---|---|---|
| 27 | 32 | 12 | Prozent |

<u>Daß im Jahre 1973 der Höhepunkt der Illusionen erreicht war</u>, beweisen auch die Umfrageergebnisse, die wir auf folgende Frage erhielten:

"Wenn Sie die Politik der Regierung der BRD einschätzen, halten Sie es dann für erforderlich, die Verteidigungskraft der DDR zu erhöhen?"

| | 1970 | 1971 | 1973 | 1975 | |
|---|---|---|---|---|---|
| - ja | 44 | 45 | 37 | 53 | Prozent |
| - nein | 29 | 38 | 48 | 26 | Prozent |

Untersucht man die "ja" - Ergebnisse nach sozialen
Gruppen so zeigte sich dieses Bild:

|              | 1970 | 1971 | 1973 | 1975 |         |
|--------------|------|------|------|------|---------|
| Arbeiter     | 41   | 37   | 29   | 48   | Prozent |
| Angestellte  | 49   | 51   | 42   | 58   | Prozent |
| Intelligenz  | 53   | 63   | 48   | 64   | Prozent *|

Die Untersuchung zeigte, daß bei dieser Frage wie bei
anderen Fragen auch die Schulbildung gewissen Einfluß
auf die Beantwortung hat.
Generell gesehen liegen Befragte, die nur 8 Klassen absolviert haben, mit ihren Urteilen unter den Durchschnittswerten, haben allerdings dann auch bei der Vorgabe "kann ich nicht beurteilen" die höchste Quote. Diese generelle Feststellung trifft auch auf das Ergebnis der Frage nach der Notwendigkeit der Erhöhung der Verteidigungskraft der DDR zu. Es antworteten mit "ja"

|                              | 1971 | 1975 |              |
|------------------------------|------|------|--------------|
| bis zur 8. Klasse            | 39   | 48   | + 9 Prozent  |
| bis zur 10. Klasse           | 52   | 55   | + 3 Prozent  |
| Fachschule                   | 50   | 56   | + 6 Prozent  |
| Hochschule bzw. Universität  | 70   | 64   | - 6 Prozent  |

Allerdings zeigte sich auch, daß die Gruppe "Schulbildung
8. Klasse" im Zeitraum 1971 - 1975 die größte Zuwachsquote hatte.
Dagegen zeigt sich bei der Gruppe derjenigen, die eine
<u>Hochschul- bzw. Universitätsausbildung</u> absolviert haben,
zwar die höchste positive Aussage, jedoch nach dem bedeutenden negativen Einschnitt im Jahre 1973 (von 70 auf
48 Prozent) ist 1975 das <u>positive Ergebnis von 1971 noch
nicht wieder erreicht.</u>

\* siehe dazu auch Diagramm Anlage I, II und III

Insgesamt kann zu den Ergebnissen dieser Fragen gesagt werden:
1. Das Staatsbewußtsein des Bürgers der DDR hat sich weiter gestärkt. Gleichzeitig ist der Wille deutlicher geworden, die DDR zu verteidigen. Dazu haben zweifellos die für alle sichtbaren Erfolge in der Innen- und Außenpolitik beigetragen.
2. Die Tatsache, daß es so starke Schwankungen in der Einschätzung der Politik der BRD-Regierung gab, beweist, daß es bei einem großen Teil der Bevölkerung nur ungenügende Klarheit über den Klassencharakter der Bonner Politik gibt.

## Die Meinung, daß die enge Verbundenheit mit der Sowjetunion und den anderen Mitgliedern der sozialistischen Staatengemeinschaft den Lebensinteressen der Bürger der DDR entspricht, hat sich weiter verstärkt

Das Verhältnis des DDR-Bürgers zur Sowjetunion wird immer mehr von der Erkenntnis bestimmt, daß die Freundschaft und die enge Zusammenarbeit mit der Sowjetunion ein Garant für den erfolgreichen Aufbau des Sozialismus ist.

In den vergangenen Jahren war von uns vor allem beobachtet worden, wie sich die Befragten zur Verbundenheit mit der Sowjetunion auf militärischem Gebiet äußerten. Bei der Frage nach den Gründen für die Verbundenheit und Waffenbrüderschaft mit der Sowjetunion und den anderen Mitgliedern der sozialistischen Staatengemeinschaft waren u.a. die Antworten vorgegeben worden:

a) weil durch das kollektive Verteidigungsbündnis Frieden und Sicherheit für die DDR zuverlässig geschützt sind und

b) weil die Klassenposition unseres sozialistischen Staates und der Internationalismus die militärische Verbundenheit einschließen.

Bei beiden Antwortvorgaben gab es im Zeitraum 1971 - 1975 eine positive Entwicklung der zustimmenden Meinungen

|   | 1971 | 1975 |   |
|---|---|---|---|
| Antwortvorgabe a) | 78 | 84 | + 6 Prozent |
| Antwortvorgabe b) | 68 | 73 | + 5 Prozent |

Daß sich diese Haltung jedoch durchaus nicht nur auf die militärische Verbundenheit beschränkt, zeigen die Ergebnisse auf nachstehende Frage, die im Verlaufe der Jahre 1974/75 an die verschiedenen Gruppen gestellt wurde.
Die Frage lautete:
> "Die Zusammenarbeit der DDR mit der Sowjetunion und den anderen sozialistischen Ländern hat sich in den letzten Jahren auf allen Gebieten vertieft. Entspricht diese enge Zusammenarbeit den Lebensinteressen der Bürger der DDR?"

Auf diese Frage antworteten mit "ja":

| | |
|---|---|
| Werktätige aus Großbetrieben | 83 Prozent |
| Parteilose aus Großbetrieben | 80 Prozent |
| mittleres medizinisches Personal | 73 Prozent |
| wissenschaftl.-technische Intelligenz | 76 Prozent |
| Schüler der 9. und 10. Klassen | 85 Prozent |
| Werktätige der Landwirtschaft | 75 Prozent |
| Bauarbeiter | 64 Prozent |

Die schon bei anderen Fragen beobachtete Tendenz eines großen Teiles der Bauarbeiter, lieber die Antwortvorgabe "ich kann es nicht beurteilen" anzukreuzen, wird auch hier wieder sichtbar.

Eine weitere Frage befaßte sich mit der sozialistischen ökonomischen Integration. Es wurde gefragt, wie das gegenwärtige Tempo der Integration eingeschätzt wird. Bei dieser Frage ging es vor allem darum zu erforschen, wie die Befragten überhaupt zum Problem der Integration stehen.

Es zeigte sich, daß nur 8 Prozent der Meinung waren, das Tempo der Integration sei zu schnell. 25 Prozent wollten sich noch kein Urteil erlauben.

Jedoch <u>zwei Drittel aller Befragten betonten, daß das Tempo der Integration gerade richtig (34 Prozent) bzw. zu langsam (32 Prozent) sei</u>.

Interessant ist, wenn man sich die 32 Prozent anschaut, die der Meinung waren, es gehe mit der Integration zu langsam voran.

Bei den sozialen Gruppen ergab sich folgendes Bild:

| | |
|---|---|
| Arbeiter | 25 Prozent |
| Angestellte | 36 Prozent |
| Intelligenz | 56 Prozent |

Hier wird zweifellos sichtbar, daß diejenigen, die den Nutzen der Integration am besten erkennen - vor allem Techniker und Ingenieure - auch ein schnelleres Tempo wünschen.

Befragt, welche Gebiete der Zusammenarbeit besonders wichtig seien, setzten die Teilnehmer der Umfrage die nachstehenden Gebiete an die Spitze der Rangfolge

- regelmäßiger Erfahrungsaustausch     (50 Prozent)
- gemeinsame Forschungsarbeit          (49 Prozent)
- Übernahme der fortgeschrittensten
  Arbeitsmethoden                      (48 Prozent)

Auch das bestätigt, daß die Zusammenarbeit mit der Sowjetunion und den anderen sozialistischen Ländern sehr konkrete Vorstellungen und Formen annimmt. Das ist ein Grund dafür, warum ein immer größerer Teil der Bevölkerung davon überzeugt ist, daß die Verbundenheit mit der UdSSR den Lebensinteressen der Bürger der DDR entspricht.

## Das Vertrauen zur Partei ist weiter angewachsen

Vor allem aus Umfragen, die alle drei Jahre in Großbetrieben zur Einschätzung der Parteiarbeit durchgeführt werden, ist ersichtlich geworden, in welchem Maße das Vertrauen zur Partei angestiegen ist. Bei diesen Umfragen werden Parteimitglieder und Parteilose getrennt befragt. <u>Die hier verwendeten Zahlen stammen aus den Parteilosen-Umfragen.</u>

a) Die gesamte Parteiarbeit im Arbeitsbereich wurde mit "gut" eingeschätzt

    1972 = 23          Prozent
    1975 = 28   + 5 Prozent

Die Werte bei der Vorgabe "schlecht" sanken dagegen von 12 Prozent auf 6 Prozent. Fast 40 Prozent der Befragten meinten, daß die Parteiarbeit befriedigend sei. Bemerkenswert ist bei dieser Frage, daß fast ein Drittel (30 Prozent) die Vorgabe "kann ich nicht beurteilen" ankreuzten. Da aus anderen Umfragen bekannt ist, daß im Arbeitskollektiv die "interessantesten Diskussionen" geführt werden, läßt der hohe Anteil der "Urteilslosen" die Vermutung zu, daß Parteimitglieder noch nicht genügend und nicht in jedem Fall die Sache der Partei gut vertreten.

b) Die Meinung, daß sich die Betriebsparteiorganisationen genügend um die Verbesserung der Arbeits- und Lebensbedingungen kümmere, hat sich deutlich verstärkt.

Die Antwortvorgabe "ja" wurde angekreuzt:

    1972 = 35          Prozent
    1975 = 47   + 12 Prozent

In den einzelnen Gruppen sah diese Steigerung folgendermaßen aus:

|  | 1972 | 1975 |  |
|---|---|---|---|
| Arbeiter | 36 | 47 | + 11 Prozent |
| Angestellte | 37 | 49 | + 12 Prozent |
| Intelligenz | 30 | 37 | + 7 Prozent |

c) Beachtlich ist auch der Aufwärtstrend bei der Frage, ob die Kollegen den Eindruck haben, daß <u>ihre Meinungen und Hinweise von der Parteileitung beachtet und ernsthaft geprüft</u> werden.

"ja" sagten   1972 = 36       Prozent
              1975 = 46  + 10 Prozent

Werden diese "ja"-Antworten nach sozialen Gruppen untersucht, so zeigt sich dieses Bild:

|  | 1972 | 1975 |  |
|---|---|---|---|
| Arbeiter | 37 | 47 | + 10 Prozent |
| Angestellte | 37 | 45 | + 8 Prozent |
| Intelligenz | 31 | 43 | + 12 Prozent |

d) Eine ähnlich positive Entwicklung zeigt sich in den Antworten auf die Frage, ob die Kollegen den Eindruck haben, daß Mitglieder der SED in Diskussionen und Gesprächen überzeugend auftreten. Nimmt man die Antwortvorgaben "alle" und "der größte Teil" zusammen, so ergibt sich folgende Veränderung:

1972 = 35       Prozent
1975 = 48  + 13 Prozent

Zu diesem Ergebnis läßt sich zusammenfassend sagen:

1. Sie weisen aus, in welchem Maße das Vertrauen zur Partei besonders nach dem VIII. Parteitag gewachsen ist. Bemerkenswert vor allem, daß im Gegensatz zu anderen Fragekomplexen Arbeiter das sehr deutlich zum Ausdruck bringen. Dagegen fällt auf, daß Angehörige der wissenschaftlich-technischen Intelligenz in solchen Fragen weit weniger positiv urteilen als bei anderen Grundfragen unserer Politik.

2. Der hohe Anteil derjenigen, die nicht urteilen wollen oder können, ist ein ernster Hinweis, die Arbeit der Parteiorganisationen mit den Parteilosen vor allem in den Produktionsbereichen und in den Arbeitskollektiven zu verstärken.

Anlage I

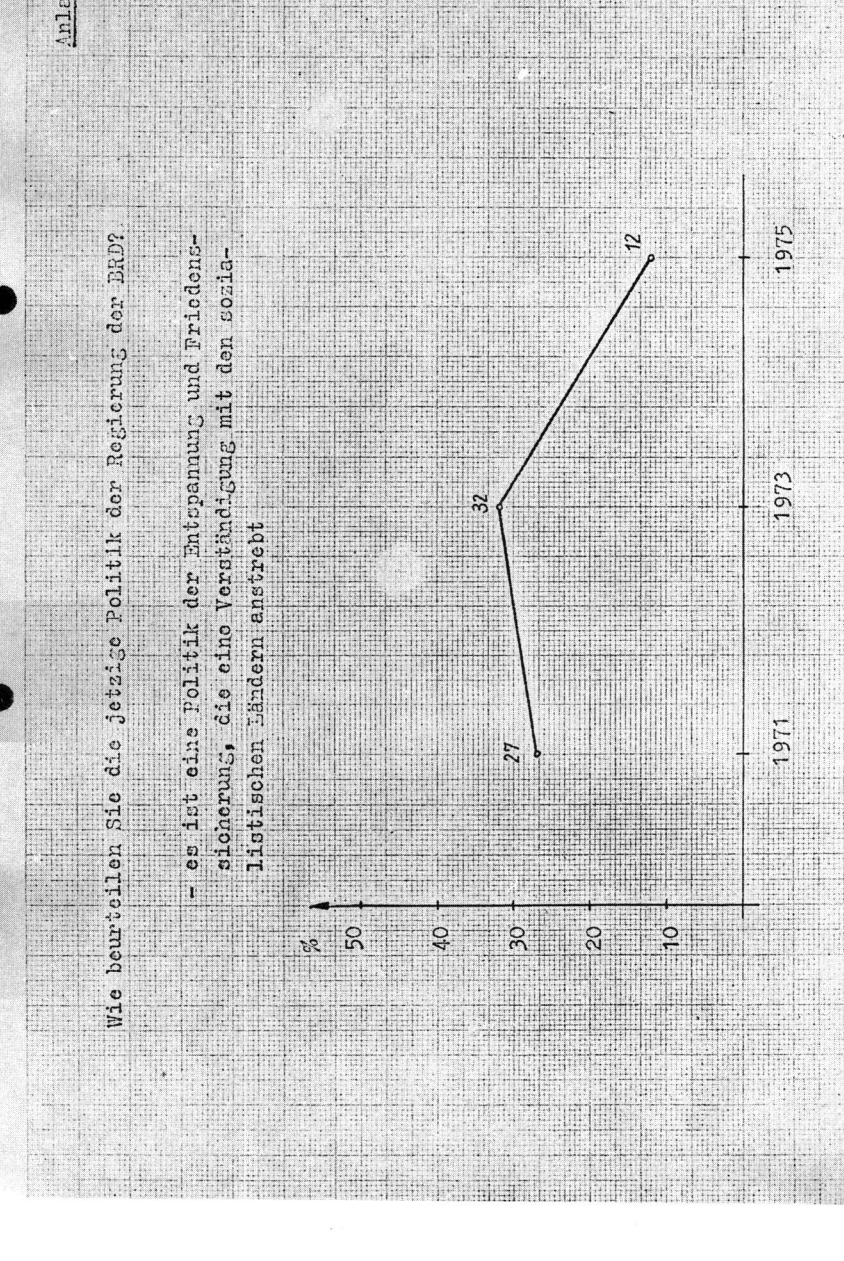

Wie beurteilen Sie die jetzige Politik der Regierung der BRD?

— es ist eine Politik der Entspannung und Friedenssicherung, die eine Verständigung mit den sozialistischen Ländern anstrebt

| Jahr | 1971 | 1973 | 1975 |
|---|---|---|---|
| % | 27 | 32 | 12 |

Anlage II

Wenn Sie die Politik der Regierung der BRD einschätzen, halten
Sie es dann für erforderlich, die Verteidigungskraft der DDR
zu erhöhen?

| Jahr | ja | nein |
|------|-----|------|
| 1970 | 44 | 29 |
| 1971 | 45 | 38 |
| 1973 | 48 | 37 |
| 1975 | 53 | 26 |

— ja
— nein

Anlage III

Wenn Sie die Politik der Regierung der BRD einschätzen, halten Sie es dann für erforderlich, die Verteidigungskraft der DDR zu erhöhen?

— ja

| | 1970 | 1971 | 1973 | 1975 |
|---|---|---|---|---|
| Arbeiter | 53 | 63 | 48 | 64 |
| Angestellte | 43 | 51 | 42 | 58 |
| Intelligenz | 41 | 37 | 29 | 48 |

Dokument XV

Information über eine Umfrage des Instituts für Meinungsforschung beim Zentralkomitee der SED zu ausgewählten politischen Fragen
(I. Quartal 1976)

# ZENTRALKOMITEE
## HAUSMITTEILUNG

| An Gen. E. Honecker<br>Erster Sekretär<br>des ZK der SED | Mitglied des Politbüros<br>W. Lamberz | Diktatzeichen<br>La/Kr. | Datum<br>14.4.76 | Erledigungs-<br>vermerk |
|---|---|---|---|---|
| Betr. | | | | |

Lieber Genosse Erich Honecker!

Beiliegend übermitteln wir Dir eine Information über eine Umfrage des Instituts für Meinungsforschung beim ZK unserer Partei zu einigen ausgewählten politischen Problemen. Die Umfrage wurde im I. Quartal 1976 durchgeführt.

Mit sozialistischem Gruß

/Werner Lamberz/

Anlage

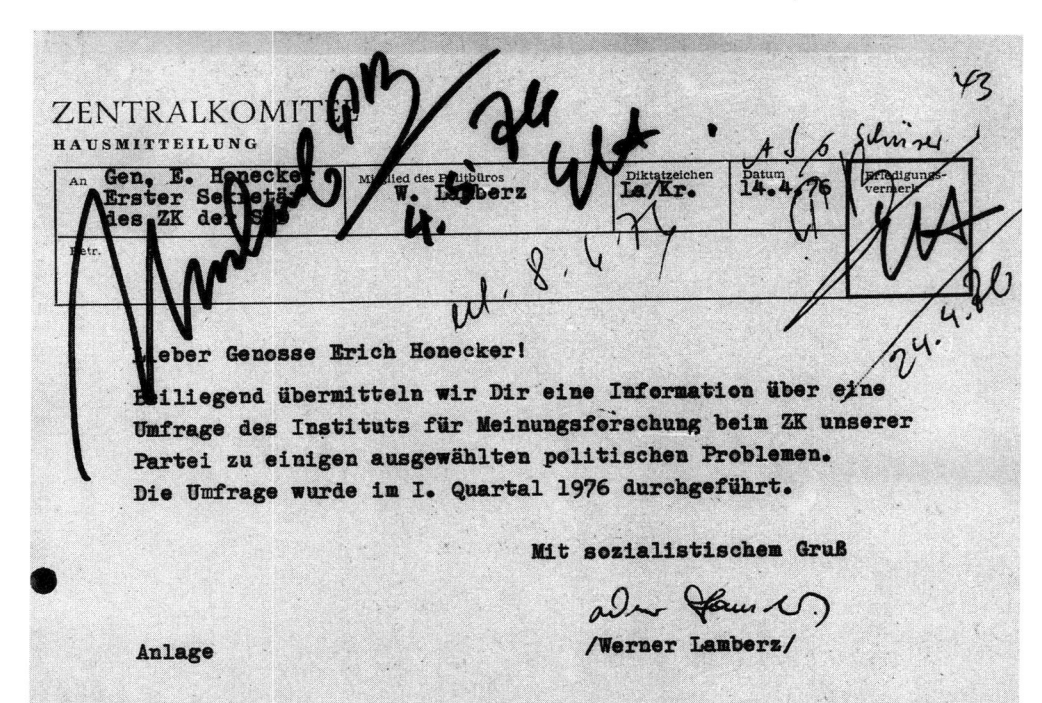

Ag 220 — 46

Information
------------

über eine Umfrage des Instituts für Meinungsforschung beim
Zentralkomitee der SED zu ausgewählten politischen Fragen
(I. Quartal 1976)

Die Umfrage, die zusammen mit der Abteilung Agitation vorbereitet wurde, dient dem Ziel, ergänzende Aussagen über die Entwicklung des Bewußtseins der Werktätigen in Grundfragen der Politik bei der Lösung der Aufgaben des VIII. Parteitages zu gewinnen. Die Resultate vertiefen die Erkenntnisse aus Analysen der Parteiinformation. Die Umfrage konzentrierte sich auf drei Hauptpunkte:

I. Wie entwickelte sich das Verständnis für die vom VIII. Parteitag beschlossene Hauptaufgabe in ihrer Einheit von Wirtschafts- und Sozialpolitik

II. Welche Bewußtseinsentwicklungen vollzogen sich im Zusammenhang mit der Vertiefung der Zusammenarbeit der sozialistischen Staaten und mit der Verwirklichung der Politik der friedlichen Koexistenz

III. Wie entwickelte sich angesichts der erfolgreichen stabilen Entwicklung des Sozialismus und der Verschärfung der Krise in den imperialistischen Staaten die Überzeugung von der Überlegenheit des Sozialismus.

An der Umfrage waren 4 477 Werktätigen aus 67 Betrieben und Institutionen in einem repräsentativen Querschnitt beteiligt. Sie wurde in der Hauptstadt Berlin, in den Bezirken Cottbus, Erfurt, Halle, Karl-Marx-Stadt und Rostock durchgeführt.

Zum Punkt I

Die Umfrage bestätigt nachdrücklich, daß die Politik des VIII. Parteitages weitestgehende Zustimmung gefunden hat und als erfolgreich gewertet wird.
Die Frage: "Sind Sie der Meinung, daß wir bei der Verwirklichung der Hauptaufgabe gut vorangekommen sind?" wurde zu 86,9 % eindeutig mit ja beantwortet.

Die stabile Entwicklung unserer Volkswirtschaft halten 69,1 % für eines der wichtigsten Ergebnisse seit dem VIII. Parteitag. Allerdings wählten 26,2 % die Antwort "Dem stimme ich nur teilweise zu."

Differenziert ist die Beantwortung der Frage nach den sichtbarsten Erfolgen der letzten Jahre. Hier zeigte sich folgende Reihenfolge (es konnten mehrere Gebiete ausgewählt werden):

| | |
|---|---|
| 74,9 % | die Fürsorge für kinderreiche Familien |
| 60,8 % | Fortschritte im Gesundheitswesen |
| 59,3 % | Verwirklichung des Wohnungsbauprogramms |
| 45,6 % | Entwicklung des Bildungswesens |
| 42,9 % | verbesserte Arbeitsbedingungen |
| 36,7 % | stabile Verbraucherpreise |
| 35,7 % | Versorgung der Bevölkerung |
| 32,8 % | Entwicklung der sozialistischen Demokratie |
| 27,8 % | Verbesserung des kulturellen Lebens |

Interessante Hinweise über die Gewichtung der gegenwärtigen sozialen Interessen ergab die Beantwortung folgender Frage: "Bei der weiteren Verwirklichung der sozialpolitischen Maßnahmen stehen nicht unbegrenzt Mittel zur Verfügung. Wofür sollten Ihrer Meinung nach die verfügbaren Mittel vorrangig eingesetzt werden?" Bei der Möglichkeit, mehrere Gebiete zu nennen, ergab sich folgende Reihenfolge:

| | |
|---|---|
| 70,0 % | zügige Fortsetzung des Wohnungsbaus |
| 65,3 % | für die Erhöhung der Renten |
| 58,0 % | Weiterentwicklung des Gesundheitswesens |
| 56,3 % | Erhöhung niedriger Einkommen |
| 54,1 % | Verbesserung der Versorgung mit Konsumgütern |
| 50,3 % | die Stützung stabiler Preise |
| 38,8 % | Verbesserung der Dienstleistungen |
| 22,2 % | für das Bildungswesen |

Das Umfrageergebnis zeigt, daß die <u>Intensivierung</u> als der entscheidende Weg zur Erhöhung der Leistungskraft und zur Verwirklichung der Hauptaufgabe verstanden wird.
64,9 % nennen die Intensivierung ein "grundlegendes und ständiges Erfordernis".
85,9 % der Befragten sind der Ansicht, daß die Intensivierung jeden angeht und nicht allein Sache der Wissenschaftler, Techniker und Wirtschaftsfunktionäre ist.
Auf die Frage, woran der Befragte denkt, wenn von Intensivierung gesprochen wird, werden alle entscheidenden Kriterien auf über 50 % der Fragebogen hervorgehoben. Bemerkenswert ist, daß die Verbesserung der Arbeitsorganisation mit 61,8 % an der Spitze steht, während sich für den Faktor Schichtarbeit nur 18,2 % entschieden.
Wichtige Hinweise ergibt die Umfrage hinsichtlich der <u>Einbeziehung der Werktätigen in Leitungsentscheidungen</u> sowie in bezug auf die Information im Arbeitsprozeß.
Nur 35,3 % sind der Ansicht, daß die Meinungen der Werktätigen bei Leitungsentscheidungen genügend berücksichtigt werden. 46,8 % äußern sich negativ und 13,4 % sagen, daß sie das nicht beurteilen können.

Ein ähnliches Bild ergibt sich bei der Frage nach der Einbeziehung in die örtlichen Angelegenheiten. 24,5 % fühlen sich gut einbezogen. 40,5 % sagen, daß sie dem nur zum Teil zustimmen und 23,4 %, daß sie das nicht beurteilen können. Die Ergänzungsfrage, wie sie über die wichtigsten Vorhaben der Gemeinde bzw. Stadt informiert sind, erbrachte folgendes Resultat: 32,2 % - ausreichend, 45,4 % - nicht ausreichend, 18,0 % - gar nicht.

## Zum Punkt II

77,9 % halten die Zusammenarbeit mit der Sowjetunion und den anderen sozialistischen Ländern, die sich in den letzten Jahren auf allen Gebieten vertieft hat, für ein grundlegendes Lebensinteresse. Nur 4,9 % verneinen das. 87,5 % sind der Meinung, daß das internationale Ansehen der DDR seit dem VIII. Parteitag gewachsen ist. Hier sind nur 1,9 % gegenteiliger Auffassung.

Eine starke Mehrheit von 73,2 % schätzt die Politik der friedlichen Koexistenz richtig als eine Form der Klassenauseinandersetzung und gleichzeitig als eine Politik, in der Kompromisse erforderlich sind, ein. Illusionäre Vorstellungen vom Verschwinden der Klassengegensätze im Gefolge der Politik der friedlichen Koexistenz kommen bei 19 % der Befragten zum Ausdruck. Etwas abgeschwächt kehren diese Relationen in der Antwort nach dem Charakter der Politik der BRD gegenüber den sozialistischen Staaten wieder. 61,9 % bezeichnen sie als Politik der durch das Kräfteverhältnis erzwungenen Anpassung.

## Zum Punkt III

Die Antworten weisen gewachsenes sozialistisches Bewußtsein auf und dokumentieren den Stolz auf die Errungenschaften des realen Sozialismus. 76,1 % der Befragten erklärten, daß sie den gesellschaftlichen Verhältnissen in der DDR den Vorzug gegenüber denen der BRD geben. (Nur 3 % entschieden sich entgegengesetzt.)

Interessante Aufschlüsse geben die stark differenzierten Antworten auf die Frage "... auf welchen Gebieten sind Ihrer Meinung nach die sozialistischen oder die kapitalistischen Länder überlegen?"

### Klare Überlegenheit des Sozialismus:

| | | |
|---|---|---|
| Sozialpolitik | 76,5 % | (0,8 % kapit.) |
| Achtung der Menschen | 73,7 % | (1,3 % ") |
| Lebensweise und Moral | 71,2 % | (1,8 % ") |
| geistig-kulturelles Leben | 60,1 % | (2,9 % ") |

### Überlegenheit des Sozialismus

| | | |
|---|---|---|
| demokratische Rechte und Freiheiten | 56,2 % | (10,6 % kapit.) |
| militärische Stärke | 35,8 % | ( 4,3 % "    ) |
| (gleiche Stärke konstatieren 18,6 %) | | |
| (das kann ich nicht beurteilen | 19,7 %) | |
| (ohne Angaben | 21,6 %) | |
| Wissenschaft | 23,3 % | (16,9 % "    ) |
| (beide gleich | 25,0 %) | |
| (das kann ich nicht beurteilen | 11,1 %) | |
| (ohne Angaben | 23,7 %) | |

Ein anderes Bild ergibt sich bei Technik und Wirtschaft. Die Auffassung, daß die kapitalistischen Länder in der Wirtschaft überlegen seien, wird von 32,4 % vertreten. Überlegenheit des Sozialismus konstatieren 26,4 %.
Technik: 37,0 % eine Überlegenheit der kapitalistischen Länder. 10,8 % halten den Sozialismus auf diesem Gebiet für überlegen. 24,6 % machten keine Angaben.
Auffällig hoch ist bei diesem ganzen Komplex der überdurchschnittlich hohe Anteil von Befragten, die keine Angaben machten (bis zu 22,4 %).

Interessante Aufschlüsse brachten die Antworten auf die Frage, welche Themen bei Verwandtenbesuchen aus der BRD und aus Westberlin in der DDR im Vordergrund stehen.
An der Spitze der Gesprächsthemen stehen nach dieser Untersuchung Probleme des Lebensstandards (64,1 %) und der Preisvergleiche (62,3 %). Danach rangieren Tourismus und Reiseverkehr (46,0 %).

Es folgen:

| | |
|---|---|
| 40,0 % | über die Zukunft beider deutscher Staaten |
| 35,9 % | über Bildungsmöglichkeiten |
| 27,2 % | über wirtschaftliche Entwicklung |
| 13,6 % | über die internationale Politik |
| 13,2 % | über Entwicklung der Demokratie |

Was beeindruckt die Besucher aus der BRD oder aus Westberlin am meisten, wird wie folgt eingeordnet: Sicherheit des Arbeitsplatzes (71,2 %), niedrige Mieten (69,4 %) und gesundheitliche Betreuung (62,6 %).

Es folgen:

| | |
|---|---|
| 48,1 % | Tarife der öffentlichen Verkehrsmittel |
| 47,1 % | die Bildungsmöglichkeiten |
| 45,0 % | die Stabilität der Preise |
| 30,2 % | die wirtschaftliche Entwicklung |
| 26,6 % | die Fürsorge im Alter |
| 11,6 % | das Warenangebot |